成都信息工程大学思想政治理论课专项经费资助

乡村振兴与生态宜居

XIANGCUN ZHENXING YU SHENGTAI YIJU

曾利 著

中国社会科学出版社

图书在版编目（CIP）数据

乡村振兴与生态宜居／曾利著．—北京：中国社会科学出版社，2021.6
ISBN 978-7-5203-8531-2

Ⅰ.①乡…　Ⅱ.①曾…　Ⅲ.①农村—社会主义建设—研究—中国
Ⅳ.①F320.3

中国版本图书馆 CIP 数据核字（2021）第 104276 号

出 版 人	赵剑英
责任编辑	田　文
责任校对	张爱华
责任印制	王　超
出　　版	中国社会科学出版社
社　　址	北京鼓楼西大街甲 158 号
邮　　编	100720
网　　址	http://www.csspw.cn
发 行 部	010-84083685
门 市 部	010-84029450
经　　销	新华书店及其他书店
印　　刷	北京君升印刷有限公司
装　　订	廊坊市广阳区广增装订厂
版　　次	2021 年 6 月第 1 版
印　　次	2021 年 6 月第 1 次印刷
开　　本	710×1000　1/16
印　　张	16.25
字　　数	251 千字
定　　价	89.00 元

凡购买中国社会科学出版社图书，如有质量问题请与本社营销中心联系调换
电话：010-84083683
版权所有　侵权必究

前　言

2017年10月18日，习近平总书记在党的十九大报告上明确把乡村振兴作为党和国家的重大战略。实施乡村振兴战略，是基于我国社会现阶段发展的实际需要而确定的长远大计，是我国全面实现小康，迈向社会主义现代化强国的需要，是中国特色社会主义进入新时代的客观要求。2018年1月，中央一号文件《中共中央国务院关于实施乡村振兴的意见》公布；当年的全国"两会"中，国务院总理李克强在《政府工作报告》中再次提出大力实施乡村振兴战略。2018年9月，中共中央国务院印发了《乡村振兴战略规划（2018—2022）》。党中央、国务院对乡村振兴进行了周密详尽的顶层设计和制度安排，涵盖了乡村振兴的任务、目标、要求和原则等等，是中国特色社会主义步入新时代指导"农业农村农民"工作的行动纲领，是"加快推进农业农村现代化"的行动指南。

本书首先围绕乡村振兴的时代背景、目标、路径等方面展开，通过简要梳理我国农业农村社会变迁历程，指出乡村振兴是实现农业农村现代化和城乡融合的有效路径。其次，通过比较研究，主要归纳了美国、英国、日本、韩国在乡村建设方面的经验与对我们的启示：着重结合美国的土地管理与存在不足，梳理了我国土地管理的发展历程和农村集体所有土地的最新法律规则；结合英国的"中心村"及乡村建设经验，讨论了我国农村土地三权分置在具体实施过程中的操作细则；在对日本农协和乡村环境保护等方面进行概括后，集中论述了我国在特色农产品、精细化农业生产、乡村环境监管、垃圾分类及减量化等可以借鉴的方面；在对韩国"新村运动"和"归农归村"进行概括后，集中阐述了其反贫困举措对我国的启示。再次，针对我国农村环境现状，详细阐述了乡村振兴视域下生态宜居的各类环境指标体系，如联合国 UNCSD 指标、联合国 2018 年可持续发展目标、环境可持续发展指数，国家生态环境部、农业农村部和质检总局及国家标准委的相关指标，并且进行了评价与阐述。然后，结合各个地方的乡村振兴实践，阐述了各地农村居民生活水平大幅提高，现代农业"人"和"物"的活力增强，各地农业农村现代化进程不断加快和各地乡村在国土资源保护、林草生态建设、农村人居环境改善与生态循环农业的实践。最后以三个不同地形地貌的乡村作为实证研究的对象，总结出这三个村在乡村振兴认知度、总体满意度、受教育状况、乡村环境等方面的现状及差异原因，指出了乡村在人情开支、人员回流、环境卫生、精准扶贫等方面可以采取哪些措施来进一步改善，从而为乡村振兴打下比较坚实的人才、环境和文明乡风等环节的基础；通过实证研究讨论了三权分置与农地补贴之间的关系，农村垃圾分类的可行性与操作性等。

本书使用大量表格对相关指标、数据进行对比介绍，继而论述这些数据差异的原因，总结了乡村振兴进程中的成就、现状和乡村治理中可以改进的方面。比如，用表格数据形式直观展现了我国"三农"建设取得的成就，同时根据这些表格再结合比较研究的启示，进一步指出我国乡村振兴的着力点。在阐述乡村振兴的主要内涵之生态宜居时，运用了联合国、国家层面和省级地方政府的一些生态环境指标体系来论证我国乡村生态环境的现状和下一步努力的方向。在实证研究中，把在三个不同地形和经济状况的建制村调研采集到的数据通过表格对比的方式进行呈现。比如，如何发挥村干部在基层矛盾纠纷解决中的重要作用，使得人民群众内部矛盾能够及时处理和消化，不至于扩大化、升级化；根据不同乡村村民的人情开支，找到乡风文明中村规民约的发力点；如何发挥合作社在产业兴旺方面的作用，避免出现盲目推进合作社项目、效益倒退的情况；农村垃圾定点收集的处理情况等等。

乡村是中国人共同的家园，在乡村振兴这场关系中华民族伟大复兴的实践进程中，生态宜居是其中必不可少的应有内涵。同时，生态宜居亦是生态文明建设的应有内涵，天蓝、地绿、水净的乡村是"产业兴旺、生态宜居、乡风文明、治理有效、生活富裕"的新时代中国特色社会主义乡村的基石。本书仅仅是抛砖引玉，恳请专家和学者提出宝贵的意见。同时，衷心地希望有更多的专家和学者加入到乡村振兴这一有重大现实和理论意义的研究课题中，"不忘初心、牢记使命"，为乡村振兴献计献策，助推乡村振兴战略顺利实施。

目 录

第一章 乡村振兴概述 ……………………………………………（1）

  第一节 我国农业农村社会变迁历程 ………………………（2）

    一 新中国成立初期：初步奠定农业发展基础 ……………（2）

    二 20世纪50年代后期至70年代后期：农业逐步发展与
人民公社 …………………………………………………（4）

    三 1978—1985年：农村经济体制改革 …………………（5）

    四 1986—1999年：治乱减负 ……………………………（7）

    五 2000—2011年：农业税费改革与建设社会主义
新农村 ……………………………………………………（8）

    六 2012年至今：精准扶贫与乡村振兴 …………………（10）

  第二节 加快推进农业农村现代化 …………………………（18）

    一 农业农村现代化必须立足中国国情 …………………（19）

    二 农业农村"人"的活力增强 ……………………………（24）

    三 农业农村"物"的现代化迈上新台阶 …………………（37）

  第三节 坚持城乡融合发展 …………………………………（46）

    一 乡村振兴与城乡融合是一致的 ………………………（47）

    二 乡村振兴是缓解城市病的有效路径 …………………（53）

    三 建立健全城乡融合发展体制机制 ……………………（61）

第二章 发达国家乡村建设的实践及启示 …………………………（66）

  第一节 美国乡村建设的实践及启示 ………………………（67）

  一　美国乡村土地资源从无序开发到综合整治与特色小镇
　　　建设的实践 …………………………………………………（67）
  二　美国乡村土地法律及管理方式对我国的启示 …………（71）
 第二节　英国乡村建设的实践及启示 ………………………………（76）
  一　英国"中心村"建设与保护土地承租人权益的实践 ……（76）
  二　英国保护土地承租人权益对我国的启示 ………………（79）
 第三节　日本乡村建设的实践及启示 ………………………………（84）
  一　日本"新农村建设"与乡村环境全方位保护的实践 ……（84）
  二　日本农产品生产和乡村环境保护对我国的启示 ………（86）
 第四节　韩国乡村建设的实践及启示 ………………………………（93）
  一　韩国"新村运动"中反贫困的实践与"归农归村" ………（93）
  二　韩国乡村反贫困措施经验对我国的启示 ………………（97）

第三章　乡村振兴的生态宜居指标体系与评价 ………………（108）
 第一节　我国乡村环境现状与保护 …………………………………（108）
  一　我国乡村的环境现状 ……………………………………（109）
  二　我国乡村环境保护举措回顾 ……………………………（112）
  三　新时代生态文明与生态宜居建设 ………………………（116）
 第二节　国际生态环境指标与评价 …………………………………（125）
  一　联合国 UNCSD 指标 ……………………………………（127）
  二　联合国 2018 年可持续发展目标 ………………………（130）
  三　环境可持续发展指数 ……………………………………（132）
 第三节　我国乡村振兴中的生态宜居指标与评价 …………………（134）
  一　国家生态环境部：国家级生态村创建标准 ……………（134）
  二　国家生态环境部：国家级生态乡镇创建标准 …………（136）
  三　国家生态环境部：国家生态文明建设示范村指标 ……（139）
  四　国家生态环境部：国家生态文明建设示范市县指标 …（142）
  五　农业农村部：农业绿色发展技术导则
　　　（2018—2030 年） ………………………………………（148）

六　质检总局和国家标准委：《美丽乡村建设指南》……………（150）

第四章　乡村振兴与生态宜居的地方实践……………………………（154）
　第一节　农村居民生活水平提高，现代农业"人"的
　　　　　活力增强……………………………………………………（154）
　　一　农村居民收入和消费持续较快增长，城乡差距显著
　　　　缩小………………………………………………………（154）
　　二　乡村新型主体大量涌现，带动乡村振兴……………………（160）
　第二节　农业"物"的现代化迈上新台阶………………………………（162）
　　一　由传统农业向农林牧渔业全面发展的现代农业转变………（162）
　　二　乡村基础设施水平显著增强，农业现代化条件
　　　　明显改善…………………………………………………（168）
　第三节　农业农村现代化进程不断加快………………………………（171）
　　一　土地流转规范有序，集约化经营初具规模…………………（171）
　　二　产业融合发展步伐加快，现代农业产业逐渐壮大…………（174）
　第四节　乡村生态宜居…………………………………………………（177）
　　一　国土资源保护，"绿水青山就是金山银山"…………………（177）
　　二　林草生态建设惠民利民………………………………………（183）
　　三　农村垃圾全面收处，改善农村人居环境……………………（186）
　　四　生态循环农业深入推进………………………………………（190）

第五章　乡村振兴与生态宜居的实证研究……………………………（198）
　第一节　丘陵乡村实证研究……………………………………………（199）
　　一　村情概述………………………………………………………（200）
　　二　医疗保障………………………………………………………（201）
　　三　乡风文明………………………………………………………（203）
　　四　村干部在乡村治理中的作用…………………………………（206）
　　五　精准扶贫………………………………………………………（207）
　　六　生态宜居………………………………………………………（209）
　第二节　山区乡村实证研究……………………………………………（213）

一　村情概述 …………………………………………………（213）
　　二　对该村实证研究的其他说明 ……………………………（215）
　　三　乡风文明 …………………………………………………（217）
　　四　人员外流 …………………………………………………（218）
　　五　精准扶贫 …………………………………………………（220）
　　六　生态宜居 …………………………………………………（224）
　第三节　高原乡村实证研究 ………………………………………（225）
　　一　村情概述 …………………………………………………（225）
　　二　三地乡村振兴认知度的现状及差异化原因分析 ………（226）
　　三　三地乡村振兴总体满意度的现状及差异化原因分析 …（228）
　　四　三地乡村教育现状及差异化原因分析 …………………（231）
　　五　三地乡村乡风文明现状及差异化原因分析 ……………（234）
　　六　三地乡村生态宜居现状及差异化原因分析 ……………（236）
　　七　其他问题及建议 …………………………………………（239）

结　语 ………………………………………………………………（243）

主要参考文献 ………………………………………………………（246）

后　记 ………………………………………………………………（250）

第一章　乡村振兴概述

乡村是具有自然环境、地理条件、风俗习惯、经济特征的社会综合体，承载着经济生产、人民生活、生态维护、文化传承等多重功能，与城镇紧密联系、互相依存、共生共荣，一起构成了中国人民的生活家园。尤其在具有几千年农耕传统的中国社会，乡村具有更加特殊的地位，目前大多数城镇居民直系祖辈不超过三四代人都生活在农村，是广大中国人民的家乡。

乡村兴则国家兴，乡村衰则国家衰。[①] 我国政治、经济、社会、文化、生态等各领域都取得了举世瞩目的成就，我国社会的主要矛盾也由此发生了改变，不再是人民日益增长的物质文化需要同落后的社会生产之间的矛盾。党的十九大报告指出，我国社会的主要矛盾已经转变为人民日益增长的美好生活需要和不平衡不充分的发展之间的矛盾。我国人民日益增长的美好生活需要和不平衡不充分的发展之间的矛盾在乡村尤为突出，我国仍处于并将长期处于社会主义初级阶段的特征很大程度上表现在乡村，全面建成小康社会和全面建设社会主义现代化强国，最艰巨最繁重的任务在农村。农业农村现代化是社会主义现代化的必然要求，农村富裕、农民脱贫是全面建成小康社会的内涵之一，农村生活条件和城镇差距不大是城乡融合的目标之一。只有农业发展、农村进步、农民富裕，才能为国家综合安全提供有力保障，才能为解决新时代我国社会主要矛盾、实现"两个一百年"奋斗目标和中华民族伟大复兴的中国梦奠定坚实基础。

---

① 李浩燃：《乡村兴则国家兴》，《人民日报》2019年3月9日第3版。

第一节 我国农业农村社会变迁历程

一 新中国成立初期：初步奠定农业发展基础

新中国是在落后的农业国基础上建立起来的，不仅表现在重工业基础几乎为零，还有就是城市化水平在新中国成立初期只有10%左右，近90%的人口都是农民，是一个典型的农业大国。新中国的成立为农村社会的稳定发展奠定了坚实的政治基础，党和政府采取各种措施恢复农业生产、发展农村经济，一个和平的国内环境保障了农业生产的正常秩序。再加上新政权彻底废除了地主土地所有制，亿万农民终于在自己所有的土地上进行耕种，这种全新的生产关系极大地解放了农村生产力。所以在新中国成立初期，我国农业生产不仅得到了迅速恢复，而且各种主要农产品（稻谷、小麦、棉花）相较于解放战争时期都有了一定幅度的增加。其中，兴修水利、改善农村水利基础设施是改变当时落后的农业生产条件，促进农业增产的重要手段。

新中国成立初期，党和政府着手经济恢复，其中排除万难首先要恢复的就是农业。在千疮百孔的农村水利设施基础上，党和政府千方百计挤出资金，"1950年，人民政府用在水利建设上的经费折合粮食27亿斤，相当于国民党统治时期水利经费最多年份的18倍；1951年上升为42倍，1952年再上升为52倍；从1950年到1952年的三年中，用于水利建设的经费约为10亿元，对全国4.2万余里堤防的绝大部分进行了培修和加固，对一些水灾比较严重的河流，如淮河、沂河、永定河等，进行了全流域的治理，还修建了荆江分洪工程"[1]。党和政府大力组织和领导农民开展农田水利建设，"全国大规模的水利冬修于1950年11月内先后开工，共动员民工100多万人"[2]，完成了许多旧政权时期无力修建的农村基础工程，取得了新中国成立初期农田水利建设的良好

---

[1] 范连生：《新中国成立初期的农田水利建设》，《凯里学院学报》2012年4月第30卷第2期。

[2] 范连生：《新中国成立初期的农田水利建设》，《凯里学院学报》2012年4月第30卷第2期。

开局。

在社会主义改造时期，党和政府继续加大对农村水利设施的投入，因为我国农业面临的一个最主要制约因素是旱涝灾害。在这一形势下，新中国成立初期一方面对疾患较重的大江大河进行治理，一方面着手中小型水利设施建设，效果显著。1954年在全国新建抽水机站60多个，装备抽水机700多台，受益农田58万多亩，连同过去原有的抽水机站，全国当时已有0.9万多台，计16万多马力，在559万多亩农田上进行灌溉与排水。[1] 1956年3月，全国兴修农田水利的五年计划提前超额完成，原计划在五年内扩大农田灌溉面积480万公顷，当时已达到800万公顷。[2]

在党和政府的重视下，新中国成立初期我国农村农业发展尤其是水利基础设施呈现出了可喜的变化，初步奠定了我国农业农村发展的基础。这随之带来的就是农产品产量的逐步回升和提高，农民生活逐步恢复起来，农村人口逐步增加。

增多的人口意味着需要更多的社会资源，在农村土地没有激增的情况下，农业科技亦没有重大攻关的背景下，农村农业能够提供的资源大体上是恒定的，因此一些农民尝试在城市寻求发展。从新中国成立到20世纪50年代中期，人民群众的居住和自由迁徙权是受到法律保障的。新中国第一部《宪法》（即"五四宪法"）规定："中华人民共和国公民有居住和迁徙的自由。"在法律规定比较宽松的社会氛围中，"一五"计划时期部分农民涌入城市，这就需要城市能够提供对应的就业岗位和生存相关的住房、水电气、医疗等资源，但是由于当时的城市管理没有跟上，加之城市相关资源的短缺，致使涌入城市的大量农民造成了城市就业压力和粮食供应紧张等问题。国家遂采取了收紧城市人口、限制农民进城的政策，从20世纪50年代中期开始，以户籍制度为基础，建立起一套城乡区别对待的社会制度，严格限制农民进入城市，

---

[1] 苏星、杨秋宝：《新中国经济史资料选编》，中共中央党校出版社1993年版，第259—261页。

[2] 新华社国内新闻组：《中华人民共和国大事记（1949—1980）》，新华出版社1982年版，第205页。

没有得到政府允许，私自进入城市的这些人口被政府视为盲目流动人口，各地管理部门每隔几年就会开展清理城市流动人口的专项治理，特别是城市企业在计划外招录的农村劳动力。

二 20世纪50年代后期至70年代后期：农业逐步发展与人民公社

我国从20世纪50年代后期开始一直到70年代后期，农业农村建设主要围绕强化农田水利设施、治山改土等方面展开，农村掀起了"农业学大寨"的热潮，农村开展了平整农田、修水渠、打机井、翻淤压沙等治理活动，许多农村地区建成了大片的旱涝保收的稳产高产农田，农业逐步发展了起来。这一时期的一些大型水利工程为农业的稳产提供了可靠保障，例如1969年竣工的江都水利枢纽工程、1972年竣工的辽河治理工程、1973年完工的海河治理工程和丹江口水利枢纽工程、1974年的三门峡水利改建工程等。这些水利工程使得当地灌渠长度增加，常年灌溉农田面积和灌溉效益有效翻番，使得许多农村地区成为产粮基地。这一时期的水利工程建设使得新中国的治水工程取得了决定性胜利，水利建设的预期目标基本实现，使得我国基本上结束了洪水泛滥的历史，再加之我国在这一时期的农业科技研发、盐碱地治理取得了多项重要成果，农业开始逐步扭转几千年来靠天吃饭的境地。例如：1973年袁隆平育成杂交水稻"南优二号"，使得农业的亩产量开始朝着迅速增长的轨道迈进；1974年中国农业大学老师石元春、辛德惠等人在黄淮河盐碱地上提出农林水并举的科学治理方案，使得这片盐碱地的粮食产量达到了有史以来的最高纪录，变成了米粮川。

1958年颁布的《中华人民共和国户口登记条例》形成了计划经济条件下农村户口向城市户口迁移的审批准入制度，农民迁移进城的主要途径是招工、招兵、上学、亲属投靠及其他临时政策性通道。在以工业化为主要战略的引导下，农业以剪刀差的方式反哺工业，形成了以农业支持工业、以农村培育城市的客观样态，城市对农民开始关上大门，城市与乡村成为彼此相对孤立的两个空间，在工业化和城市化的进程中，农民更多的只是观望，没有参与其中。并且在这一时期，农民与城镇居民之间在公共医疗卫生、教育、住房、基础设施等方面享有的权利差异和发展机会不平等开始形成并逐渐拉大，形成了城乡二元化的发展结果。从那一时期开始，农民这一称谓具有了命运和身份的双重含义：婴儿出生后一个月以内，由户主、亲属、抚养人或者邻居向婴儿常住地户口登记机关申报出生登记。农民在那一时期不是一种职业的自由选择，而是一种包含了人身、财产等大部分权益的生产、生活社会关系的总和。农民作为一种身份，其生活、生产被严格限定在户籍所在的人民公社内部。人民公社是典型的计划经济模式下的产物，人民公社实行"三级所有、队为基础"的集中经营方式，统一核算、"以粮为纲"、"一大二公"是其基本的经济特点，农民及农村集体都被要求紧紧围绕农业、农村及土地展开，都被束缚于农村，这极大制约了农民生产积极性，也制约了农村集体经济的发展。

三 1978—1985年：农村经济体制改革

我国的改革开放始于农村，而农村改革始于1978年底的"大包干"，即家庭联产承包责任制的前身。家庭联产承包责任制是在不改变农村土地等基本生产资料集体所有的前提下，由农民以户为单位实行经营方式的单干承包，每户农村居民必须按照之前的比例缴纳、提留国家、集体的相关公粮，剩下的就是自己的。家庭联产承包责任制是农民与集体关系的重大调整，集体不再以集中统一的方式要求农民社员出工挣工分。由此将农民从传统的计划经济和人民公社体制中解放出来，农民在春播秋收等农忙时节投入农业生产后，农闲时期可以自由安排，极大地调动了农民生产经营的积极性和主动性。为此，1981年中央农村工作会议就强调"要因地制宜制订全面发展农、林、牧、副、渔、工、商的规划"，"逐步改变按人口平均包地、'全部劳力归田'的做法，把剩余劳力转移到多种经营方面来"。此项改革措施不仅使农民及农村集体从传统单一的农业生产中解放出来，也使大量农民从传统农业和土地上解放出来。乡镇企业就是农村改革意料之外的收获，它极大促进了农业集体经济的快速发展和农民在第二产业的致富增收。

1982年底，在大包干先行先试、家庭联产承包经营使得农村地区粮食产量有了大幅提升后，中央决定废除人民公社，重建乡村基层治理体系和农村集体经济组织管理体系。1983年10月，中共中央国务院发出《关于实行政社分开建立乡政府的通知》，当时农村政社合一的体制很不适应已经改革了的农村经济体制。1982年新颁布的宪法已明确规定在农村建立乡政府，政社必须相应分开。故而当时的首要任务是把政社分开，撤销原先农村的基层治理单位——人民公社，建立乡政府，同时按乡建立乡党委，并根据生产的需要和群众的意愿逐步建立经济组织。通知要求各地有领导有步骤地搞好农村政社分开的改革，争取在1984年底以前大体上完成建立乡政府的工作，尽快改变党不管党、政不管政和政企不分的状况。开始实行乡政府和社员组织分开设立的原则，建立乡政府，设立村民委员会。村民委员会是基层群众性自治组织，积极办理本村的公共事务和公益事业、协助乡人民政府搞好本村的行政工作和生产建设工作，形成"乡政村治"的治理格局。在重建乡村政权组织体系的同时，通过"政社分开"和"政经分开"的改革进一步理顺基层乡政府这一政权组织与农村集体经济组织的关系，给予农村集体经济组织独立的产权和组织地位，力求将集体经济组织从传统的"政社合一"、政经不分的体制中解放出来，为农村集体经济的发展壮大打下了坚实的产权制度保障基础。

改革开放以后，这一时期农村基本上实行了家庭联产承包责任制，使得农民的生产积极性得到了极大提高，每家每户的生活质量也有了质的提升，由过去的以杂粮为主改变为以精粮为主。我们可以从城乡人民生活的相关数据对比看出这一时期农村居民生活水平得到的显著改善：1978—1985年，农民人均收入和消费的实际增幅分别为169%和94%，城镇居民收入和消费的增幅只有98%和47%，城乡居民收入比从2.57∶1降到1.86∶1，生活消费支出比由2.93∶1降到2.31∶1，城乡差距明显缩小。[1]

同时，这一时期全国上下以"农业的根本出路在于机械化"为指引，有条件的地方掀起了大办农机的高潮，国家大力支持与农机相关的

---

[1] 宋洪远、赵海、徐雪高：《从积贫积弱到全面小康——百年以来中国农业农村发展回顾与展望》，《中国农村经济》2012年第1期。

企事业单位开办农机工厂、农机供应、农机维修、农机科研、公社农机站、农机运输、农机加油站等,国家还划拨大片土地,免费配发和下拨机械和设备,投入大量资金支持、扶持和补贴农机化发展。在党和政府的支持引导下,农业机械化在这一时期迅速起步,这一时期的积累使得农用机械在农业生产转折性变革中发挥了基石作用。各地因地制宜快速推进农机运输、农业生产机械化耕作,极大地提升了农业生产效率,使得平原地区的耕牛犁田场景逐步退出了历史舞台,传统的农耕方式在改革开放初期的大潮下开始发生了革命性转变。

1985年中共中央、国务院在《关于进一步活跃农村经济的十项政策》中强调,"进一步扩大城乡经济交往","允许农民进城开店设坊,兴办服务业,提供各种劳务"。由此进一步掀起了农民进城务工、经商的大潮,亿万农民在满足了温饱的基本需求之外,为了日益增长的物质文化需求来到城市、进入工厂;离开农业、进入第二和第三产业。此项改革不仅赋予农民更大的自由迁徙权和经营自由权,使亿万农民从过去单一、强制性的农村农业中解放出来;还使得集体经济组织对内部的劳务输出、资金和技术的自由流动有了更大的自主决定权和经营权益,推动集体经济和乡镇企业走出传统的一亩三分地,向着区(县)、市、省级地域乃至全国进行业务延伸,获得了更大的发展空间。

四 1986—1999年:治乱减负

我国自改革开放到20世纪末一系列农村重大改革,都是旨在破除传统的人民公社体制以及相应的一系列制度和政策,赋予农民及农村集体更大的独立性和自主权,中国广大的农村地区获得了前所未有的发展,农民群众的生活有了全新的变化,改革开放以后农民的收入得到了迅速增加。然而,农村社会经济发展水平仍然存在显著的城乡差异和区域差异:城乡居民收入差距持续扩大、农业效益比较低下、农村环境状况不断恶化。从20世纪80年代中后期开始,中央高度重视农民的负担问题,着手调研相关问题。

从1990年起,中央开始抓减轻农民负担工作,研究部署如何从税费减免上为农民群众创造更多有利条件,研究农业税如何减免成为当时的主要任务。农业税是与亿万农民关系密切的税种，新中国成立初期的农业税实际上包括农业税、农业特产税和牧业税。自1958年农业税条例实施以来，对于正确处理国家与农民的分配关系、发展农业生产、保证国家掌握必要的粮源、保证基层政权运转等发挥了重要的积极作用。

但在改革开放以后，农民收入有了增加，个别地区打着征收农业税的口号，胡乱增加收费项目和人为增加税率，给农民造成了不小的负担。在这一背景下，中央开始布置针对亿万农民的减负和农村税费改革。从1990年到1999年，中央着重解决国家税收之外对农民的各种收费、罚款和摊派问题，先后下发了《关于切实减轻农民负担的通知》（1990年）、《关于坚决制止乱收费乱罚款和各种摊派的决定》（1990年）、《农民承担费用和劳务管理条例》（1991年）、《关于切实做好减轻农民负担工作的决定》（1996年）等文件。这些文件一定程度上遏止了向农民乱收费、任意罚款和摊派的做法，然而在实际中加重农民负担的现象并未完全消除。1998年10月，国务院成立了农村税费改革工作小组，为减轻农民负担工作由治乱减负适时地转向税费改革做准备。

这一时期党和政府着力从体制机制上减轻农民负担、活跃农村经济、促进农产品的市场化流动，另外仍然注重对农业基础设施、农田现代化建设的投入和科学技术对农业增产稳产的影响。这一时期，中国农业科技成果举世瞩目，培育出大量优质、高产、多抗农作物新品种，筛选出一批种质资源，整体育种水平得到提升。例如：中国超级稻研究获得重大突破，在试验田亩产近800公斤；抗虫棉研究及应用处于国际先进水平等。

五 2000—2011年：农业税费改革与建设社会主义新农村

进入21世纪，农村税费改革开始按照"减轻、规范、稳定"的目标进行试点。2000年3月，中共中央、国务院正式下发了《关于进行农村税费改革试点工作的通知》，并在安徽全省进行了改革试点，正式启动了农村税费改革。这一改革试点，明确农民除了交纳7%的农业税和1.4%的农业税附加之外，不再承担其他任何收费。2002年，在总结安徽、江苏等地试点经验的基础上,将试点范围扩大到了 20 个省区市,并及时明确了目标要求。2003 年,全国所有省市区全面推开农村税费改革试点工作,中央财政用于农村税费改革的转移支付达到 305 亿元。[①]

从 2004 年开始,农村税费改革进入新的阶段,中央明确提出了取消农业税的目标。2004 年 3 月,温家宝总理在政府工作报告中宣布中央将于五年内取消农业税的决定。由此,农村税费改革由"减轻、规范、稳定"的目标转向逐步降低直至最终取消农业税。国务院除了开始在全国降低农业税的税率,还选择了黑龙江、吉林两省进行全部免除农业税的试点,并取消除烟叶外的农业特产税,同时对种粮农民实行直接补贴、对部分地区农民进行良种补贴和购置农机具的补贴。"两减免、三补贴"的政策,使农民直接得到实惠 450 亿元。2005 年,又全面取消牧业税,同时加快了降低农业税税率的步伐,并鼓励有条件的省、市、区自主进行免征农业税的试点。2005 年,全国有 20 个省份自主免征农业税,使免征农业税的省份达到了 28 个,8 亿农民受益。[②]

为了让经济社会发展成果惠及亿万农民,全国范围内正式取消农业税,已是水到渠成。2005 年 12 月 29 日,十届全国人大常委会第十九次会议决定,自 2006 年 1 月 1 日起废止《中华人民共和国农业税条例》,一个在我国存在了两千多年的古老税种宣告终结。2006 年 1 月 1 日起,我国宣布正式废止《中华人民共和国农业税条例》。农业税的取消,给亿万农民带来了看得见的物质利益,极大地调动了农民积极性,再一次解放了农村生产力。2006 年取消农业税后,与这项改革开始前的 1999 年相比,全国农民减负 1045 亿元,人均减负 120 元左右。[③]

除了废除农业税这一举措外,2006 年中央"一号文件"中明确提出了建设社会主义新农村的战略目标。《中共中央国务院关于推进社会主义新农村建设的若干意见》中提出的新农村建设战略目标,包括统

[①] 据新华网等整理:《新中国农业税大事年表》,《中华儿女》2017 年第 3 期。
[②] 陈坚:《新中国农业税存废记》,《共产党员》2019 年第 12(上)期。
[③] 陈坚:《新中国农业税存废记》,《共产党员》2019 年第 12(上)期。

筹城乡经济社会发展、推进现代农业发展、促进农民持续增收、改善农村物质条件、发展农村社会事业、培育新型农民、深化农村改革以及加强农村民主建设等8个方面。新农村建设是为统筹城乡协调发展、构建和谐的农村社会而作出的战略部署。《中共中央关于制定国民经济和社会发展第十二个五年规划的建议》进一步强调"推进农业现代化,加快社会主义新农村建设"。党的十七大召开之后,国家又从推进农村改革发展的角度,要求进一步加强农村基层组织建设、改善农村人居和生态环境、增强农村产业可持续发展的能力。

这一时期我国"三农"领域最重要的变化就是废除农业税,除了有这一重大利好外,党和国家还从统筹城乡发展入手,提出社会主义新农村建设。这充分反映出了在我国综合经济实力提升、经济运行基础更加牢固的背景下,党和政府对"三农"问题的统筹性治理倾向。这一时期国家加大对农业基础设施、商品粮棉生产基地和防护林工程的建设,我国农林牧渔及水利业基础设施条件得到极大改善,防洪、防涝、抵御自然灾害的能力明显增强。到2008年底,我国共有水库86353座,水库总库容6924亿立方米,分别比1990年增加2966座和2264亿立方米;堤防长度增加6.7万公里,堤防保护面积增加1371万公顷;新建灌区1051处,灌区有效灌溉面积新增821万公顷。[①] 这一时期建成了"三北"防护林一期工程、一大批商品粮生产基地和大型水利工程,一定程度上改善了我国农业农村基础设施薄弱、生态容量不足的问题,为农业农村的进一步良性发展和循环打下了基础。

六 2012年至今:精准扶贫与乡村振兴

2013年11月3日,习近平总书记在视察湖南农村时,首次提出"精准扶贫"。习近平总书记深情地表示"让几千万农村贫困人口生活好起来,是我心中的牵挂"。他强调,扶贫要实事求是,因地制宜;要精准扶贫,切忌喊口号,也不要定好高骛远的目标。精准扶贫、精准脱

---

① 《新中国60年:基础产业和基础设施建设取得辉煌成就》,中华人民共和国中央人民政府门户网站(http://www.gov.cn/gzdt/2009-09/15/content_1417876.htm),2009年9月15日。

贫重在"精准"二字，具体就是扶贫对象精准、项目安排精准、资金使用精准、措施到户精准、因村派人精准、脱贫成效精准。

党的十八大以来进行的精准扶贫、精准脱贫，针对农村贫困人口，尤其是集中连片贫困地区，坚持开发式扶贫，把发展作为解决贫困的根本途径，坚持在农业发展中改善农民收入、在农村现代化进程中让农村居民有更多的获得感和幸福感。只有贫困地区脱贫攻坚的步子走稳了，才有脱贫群众的可持续增收，才能全面建成小康社会。党的十八大以来，把扶贫开发摆在更加突出的位置，把精准扶贫、精准脱贫作为基本方略，开创了扶贫事业新局面。全国农村贫困人口快速减少，贫困发生率持续下降。贫困人口从 2012 年年底的 9899 万人减到 2019 年年底的 551 万人，贫困发生率由 10.2% 降至 0.6%，连续 7 年每年减贫 1000 万人以上。到 2020 年 2 月底，全国 832 个贫困县中已有 601 个宣布摘帽，179 个正在进行退出检查，未摘帽县还有 52 个，区域性整体贫困基本得到解决。①

贫困村和所在县乡在精准扶贫、精准脱贫工作中的重点就是脱贫攻坚，目标不变、靶心不散、频道不换，围绕"两不愁"即不愁吃、不愁穿，"三保障"即义务教育、基本医疗、住房安全有保障积极展开工作，改善贫困地区人民群众的基本生产生活条件。2013 年至 2019 年，832 个贫困县农民人均可支配收入由 6079 元增加到 11567 元，年均增长 9.7%，比同期全国农民人均可支配收入增幅高 2.2 个百分点；全国建档立卡贫困户人均纯收入由 2015 年的 3416 元增加到 2019 年的 9808 元，年均增幅 30.2%。②

"消除贫困、改善民生、逐步实现共同富裕，是社会主义的本质要求，是我们党的重要使命。"③ 党的十八大以来，在以习近平同志为核心的党中央的坚强有力领导下，我们打响了有史以来扶贫力度最大、规

---

① 习近平：《在决战决胜脱贫攻坚座谈会上的讲话（2020 年 3 月 6 日）》，《人民日报》2020 年 3 月 7 日第 2 版。
② 习近平：《在决战决胜脱贫攻坚座谈会上的讲话（2020 年 3 月 6 日）》，《人民日报》2020 年 3 月 7 日第 2 版。
③ 《习近平谈治国理政》（第 2 卷），外文出版社 2017 年版，第 83 页。

模最大的精准扶贫战役,影响范围不仅仅在于全国的贫困地区、深度贫困地区,还把全社会的力量都动员了起来,贫困群众、普通村民、驻村干部、帮扶单位、市民群众都前所未有地参与到了精准扶贫这一脱贫奔小康的行动中,"取得了决定性进展,显著改善了贫困地区和贫困群众生产生活条件,谱写了人类反贫困历史新篇章"[1]。

在精准扶贫的基础上,2016年1月公布了《中共中央、国务院关于落实发展新理念加快农业现代化实现全面小康目标的若干意见》。该意见明确提出"稳定农村土地承包关系,落实集体所有权,稳定农户承包权,放活土地经营权,完善'三权分置'办法,明确农村土地承包关系长久不变的具体规定"。2016年10月31日,中共中央办公厅、国务院办公厅《关于完善农村土地所有权承包权经营权分置办法的意见》提出,逐步建立规范高效的"三权"运行机制,不断健全归属清晰、权能完整、流转顺畅、保护严格的农村土地产权制度,为发展现代农业、增加农民收入、建设社会主义新农村提供坚实保障。该意见指出,现阶段深化农村土地制度改革,顺应农民保留土地承包权、流转土地经营权的意愿,将土地承包经营权分为承包权和经营权,实行所有权、承包权、经营权分置并行,着力推进农业现代化,是继家庭联产承包责任制后农村改革又一重大制度创新,是农村基本经营制度的自我完善。

2017年中央一号文件连续关注"三农",这次一号文件的亮点是在配合农业供给侧结构性改革的需要下,对农村土地制度进行改革,这是2017年以后"三农"领域改革的一大重点。2017年中央一号文件提出"落实"农村土地集体所有权、农户承包权、土地经营权"三权分置"办法,关键在于"落实"二字,针对农民土地承包权主体和土地经营权主体分离的现象,也就是"人"和"地"分离的现象,中央此前已经出台了相关政策,实践中也已经进行了探索和试点。

现在的关键,是落实土地承包权,包括赋予承包权什么样的功能,同时要明确土地经营权及建立流转制度。我国旧的《农村土地承包法》

---

[1] 《习近平谈治国理政》(第3卷),外文出版社2020年版,第148页。

规定，对农村土地实行的是集体所有权和农户土地承包经营权"两权分置"，现在需要将农村土地分为集体所有权、农户承包权、土地经营权，实行"三权分置"，这是为了促进土地承包权流转、发展现代农业的重要制度安排。2018年12月29日下午，十三届全国人大常委会第七次会议举行了闭幕会，表决通过了关于修改《农村土地承包法》的决定，新修改的《农村土地承包法》于2019年1月1日起正式实施。修改后的《农村土地承包法》将农村土地实行三权分置的制度法律化，以适应新时代农业农村改革发展的客观要求。

2017年10月18日，习近平总书记在党的十九大报告中首次提出了乡村振兴战略，就乡村振兴战略、"三农"发展等发表一系列重要论述。十九大报告指出，"三农"问题是关系国计民生的根本性问题，必须始终把解决好"三农"问题作为全党工作的重中之重，实施乡村振兴战略；并且把乡村振兴战略和十九大提出的其他六个战略，一共七个战略一起写入了党章的修正案。这是中国是世界人口第一大国这一重要国情决定的，粮食是整个经济社会发展的压舱石和安全保障基石，"三农"问题放在第一位是必要的。这亦是由我们现在面临的经济社会发展的任务所决定的，现在要实现全面建成小康社会、实现中华民族的伟大复兴，就需要缩小城乡发展差距，加快城乡一体化进程，从这个角度看也是需要关注"三农"的发展。

党的十八大以来，以习近平同志为核心的党中央把粮食安全作为治国理政的头等大事，把乡村振兴作为实现中华民族伟大复兴的坚实后盾。这一时期，我国"三农"领域出现了高科技、现代化、智能化的种种趋势。科学技术在农业农村现代化中日益发挥出重要作用：2013年，我国利用微生物群阻断地下咸水上升通道的办法，开始治理环渤海地区盐碱地4000多万亩中低产田和1000多万亩盐碱荒地，有望在2020年底实现环渤海地区增产100亿斤粮食的目标。现在我国的部分农村地区，农民可以不用下田，不用扛起锄头、拿起镰刀，也不用弯腰驼背、风吹日晒，就能借助无人机实现农药喷洒、棉花采摘，在自动导航辅助驾驶和作业系统的帮助下完成农田深耕、铺膜，在精准大数据的计算之下预判与农业播种、收割等相关的天气情况，在农业智能化下降低生产成本,提高农业生产效率。人工智能、大数据运算、农业智能化,一个个颠覆性科学技术正在为我国农业农村的现代化生产方式带来改变,从看天吃饭到知天而作,是新时代我国不断推进科技向农业转化与服务的过程,农业新生产方式的背后,是乡村振兴的底力所在。

我国是一个农业大国,"三农"问题一直是我们党和政府工作的重中之重。进入新千年以来,从2004年至2020年,中共中央国务院连续17年发布了以"三农"为主题的中央一号文件,坚持农业农村优先发展,凸显"三农"问题在中国特色社会主义现代化时期"重中之重"的地位。乡村振兴是党的十九大提出的一项在中国特色社会主义步入新时代后的重大战略。"实施乡村振兴战略是关系全面建设社会主义现代化国家的全局性、历史性任务"[①],"按照产业兴旺、生态宜居、乡风文明、治理有效、生活富裕的总要求,建立健全城乡融合发展体制机制和政策体系,加快推进农业农村现代化"[②]。社会主义现代化建设中,农业农村的现代化是重要的组成部分,两者是整体与局部的有机统一关系。如果农业农村的发展严重滞后于城镇,那么我们的现代化是不均衡的,是残缺的。乡村振兴就是要在农业农村中实现农产品供给质量提升、农产品能够为农民增加收入,农民能够适应生产力发展和市场竞争,乡村基础设施和公共服务整体水平提升,国家支农体系健全,乡村治理乡风文明水平提升。只有农村这些涉及经济发展、民生环境、精神文明、政治治理等领域的现代化水平提升了,农业农村现代化的建设才会加快。

中国特色社会主义进入新时代,在党的领导下实施乡村振兴战略,为乡村迎来了难得的发展机遇,我们必须"巩固和完善农村基本经营制度……保持土地承包关系稳定并长久不变……深化农村集体产权制度改革……确保国家粮食安全……构建现代农业产业体系、生产体系、经营体系,完善农业支持保护制度,发展多种形式适度规模经营,培育新型农业经营主体,健全农业社会化服务体系,实现小农户和现代农业发

[①] 《习近平谈治国理政》(第3卷),外文出版社2020年版,第255页。
[②] 《习近平谈治国理政》(第3卷),外文出版社2020年版,第25页。

展有机衔接。促进农村一二三产业融合发展，支持和鼓励农民就业创业，拓宽增收渠道。加强农村基层基础工作，健全自治、法治、德治相结合的乡村治理体系。培养造就一批懂农业、爱农村、爱农民的'三农'工作队伍"[①]。

实施乡村振兴战略是以习近平同志为核心的党中央对"三农"工作作出的重大决策部署。按照产业兴旺、生态宜居、乡风文明、治理有效、生活富裕的总要求，有序推进乡村振兴，有利于带动以地方农业为核心的相关产业发展壮大，以此带动农民增收；建设生态宜居的乡村，有利于构建美丽乡村发展的新格局，这样才能留得住人；文明的乡风，才能有利于进一步弘扬和传承中华优秀传统文化，从而留得住乡愁；基层乡村的治理有效，有利于打造法治、自治、德治相结合的农村有效运行格局。乡村振兴战略有利于统筹城乡基础设施、基本公共服务等方面的一体化，从而增进农民福祉、实现生活富裕，这对于解决新时代我国农村社会的主要矛盾、实现"两个一百年"奋斗目标和中华民族伟大复兴中国梦，具有深远意义。"乡村振兴是包括产业振兴、人才振兴、文化振兴、生态振兴、组织振兴的全面振兴，是'五位一体'总体布局、'四个全面'战略布局在'三农'工作的体现。我们要统筹推进农村经济建设、政治建设、文化建设、社会建设、生态文明建设和党的建设，促进农业全面升级、农村全面进步、农民全面发展。"[②]

在十九届五中全会确立的"新发展阶段优先发展农业农村、全面推进乡村振兴"的基础上，2021年2月，中共中央连续第18年发布了专门指导农业、农村、农民工作的一号文件，这也是我们党在改革开放以后发布的第23份聚焦"三农"的中央一号文件。2021年中央一号文件是站在"两个一百年"历史交汇期、"十四五"时期我们向第二个百年奋进征程中开局之年的关键节点上作出的"驰而不息重农强农的战略决策"[③]。要实现中华民族的伟大复兴，广袤的乡村需要振兴，而且必

---

① 《习近平谈治国理政》（第3卷），外文出版社2020年版，第25—26页。
② 《习近平谈治国理政》（第3卷），外文出版社2020年版，第259页。
③ 《中共中央国务院关于全面推进乡村振兴 加快农业农村现代化的意见（二〇二一年一月四日）》，《人民日报》2021年2月22日第1、3版。

须振兴,我们才谈得上农业农村的现代化,才能为中华民族伟大复兴贡献乡村力量。

2021年中央一号文件围绕全面推进乡村振兴、加快农业农村现代化,对当年必须完成的"三农"工作任务进行了明确规定,即"2021年,农业供给侧结构性改革深入推进,粮食播种面积保持稳定、产量达到1.3万亿斤以上,生猪产业平稳发展,农产品质量和食品安全水平进一步提高,农民收入增长继续快于城镇居民,脱贫攻坚成果持续巩固"[①]。在中国共产党的领导下,我国历史性地摆脱了贫困,广大贫困地区脱贫摘帽是这些区域迈向美好幸福生活的新起点。所以我们党提出要把巩固拓展脱贫攻坚成果同乡村振兴有效衔接,实现二者在机制、队伍、保障等方面的完整接续,即"脱贫攻坚政策体系和工作机制同乡村振兴有效衔接、平稳过渡";"对摆脱贫困的县,从脱贫之日起设立5年过渡期,做到扶上马送一程";"在农业农村基础设施建设领域推广以工代赈方式,吸纳更多脱贫人口和低收入人口就地就近就业。在脱贫地区重点建设一批区域性和跨区域重大基础设施工程"。[②]

乡村振兴是一个涉及面相当广的事业,既有新时代脱贫攻坚目标任务如期完成的奇迹,也有巩固脱贫攻坚成果、确保守住不发生规模性返贫底线的要求;农业农村既有"压舱石"的作用,也有农业基础地位还不巩固的事实;既有农村所占陆地面积比例大于城市的现实,又有农业现代化水平不及工业现代化的状况;既有城镇化率越来越高的趋势,也有乡风文明亟待加强的需求;既有农民收入增长继续快于城镇居民的可喜成绩,也有城乡收入分配差距较大的现状等方面。以上情况反映出,乡村振兴工作千头万绪,我们自身的基础比较薄弱,全面建设社会主义现代化国家最艰巨最繁重的任务依然在农村,发展不平衡不充分的社会主要矛盾重点难点在"三农"。新发展阶段下,我国"三农"发展的现状与短板亦是乡村振兴的有效切入点。推动城乡融合协调发展,需

---

① 《中共中央国务院关于全面推进乡村振兴 加快农业农村现代化的意见(二〇二一年一月四日)》,《人民日报》2021年2月22日第1、3版。
② 《中共中央国务院关于全面推进乡村振兴 加快农业农村现代化的意见(二〇二一年一月四日)》,《人民日报》2021年2月22日第1、3版。

要补齐农业农村短板弱项,在这一过程中,农业农村完全可以利用后发优势,激活潜在的农村需求,贯彻新发展理念,加快构建新发展格局,推动乡村振兴在"十四五"及今后的时期高质量发展,从而畅通城乡要素流动,稳住农业基本盘,守好"三农"基础,以便应对国内外各种风险挑战。

因此,2021年中央一号文件在细化乡村振兴当年目标任务时,还突出了"十四五"时期农业农村发展的方向和战略,规划了新发展阶段下乡村振兴的思路和举措,即"到2025年,农业农村现代化取得重要进展,农业基础设施现代化迈上新台阶,农村生活设施便利化初步实现,城乡基本公共服务均等化水平明显提高。农业基础更加稳固……有条件的地区率先基本实现农业现代化"[①]。

2021年中央一号文件还强调加快推进农业现代化。围绕提升粮食和重要农产品供给保障能力,提出实行粮食安全党政同责,明确要求"十四五"时期各省(区、市)要稳定粮食播种面积、提高单产水平。2020年中央经济工作会议提出"加强农业种质资源保护开发利用"后,2021年中央一号文件则继续强调。"种质"这一提法囊括了广义上的种子,突破了过去把种子局限在植物领域的狭隘看法,有利于加快完善农作物种质资源保护体系、推动完善畜禽遗传资源保护体系和建立健全水产种质资源保护体系。2021年中央一号文件也对农村生态宜居进行了安排:实施农村人居环境整治提升五年行动、分类有序推进农村厕所革命、因地制宜建设污水处理设施、健全农村生活垃圾收运处置体系。

21世纪中叶要把我国建设成为富强、民主、文明、和谐、美丽的社会主义现代化强国,乡村必须振兴。加快推进乡村振兴,建设现代化的农业农村,这是全面建设社会主义现代化国家不可或缺的重要环节。中央一号文件既关注当前又谋划长远,对实现巩固脱贫攻坚成果和乡村振兴有机衔接、加快推进农业农村现代化、大力实施乡村建设行动等进

[①] 《中共中央国务院关于全面推进乡村振兴 加快农业农村现代化的意见(二〇二一年一月四日)》,《人民日报》2021年2月22日第1、3版。

行了细致部署，擘画了新发展阶段乡村振兴的美好图景。

第二节 加快推进农业农村现代化

"三农"问题是关系国计民生的根本性问题。我国在新中国成立初期落后的农业国基础上，经过70余年的砥砺奋进，亿万农民在中国共产党的领导下，谱写了农村农业发展的壮丽篇章。从开展土地改革到实行农业合作化；从建立家庭联产承包责任制到推进农村承包地"三权"分置；从广泛开发式扶贫到精准扶贫；从打好脱贫攻坚战到实施乡村振兴战略；从周恩来总理在1964年第三届全国人民代表大会第一次全体会议上提出四个现代化，到一系列涉及"三农"改革建设的创举，等等。这些都推动了农村体制机制不断创新，促进了农业和农村生产力解放发展，使得广大农民增收致富。党的十八大以来，以习近平同志为核心的党中央，坚持把解决好"三农"问题作为全党工作重中之重，持续加大强农惠农富农政策力度，以农民群众核心利益为出发点，建立健全城乡融合发展的体制机制和政策体系，全面深化农村改革，稳步实施乡村振兴战略，精准扶贫成效举世瞩目，农业农村发展取得了历史性成就、发生了历史性变革，为党和国家开启全面建设社会主义现代化国家新征程提供了重要支撑。

党的十九大报告提出"加快推进农业农村现代化"[①]，习近平总书记作出了"农业农村现代化是实施乡村振兴战略的总目标"[②]的重要指示。农业农村现代化不是单纯的农业现代化简单延伸至农村，也不是农业、农村两者现代化的简单相加。农业农村现代化是在我国社会主义农村社会生产力水平显著提高的基础上，在摆脱了农村贫穷落后状态的基础上，在城乡融合发展的背景下，实现乡村产业现代化、农村环境生态化、乡风文明化、乡村治理现代化和农民生活富裕化，包含了经济、政治、文化、社会、生态全方位的现代化。没有农业农村的现代化，就没

---

① 《习近平谈治国理政》（第3卷），外文出版社2020年版，第25页。
② 《习近平谈治国理政》（第3卷），外文出版社2020年版，第257页。

有整个国家的现代化。党中央站在实现中国特色社会主义现代化全局的高度，设置了加快推进农业农村现代化的目标，这是在实施乡村振兴战略的进程中对新时代"三农"工作的具体要求。农业农村现代化是让农业成为有奔头的产业、让农民成为有吸引力的职业、让农村成为安居乐业美丽家园的有效路径。农业农村现代化是实施乡村振兴战略的总目标，乡村振兴需要围绕这一总目标开展各项工作，部署各项任务，从生产方式、生产技术、管理方法等方面改造传统农业，从环境治理与保护、文明乡风与村规民约、教育文化知识等全面提升农村生活现代化水平，从乡村治理体系和治理能力入手推进农村社会的有效治理，加快推进农业农村现代化。

一　农业农村现代化必须立足中国国情

（一）我国农业农村特点概述

"新时代'三农'工作必须围绕农业农村现代化这个总目标来推进。长期以来，为解决好吃饭问题，我们花了很大精力推进农业现代化，取得了长足进步。现在，全国主要农作物耕种收综合机械化水平已超过65%，农业科技进步贡献率超过57%，主要农产品人均占有量均超过世界平均水平，农产品供给极大丰富。相比较而言，农村在基础设施、公共服务、社会治理等方面差距相当大。……我们要坚持农业现代化和农村现代化一体设计、一并推进，实现农业大国向农业强国跨越。"[①]

目前来看，我国农业人口比重大、农业生产力总体水平低等问题仍然存在。人多地少矛盾十分突出，户均耕地规模仅相当于欧盟的四十分之一、美国的四百分之一；"人均一亩三分地、户均不过十亩田"，是我国许多地方农业的真实写照。[②]

我国农村居民人均耕地面积一直在2亩左右徘徊，在2003年甚至低于2亩；人均山地面积为0.3亩，2003年时只有0.19亩，如表1-1所示。在强化耕地红线保护后人均耕地情况有所好转。

---

① 《习近平谈治国理政》（第3卷），外文出版社2020年版，第257—258页。
② 《习近平谈治国理政》（第3卷），外文出版社2020年版，第259页。

表1-1　　　　　　　　　　农村居民家庭土地经营情况

指标	2012年	2009年	2006年	2003年	1999年
农村居民家庭经营耕地面积（亩/人）	2.34	2.26	2.11	1.96	2.07
农村居民家庭经营山地（亩/人）	0.48	0.34	0.31	0.19	0.47
农村居民家庭园地面积（亩/人）	0.10	0.10	0.10	0.07	
农村居民家庭养殖水面面积（亩/人）	0.04	0.04	0.03	0.02	0.02

资料来源：根据中华人民共和国国家统计局网站相关数据整理（http：//data.stats.gov.cn/easyquery.htm?cn=C01&zb=A0A01&sj=2018）。

所以，人均耕地较少的中国农业发展不可能照搬欧美规模化、大农场化的模式，"欧美化"在我国行不通。当前和今后一个时期，我国要因地制宜，突出抓好农业专业合作社和家庭农场两类农业经营主体发展，赋予双层经营体制新的内涵，不断提高农业经营效率。在家庭承包经营基础上，在市场机制和政府调控的综合作用下，以保障农产品供给、增加农民收入、促进可持续发展为目标。

我国的农业发展模式没有一个全国统一的范式，只能是各个地方因地制宜，量体裁衣，摸索实践出适宜自身人口规模、地形地势条件、气候条件的农业现代化道路。原因在于：第一，我国农业现代化的基础较为薄弱；第二，我国人口分布的特征是东多西少；第三，农业区域覆盖东、中、西三个地形地域，涉及温带、亚热带、热带多个气候群落。例如，东部、中部地区是传统的粮食作物主产区，农业资源深厚，再加上自身的地域优势，所在地区大都经济比较发达，劳动力、技术等农业资源优势凸显，适合发展多样化农业和都市农业。其中，江南地区气候温暖湿润，自然基础条件较好，适宜农作物生长，是我国传统的"鱼米之乡"，经济发达、交通便利、历史文化资源深厚，具有城乡融合发展的较好基础，可以在节约用地、节省造价、方便游览的前提下，对交通进行分级规划；在尊重原有众多水系的基础上，以河道自然水体为主脉，疏通河道、整理水系支流、打通断流堵点，增加湖泊等湿地景观、连动水域网络来增强水路交通运力和疏浚力。华北平原地区是我国最平坦的区域之一，主要由黄河、海河、淮河冲积而成，土层深厚，是历史上我国农业文明最早兴旺的地区之一，现在是我国小麦的主产区。华北平原是暖温带半湿润大陆性气候，四季分明，光照充足；冬季寒冷干燥且相较于南方较长，夏季高温、降水相对较多，春秋季较短。虽然华北平原的热量和雨水明显多于黄土高原，但是其农业生产仍然受制于降雨量等自然天气因素。由于华北平原总降水量、河流径流量比之于南方要少，降水季节不均衡分布，春季多风、蒸发量大；再加上华北地区人口密度较大，工农业用水量大。所以，在华北平原发展第一产业，需要考虑到水资源供需关系紧张这一现实的制约因素，需要进一步植树造林、涵养水源，加大水资源节约利用的宣传和节水用具的推广，合理使用好南水北调等跨流域用水工程，防止水源污染。东北地区人少地多，土地肥沃，农作物生产周期长、品质好，适合发展高质量、大规模的粮食生产。西北地区在植树造林、绿化荒山的政策引导下，生态条件有所改善，在发展农业时仍然需要考虑到水资源的贫乏和对环境的影响，适合发展抗旱、耐旱农产品；西南地区除去少数平原，大多数是丘陵、山区并存，地少水丰，适合发展经济类特色农业。

我国农业现代化的标准不能完全套用西方的农民人均耕地占有面积、农民人均产出粮食量、农民人均机械拥有量等量化标准，而是要结合自身国情、历史地进行比较，综合考虑我国城镇化后的农村人口比重、精细化耕作基础、农业现代化水平等因素，同时应当考虑到我国农村政治治理情况、文化发展情况、生态保护情况和基层组织建设情况。因此，我国的农业现代化可以归纳为人的现代化、物的现代化以及农业治理水平的现代化。人的现代化主要是指农业劳动效率的提升、农民收入的增长、农村贫困率的下降、农村消费水平的提高等方面；物的现代化包括了农产品、农机、农田等，具体内涵是"产出高效、产品安全、资源节约、环境友好的农业现代化发展道路"[①]；农业治理水平的现代化主要体现在政府为农服务，实现小规模农户和现代农业发展有机衔

[①] 《国务院关于印发全国农业现代化规划（2016—2020年）的通知》，《中华人民共和国国务院公报》2016年第31期。

接，提升农村经济发展的结果上。

产业兴旺、生态宜居、乡风文明、治理有效、生活富裕，这二十个字的总要求，反映了乡村振兴战略的丰富内涵，同时也是我国农业现代化的目标指向。21世纪初，我国刚刚实现总体小康，面临着全面建设小康社会的任务，我们党就提出了"生产发展、生活宽裕、乡风文明、村容整洁、管理民主"的社会主义新农村建设总要求，这是符合当时农村生产力实际和群众生活现状的。现在，中国特色社会主义进入了新时代，社会主要矛盾、农业农村主要矛盾发生了很大变化，广大农民群众对生产条件、生活环境有更高的期待，所以农业现代化和乡村振兴有了新的更高要求。这二十个字的总要求，既是乡村振兴的内涵，又包括了人、物和治理水平三个方面的农业现代化，也是符合中国国情、具有中国特色的农业现代化发展指标。没有农业、农村的现代化，就没有整个国家的现代化。

而只有包括产业、人才、文化、生态、社会组织等方面发展完善了的乡村实现振兴，才会有农业的现代化。只有立足中国国情的农业实现了现代化，才会有乡村的全面振兴，两者同是"五位一体"总体布局、"四个全面"战略布局在"三农"工作中的体现。农业农村现代化要统筹推进农村经济、政治、文化、社会、生态和党的建设，不能仅仅停留、止步于经济领域，还应促进农业全面升级、农村全面进步、乡风整体文明、农民全面发展，这样才能实现乡村振兴。

（二）脱贫攻坚与农业农村现代化

农业农村现代化进程中有个必须攻克的难关，那就是贫困地区农业农村的现代化。按照现行扶贫标准，贫困地区的现代化道路还比较漫长，贫困地区的乡村振兴之路也较为曲折。我们经常说的"小康不小康，关键看老乡"，那么在贫困地区，农业农村现代化和乡村振兴更是看贫困群众脱贫后的收入状况、贫困地区摘帽后的发展后劲儿、贫困地区农村经济的发展情况。打好脱贫攻坚战是农业农村现代化的必然要求，也是实施乡村振兴战略的优先任务。

按现行农村贫困标准（当年价）衡量，1978年农村人均收入在

100元以下的贫困人口为7.7亿,贫困发生率为97.5%。[1] 改革开放以来,我国成功走出了一条中国特色的扶贫开发道路;同时,伴随着我国农业农村的发展,我国一大批农村居民摆脱了贫困。换言之,我国农村地区农民的脱贫情况与当地的农业发展紧密相关。十一届三中全会后,家庭联产承包责任制逐渐推行,农村的生产力得以解放,农村经济得到发展,农业现代化步入正轨,广大群众脱贫奔小康,贫困发生率大幅降低到个位数。

改革开放以来,农村居民生活水平不断提高,大部分农民群众摆脱了贫困状况,国家有更多的精力和财力去关注特殊困难群体。针对病残、年老体弱、丧失劳动能力以及生存条件恶劣等原因造成生活困难的农村居民,国家建立农村最低生活保障制度。2007年农村低保对象共有1609万户、3566万人,当时农村低保的保障是年平均标准为840元/人。2018年农村低保年平均标准增加到4833元/人,比2007年增长4.8倍,年均增长17.2%;当年农村低保对象1903万户、3520万人。[2]

2020年是全面建成小康社会的时间节点,也是检验脱贫攻坚成果的时间节点,到2020年我们将消除绝对贫困,但相对贫困仍将长期存在。到那时,现在针对绝对贫困的脱贫攻坚举措要逐步调整为针对相对贫困的日常性帮扶措施,并纳入到乡村振兴战略架构下,统筹安排农业农村现代化发展。

"党中央对2020年脱贫攻坚的目标已有明确规定,即到2020年,稳定实现农村贫困人口不愁吃、不愁穿,义务教育、基本医疗和住房安全有保障;实现贫困地区农民人均可支配收入增长幅度高于全国平均水平,基本公共服务主要领域指标接近全国平均水平;确保我国现行标准下农村贫困人口实现脱贫,贫困县全部摘帽,解决区域性整体贫困。深

---

[1] 张翼:《改革开放以来我国农村贫困人口减少7.4亿人》,《光明日报》2018年9月4日第12版。
[2] 国家统计局农村司:《农村经济持续发展 乡村振兴迈出大步——新中国成立70周年农村经济社会发展成就报告》,《农村·农业·农民》2019年第8B期。

度贫困地区也要实现这个目标。同时，我们要以唯物主义的态度对待这个问题，即使到了2020年，深度贫困地区也不可能达到发达地区的发展水平。我们今天的努力是要使这些地区的群众实现'两不愁、三保障'，使这些地区基本公共服务主要领域指标接近全国平均水平。在这个问题上，我们要实事求是，不要好高骛远、不要吊高各方面胃口。"[1] 精准扶贫是乡村振兴的前提之一，精准扶贫取得的成就以及已有的制度框架、组织队伍等为乡村振兴战略的实施打下了稳定的基础。同时，我们党也清醒地认识到了深度贫困地区在脱贫以后，由于其经济发展积累较少、硬件设施发展欠账较多等客观主观原因，不可能达到我国经济发达地区的发展水平，所以无论是精准扶贫还是乡村振兴，对于不同地区我们都没有采取一刀切的方式方法。精准扶贫与乡村振兴战略都是我国在现代化进程中需要着手的方面。我们在精准扶贫过程中，采取了产业扶贫、教育扶贫、生态扶贫等方式，而这些方式方法都是乡村振兴的内涵所在，故而打好脱贫攻坚战是实施乡村振兴战略的优先任务。乡村振兴是对精准扶贫脱贫攻坚内容、形式、要求的极大拓展，在解决了绝对贫穷之后，乡村振兴战略是有效解决乡村相对贫穷的措施，是实现农民群众生活富裕的有效路径。

二 农业农村"人"的活力增强

加快推进农业农村现代化，"人"的因素是重要方面，我们需要把农民群众的主观能动性充分发挥出来，使得主体活力增强。随着我国社会主义现代化建设的不断深入，乡村就业规模日益庞大，新型经营主体大量涌现，农村居民收入和消费持续较快增长、城乡收入差距明显缩小，平均每一农业劳动力生产的主要农产品产量、农村居民家庭平均每人出售的主要农产品产量和农村居民家庭平均每人出售的主要畜产品和水产品产量持续增加，农业农村现代化"人"的活力不断增强。

---

[1] 《习近平谈治国理政》（第2卷），外文出版社2017年版，第87—88页。

（一）乡村就业规模庞大

就业是民生之本。新中国成立初期，乡村就业人员主要以从事农业生产为主。20世纪50—70年代，通过积极发展乡村经济，就业状况逐步改善，1978年乡村就业人员30638万人。改革开放以来，乡镇工业快速发展，劳动力市场逐步建立和完善，农村富余劳动力向第二、三产业转移。乡村就业人员在1997年达到49039万人的历史高点。随着市场经济的发展，部分农村劳动力进城就业。2018年乡村就业人员逐渐回落到34167万人，规模仍然庞大。党的十八大以来，坚持实施就业优先战略，各地促进农民工就业创业，农民工数量持续增加，外出就业明显。2018年农民工28836万人，其中，到乡外就业的农民工17266万人；从事第二产业的农民工14158万人；从事第三产业的农民工14562万人。[①]

新型经营主体大量涌现，现代农业活力增强。国家着力培育各类新型农业生产经营主体和服务主体，农民合作社、家庭农场、龙头企业等数量快速增加，规模日益扩大。2018年农业产业化龙头企业8.7万家，在工商部门登记注册的农民合作社217万个，家庭农场60万个。新型职业农民队伍不断壮大，农民工、大中专毕业生、退役军人、科技人员等返乡下乡人员加入新型职业农民队伍。截至2018年底，各类返乡下乡创新创业人员累计达780万人。新型经营主体和新型职业农民在应用新技术、推广新品种、开拓新市场方面发挥了重要作用，正在成为引领现代农业发展的主力军。[②]

从表1-2、表1-3可知，从事第一产业的从业人员随着劳动效率的提升减少了，乡村就业人员的减少和城镇就业人员的增加是反相关，在第一产业劳动效率提高的背景下，会有更多的农村居民转移到第二、第三产业去就业。而第二产业的劳动效率随着现代高新科技的运用和机器设备的更新换代，亦日益提高，故而第二产业也不需要那么多的劳动

---

① 国家统计局农村司：《农村经济持续发展　乡村振兴迈出大步——新中国成立70周年农村经济社会发展成就报告》，《农村·农业·农民》2019年第8B期。
② 国家统计局农村司：《农村经济持续发展　乡村振兴迈出大步——新中国成立70周年农村经济社会发展成就报告》，《农村·农业·农民》2019年第8B期。

力了。而这些从第一、第二产业转移出来的劳动力大部分都会在第三产业中进行就业。这种趋势是现代化、经济全球化的必然要求，我国的就业人员分布也符合这样的转移规律。农村居民大量从农村来到城镇，由改革开放初期时主要从事加工制造等第二产业，到现在主要从事服务业、培训业等第三产业。

表1-2　　　　　　　　　乡村户数和乡村人口统计

指标	2012年	2009年	2006年	2003年	1999年
乡村户数（万户）	26802.32	25975.67	25268.40	24793.14	23810.54
乡村人口（万人）	97065.63	96110.50	94813.31	93750.62	92216.25
乡村从业人员（万人）	53857.88	52599.30	50976.81	48971.02	46896.49
乡村男性从业人员（万人）	28847.00	28186.33	27293.04	26121.04	24995.71
乡村女性从业人员（万人）	25009.91	24412.97	23683.77	22849.98	21900.79
农林牧渔业从业人员（万人）	27032.25	28065.26	29418.41	31259.63	32911.76

资料来源：根据中华人民共和国国家统计局网站相关数据整理（http：//data.stats.gov.cn/easyquery.htm？cn=C01&zb=A0A01&sj=2018）。2013年前农村居民收支数据来源于独立开展的农村住户抽样调查。

表1-3　　　　　　　按三次产业和城乡分就业人员数统计

指标	2018年	2015年	2010年	2005年	2000年
就业人员（万人）	77586.0	77451.0	76105.0	74647.0	72085.0
第一产业就业人员（万人）	20257.7	21919.0	27930.5	33441.9	36042.5
第二产业就业人员（万人）	21390.5	22693.0	21842.1	17766.0	16219.1
第三产业就业人员（万人）	35937.8	32839.0	26332.3	23439.2	19823.4
城镇就业人员（万人）	43419.0	40410.0	34687.0	28389.0	23151.0
乡村就业人员（万人）	34167.0	37041.0	41418.0	46258.0	48934.0

资料来源：根据中华人民共和国国家统计局网站相关数据整理（http：//data.stats.gov.cn/easyquery.htm？cn=C01&zb=A0A01&sj=2018）。全国就业人员1990年及以后的数据根据劳动力调查、人口普查推算，2001年以后数据根据第六次人口普查数据重新修订。城镇单位数据不含私营单位。2012年行业采用新的分类标准，与前期不可比。

（二）农村居民收入和消费持续较快增长，城乡收入差距明显缩小

1949 年我国农村居民人均可支配收入仅为 44 元。20 世纪 50—70 年代，随着土地改革和农业合作社的发展，促进了农村居民收入较快增长。改革开放以来，市场经济体制的不断完善，为商品流通特别是农副产品交换变现提供了便利条件，农产品成为商品进行流通，为农民增收带来实惠，同时也丰富了城镇居民的菜篮子，增加了居民生活物资的多样性。党的十八大以来，党和政府加大对社会保障和民生改善的投入力度，农民的钱袋子更加殷实。2018 年农村居民人均可支配收入 14617 元，扣除物价因素，比 1949 年实际增长 40.0 倍，年均实际增长 5.5%。城乡居民收入差距不断缩小，2018 年城乡居民人均可支配收入比值为 2.69，比 1956 年下降了 0.64。[1]

1. 农村居民收支情况及分析

表 1-4　　2014—2018 年城乡居民基本收支情况统计

指标	2018 年	2017 年	2016 年	2015 年	2014 年
居民人均可支配收入（元）	28228.05	25973.79	23820.98	21966.19	20167.12
居民人均可支配收入同比增长（%）			8.4	8.9	10.1
城镇居民人均可支配收入（元）	39250.84	36396.19	33616.25	31194.83	28843.85
城镇居民人均可支配收入同比增长（%）			7.8	8.2	9.0
农村居民人均可支配收入（元）	14617.03	13432.43	12363.43	11421.71	10488.88
农村居民人均可支配收入同比增长（%）			8.2	8.9	11.2
居民人均消费支出（元）	19853.14	18322.15	17110.74	15712.41	14491.40
居民人均消费支出同比增长（%）			8.9	8.4	9.0
城镇居民人均消费支出（元）	26112.31	24444.95	23078.90	21392.36	19968.08
城镇居民人均消费支出同比增长（%）			7.9	7.1	8.0

---

[1] 国家统计局农村司：《农村经济持续发展　乡村振兴迈出大步——新中国成立 70 周年农村经济社会发展成就报告》，《农村·农业·农民》2019 年第 8B 期。

续表

指标	2018 年	2017 年	2016 年	2015 年	2014 年
农村居民人均消费支出（元）	12124.27	10954.53	10129.78	9222.59	8382.57
农村居民人均消费支出同比增长（%）			9.8	10.0	12.0

资料来源：根据中华人民共和国国家统计局网站相关数据整理（http://data.stats.gov.cn/easyquery.htm?cn=C01&zb=A0A01&sj=2018）。

城乡居民收入比从最高点2007年的3.14倍，持续下降到2012年的2.88倍，进而下降到2018年的2.69倍。[①] 虽然农村居民收入在增加，与城镇居民收入差距在缩小，但近年来城镇居民与农村居民的可支配收入仍相差两倍多，绝对值与城镇居民收入相比较还有较大上升空间，再加上农村居民增收渠道基本定型，缩小城镇与农村居民之间收入差距的任务任重道远。

新中国成立初期，我国农村居民人均消费支出极低。20世纪50—70年代，农民消费逐步增长。改革开放以来，随着农村居民收入较快增长，消费能力显著提升。2018年农村居民人均可支配收入14617元，扣除物价因素，比1949年实际增长40倍，年均实际增长5.5%。2018年农村居民人均消费支出12124元，扣除物价因素，比1949年实际增长32.7倍，年均实际增长5.2%。家庭消费品升级换代，移动电话、计算机、汽车进入寻常百姓家。2018年农村居民平均每百户拥有移动电话257部、计算机26.9台、汽车22.3辆、空调65.2台、热水器68.7台、微波炉17.7台。[②]

从表1-5可以看出，我国农村居民人均可支配收入、可支配工资性收入、可支配经营净收入、可支配财产净收入、可支配转移净收入一直呈现上升态势。可支配工资性收入顾名思义是指农村居民通过外出务工或兼职等途径得到的劳动报酬。可支配经营收入是指农村居民在生产

---

① 胡祖才：《城乡融合发展的新图景》，《求是》2019年第14期。
② 国家统计局农村司：《农村经济持续发展 乡村振兴迈出大步——新中国成立70周年农村经济社会发展成就报告》，《农村·农业·农民》2019年第8B期。

经营活动中所获得的净收入,例如做生意得到的净收入、种植果树销售水果取得的净收入。可支配财产净收入指农村居民将其所拥有的货币、住房、汽车等或享有使用权的自然资源通过投资、租赁等方式产生的孳息,例如利息净收入、红利收入、储蓄性保险净收益、转让承包土地经营权租金净收入、出租房屋净收入、出租其他资产净收入和房屋净租金等。改革开放以来,我国农村居民的收入结构出现了多元化的良好局面,不再是单一从土里刨食,结束了全部收入从土地产出的现象。允许农村居民在土地之外进行生产生活,这样一来,农村居民开拓了增收渠道。农民收入增加了,农村人均消费支出,人均食品烟酒消费支出,人均衣着消费支出,人均居住消费支出,人均生活用品及服务消费支出,人均交通和通信消费支出,人均教育、文化和娱乐消费支出等也随之增加,有力地刺激了农村消费市场的繁荣。

表1-5　　　　农村居民人均收入与支出数据(新口径)

指标	2018年	2017年	2016年	2015年	2014年	2013年
农村居民人均可支配收入（元）	14617	13432	12363	11422	10489	9430
农村居民人均可支配工资性收入（元）	5996	5398	5022	4600	4152	3652
农村居民人均可支配经营净收入（元）	5358	5028	4741	4504	4237	3935
农村居民人均可支配财产净收入（元）	342	303	272	252	222	195
农村居民人均可支配转移净收入（元）	2920	2603	2328	2066	1877	1648
农村居民人均消费支出（元）	12124	10955	10130	9223	8383	7485
农村居民人均食品烟酒消费支出（元）	3646	3415	3266	3048	2814	2554

续表

指标	2018年	2017年	2016年	2015年	2014年	2013年
农村居民人均衣着消费支出（元）	648	612	575	550	510	454
农村居民人均居住消费支出（元）	2661	2354	2147	1926	1763	1580
农村居民人均生活用品及服务消费支出（元）	720	634	596	546	506	455
农村居民人均交通和通信消费支出（元）	1690	1509	1360	1163	1013	875
农村居民人均教育、文化和娱乐消费支出（元）	1302	1171	1070	969	860	755
农村居民人均医疗保健消费支出（元）	1240	1059	929	846	754	66
农村居民人均其他用品及服务消费支出（元）	218	201	186	174	163	144

资料来源：根据中华人民共和国国家统计局网站相关数据整理（http://data.stats.gov.cn/easyquery.htm?cn=C01&zb=A0A01&sj=2018）。从2013年起，国家统计局开展了城乡一体化住户收支与生活状况调查，2013年及以后数据来源于此调查。与2013年前的分城镇和农村住户调查的调查范围、调查方法、指标口径有所不同。

2018年农村居民人均消费支出为12124元，占到农村居民人均可支配收入的82.9%；2018年城镇居民人均消费支出为26112元，占到城镇居民人均可支配收入的66.5%。说明我国农村居民的收入在基数不高的情况下，人均收入超过80%用于消费；而城镇居民的人均收入是农村的2.69倍，人均收入的60%左右用于消费，这些消费大多是吃穿住用行等必需消费品。这样看来，我国农村居民的人均可支配收入还是有相当大的提升空间，等到农村居民收入普遍提高后，才可能降低消费占比。在不下调农村居民生活品质和不影响农村居民生活质量的前提下，如果农村居民消费占比下降了，那是乡村振兴的一个良好反映，值得关注和期待。

目前,虽然农村居民用于消费的比例高于城镇,但不能反映出他们的生活质量高、消费超前,而是在人均可支配收入和消费绝对值远低于城镇居民的情况下的被动大比例消费。众所周知,中国人的储蓄率和储蓄总额在全球金融市场来看是比较高的,大家都习惯把多余的闲钱存在银行,养成了量入为出的习惯,以此应对将来可能发生的变故。而农村居民由于社保、医疗等后续保障不足,更倾向于储蓄,千方百计节省尽量少花钱或不花钱。近年来出现的农村居民消费占人均可支配收入比重上升的情况,一方面反映出农村居民消费能力的提高,另一方面也体现出农村居民收入增长的幅度赶不上消费增长的力度,需要在农民增收渠道、农民收入增长等方面多下功夫。

2. 城乡居民恩格尔系数

恩格尔系数是衡量富裕程度的指标,与经济学中其他很多指标"越高越好"不同,恩格尔系数是一个"越低越好"的指标。恩格尔系数,通常是指居民家庭中食物支出占消费总支出的比重。19世纪德国统计学家恩格尔根据统计资料,对消费结构的变化总结出一个规律:一个家庭收入越少,家庭收入中用来购买食物的支出所占比例就越大。随着家庭收入的增加,家庭总支出中用来购买食物的支出比例则会下降。

在国际上,这一指标常常用来衡量一个国家和地区人民生活水平的状况:一个国家生活越贫困,恩格尔系数就越大,因为老百姓收入的大部分都用于填饱肚子,没有额外收入用于教育、住房、旅游等;生活越富裕,恩格尔系数就越小,居民只是把收入的一小部分用于食物开支,居民可以有大部分收入用于其他领域。比较通行的国际标准认为,当一个国家平均家庭恩格尔系数大于60%为贫穷;50%—60%为温饱;40%—50%为小康;30%—40%属于相对富裕;20%—30%为富足;20%以下为极其富裕。[①] 一个国家或地区家庭收入越高,收

---

① 孔德晨:《恩格尔系数再创新低对中国意味着什么》,《人民日报》(海外版)2019年2月20日第11版。

入或总支出中用来购买食物的支出比例则会下降,也就表明富裕程度越高。

回顾改革开放 40 年,中国居民的恩格尔系数稳步下降。1978 年,中国城镇居民家庭的人均生活消费支出为 311 元,恩格尔系数为 57.5%;农村居民家庭的人均生活消费支出为 116 元,恩格尔系数为 67.7%。国家发改委发布的《2017 年中国居民消费发展报告》显示,2017 年全国居民恩格尔系数为 29.39%,这是历史上中国恩格尔系数首次跌破 30%,由"3 字头"时代迈入"2 字头"时代。在城乡居民恩格尔系数趋于下降的同时,农村居民消费水平不断提高,恩格尔系数持续下降。2018 年农村居民恩格尔系数为 30.1%,比 1954 年下降了 38.5 个百分点。[①]

表 1-6　　　城乡居民家庭人均收入及恩格尔系数

指标	2012 年	2010 年	2005 年	2000 年	1999 年
城镇居民家庭人均可支配收入(元)	24126.7	18779.1	10382.3	6255.7	5854.0
城镇居民家庭人均可支配收入指数(1978=100)	1126.8	948.5	600.9	382.3	360.6
农村居民家庭人均纯收入(元)	8389.3	6272.4	3370.2	2282.1	2210.3
农村居民家庭人均纯收入指数(1978=100)	1248.1	1012.1	646.6	489.6	473.5
城镇居民家庭恩格尔系数(%)	36.2	35.7	36.7	39.4	42.1
农村居民家庭恩格尔系数(%)	39.3	41.1	45.5	49.1	52.6

资料来源:根据中华人民共和国国家统计局网站相关数据整理(http://data.stats.gov.cn/easyquery.htm?cn=C01&zb=A0A01&sj=2018)。2013 年前城乡居民收支数据来源于分别开展的城镇住户抽样调查和农村住户抽样调查。

[①] 国家统计局农村司:《农村经济持续发展　乡村振兴迈出大步——新中国成立 70 周年农村经济社会发展成就报告》,《农村·农业·农民》2019 年第 8B 期。

表1-7　　　　　　2013—2018年全国居民恩格尔系数指标

指标	2012年	2013年	2014年	2015年	2016年	2017年	2018年
城乡居民恩格尔系数	33%	31.2%	31%	30.6%	30.1%	29.3%	28.4%
比上年度下降百分点		1.8	0.2	0.4	0.5	0.8	0.9

资料来源：根据中华人民共和国国家统计局网站相关数据整理（http：//data.stats.gov.cn/easyquery.htm？cn=C01&zb=A0A01&sj=2018）。

2018年农村居民恩格尔系数为30.1%，全国居民恩格尔系数为28.4%。这深刻反映了我国居民生活水平的普遍提高，不再像苦难深重的旧中国那样整天围绕温饱转圈圈。那么，恩格尔系数进入"2字头"是不是意味着我国已迈入发达国家或者富足国家的行列呢？笔者认为我们应该全面看待恩格尔系数，虽然这个单一指标从一个侧面体现了我国经济社会的长足进步，但不能代表全国所有地区的水平，尤其是偏远落后地区的经济发展状况，需要辩证地看待这一指标。在分析我国农村居民恩格尔系数时，还应参考以下因素：

第一，农村居民的恩格尔系数近年来接近30%，这个数据的计算是因为农村居民很大一部分不去市场上买粮食，都是自产自用；再加上利用自留地及房前屋后周围种菜，也一般不去买菜。所以，农村居民恩格尔系数的下降一方面体现了农村居民收入的增加，但也不足以直接体现出大部分农村居民的富裕程度跟城镇居民一样，更不能说农村居民的富裕生活标准接近发达国家。

第二，我国农村居民恩格尔系数还受中国经济发展不平衡不充分的影响。在整体恩格尔系数下降的同时，东部农村地区和中西部农村地区、发达农村地区和贫困老少边穷地区的恩格尔系数差异整体较大。换言之，同样是农村，沿海地区的农村恩格尔系数明显低于高海拔交通不便山区。

第三，一般来说，农民种植的粮食、蔬菜或养殖的畜禽在满足了自用需求后，会将剩余部分进行出售，以换取更多收入。但由于我国农产品定价机制的市场化、多样化、复杂化，有时候农户种、养的太多，卖不出去，就只有压低、持平甚至亏本在市场上贱卖。农村散户、中小规模种养户抵御市场价格波动风险的能力太弱，也是导致农村居民收入增长不快，农村居民恩格尔系数降不下来的原因之一。

中国特色社会主义进入新时代，但我国仍将处于并将长期处于社会主义初期阶段，我国仍然是最大的发展中国家。农业现代化和乡村振兴战略都是为了让我国的广大农村能够发展得更好，农村居民人均收入有更多增加，农村居民人均受教育程度更高，只有这样，才能在21世纪中叶实现社会主义现代化强国的目标。

3. 农村居民住房情况

农村居民的人均住房面积、家庭住房价值、人均钢筋混凝土和砖木结构面积从改革开放以来，一直都在稳步增加，表1-8选取了1999年到2012年间的数据进行说明。

表1-8 农村居民家庭住房情况

指标	2012年	2009年	2006年	2003年	1999年
农村居民人均住房面积（平方米/人）	37.1	33.6	30.7	27.2	24.2
农村居民家庭住房价值（元/平方米）	681.9	359.4	287.8	217.1	157.6
农村居民家庭住房钢筋混凝土结构（平方米/人）	17.1	14.5	11.8	8.5	6.4
农村居民家庭住房砖木结构（平方米/人）	16.3	15.1	14.6	14.1	12.3

资料来源：根据中华人民共和国国家统计局网站相关数据整理（http://data.stats.gov.cn/easyquery.htm? cn = C01&zb = A0A01&sj = 2018）。

到2018年，农村居民人均住房建筑面积达到47.3平方米，比1978年增加39.2平方米。71.2%的农村居民住房为钢筋混凝土或砖混材料，比2013年提高了15.5个百分点，住房质量大为改善。[1]

---

[1] 国家统计局农村司：《农村经济持续发展 乡村振兴迈出大步——新中国成立70周年农村经济社会发展成就报告》，《农村·农业·农民》2019年第8B期。

(三) 农业生产效率明显提高

新中国成立后,新生的人民政权把土地分到了广大农民手中,上亿农民第一次在自己的土地上耕种,生产的积极性和主动性得到了极大的增强,农业生产效率有了极大提升,为新中国在短短的三年时间迅速恢复国民经济打下了基础。经过社会主义改造,社会主义公有制在农村亦发挥了激发农民生产积极性的作用,为社会主义工业打下了坚实基础。十一届三中全会以后,家庭联产承包责任制在农村得到了广泛推行,制度变革使得农业生产效率得到了迅猛提升。再加上机械、化肥、农药的使用,使得我国的粮食、棉花、油料、糖料、水果、蔬菜等人均产量一直出现增长势头。由于国家整个经济形势的持续向好,全国居民对于多元化农产品的需求也在增加,农村居民人均粮食、棉花、油料、糖料、水果、蔬菜、猪肉、羊肉、牛肉、蛋类、牛羊奶等产出量迅速增加,同时销售量亦呈增长态势。分别如表1-9至表1-11所示。

表1-9　　平均每一农业劳动力生产的主要农产品数据　　(单位:公斤/人)

指标	2012年	2009年	2006年	2003年	1999年
人均粮食产量	2167.99	1881.38	1677.08	1361.88	1511.42
人均棉花产量	25.14	22.60	25.37	15.37	11.68
人均油料产量	126.38	111.80	88.91	88.89	79.38
人均糖料产量	495.88	435.12	352.22	304.87	254.33
人均水果产量	884.61	722.87	575.88	459.05	357.07
人均园林水果产量	555.42	434.05	323.24	238.78	190.35
人均瓜果类产量	329.20	288.83	252.64	220.26	
人均蔬菜产量	2606.49	2191.21	1816.79	1708.53	

资料来源:根据中华人民共和国国家统计局网站相关数据整理(http://data.stats.gov.cn/easyquery.htm?cn=C01&zb=A0A01&sj=2018)。

表1-10　　农村居民家庭平均每人出售主要农产品　　(单位:公斤)

指标	2012年	2009年	2006年	2003年	1999年
农村居民人均粮食出售量	529.75	482.93	394.64	294.35	243.34

续表

指标	2012年	2009年	2006年	2003年	1999年
农村居民人均棉花出售量	22.98	22.56	23.79	16.77	4.43
农村居民人均油料出售量	18.52	22.59	17.79	19.22	15.59
农村居民人均麻类出售量	0.10	0.17	0.43	0.71	0.28
农村居民人均烟叶出售量	4.80	4.45	3.83	2.62	2.42
农村居民人均蔬菜出售量	164.13	170.84	172.98	147.58	111.66
农村居民人均水果出售量	71.04	72.78	59.49	48.83	43.17

资料来源：根据中华人民共和国国家统计局网站相关数据整理（http://data.stats.gov.cn/easyquery.htm? cn = C01&zb = A0A01&sj = 2018）。

表1-11　　农村居民家庭平均每人出售主要畜产品及水产品　　（单位：公斤）

指标	2012年	2009年	2006年	2003年	1999年
农村居民人均猪肉出售量	30.74	31.70	34.44	29.49	28.41
农村居民人均羊肉出售量	3.32	2.81	3.12	2.87	1.85
农村居民人均牛肉出售量	3.34	2.69	3.07	2.71	1.86
农村居民人均家禽出售量	8.09	11.35	8.86	6.67	3.41
农村居民人均蛋类出售量	10.13	12.91	10.96	7.06	4.07
农村居民人均牛羊奶出售量	9.32	12.66	13.27	7.29	3.00
农村居民人均蚕茧出售量		0.80	1.05	0.76	0.62
农村居民人均水产品出售量	9.71	10.72	8.94	7.47	6.20

资料来源：根据中华人民共和国国家统计局网站相关数据整理（http://data.stats.gov.cn/easyquery.htm? cn = C01&zb = A0A01&sj = 2018）。

以上数据显示出我国的农产品人均产量在逐年增加，劳动效率在逐步提高。但不可否认的是，我国农业的劳动效率还有很大的提升空间，这也是农业现代化与乡村振兴努力的方向。2018年我国农业增加值占GDP比重为7.2%，农业就业人员占比却高达26.1%，偏低的农业劳动生产率制约了农民增收。[1]

---

[1] 胡祖才：《城乡融合发展的新图景》，《求是》2019年第14期。

美国是大农业的代表，在 20 世纪中叶完成农业机械化，农业就业人数目前为 6% 左右。而日本是精耕细作农业的代表，在 20 世纪 70 年代实现农业机械化，目前农业就业人数为 4% 左右。考虑到国际经验数据，再结合我国的现实情况，如果政策调整比较好，粗略可判定在 2035 年前后，我国农业产业 GDP 占比可能下降至 5% 左右，农业从业人口占比下降到 10% 左右，这将使农业劳动生产率显著提高。[①] 这是比较符合我国国情的农业现代化的劳动效率。我国要实现农业现代化，需要解决目前农业相对分散的问题，以家庭联产承包经营为主的农业个体经济形式在改革开放初期极大地解放了农村生产力，现在需要在不改变农民承包经营权的基础上，把土地集中起来进行规模化耕作，所以，党和国家积极引导建立高标准农田，增加农业抵御自然风险的同时，农业效率大幅度提升，农民收入也有较大增长。

三 农业农村"物"的现代化迈上新台阶

现在，全国主要农作物耕种收综合机械化水平已超过 65%，农业科技进步贡献率超过 57%，主要农产品人均占有量均超过世界平均水平，农产品供给极大丰富。[②] 我国农业农村"物"的现代化迈上新台阶，越来越多先进技术应用在我国农业生产中，不断改善和创新农业生产技术，乡村基础设施如农田水利建设、农业机械化智慧化程度显著增强，我国由传统农业向农林牧渔业全面发展，粮食产量逐步稳定在较高水平，实现了种养殖结构的多元化，同时我国农产品品质显著提升。

（一）由传统农业向农林牧渔业全面发展的现代农业转变

1. 粮食产量逐步稳定在较高水平，饭碗牢牢端在自己手中

1949 年我国粮食产量 2264 亿斤，人均粮食产量 209 公斤，无法满足人们的温饱需求。20 世纪 50—70 年代粮食生产有了一定发展，1978 年粮食产量 6095 亿斤。改革开放以来，我国建立和完善以家庭承包经

---

① 黄季焜：《借鉴国际农村发展经验促进我国乡村振兴》，《光明日报》2018 年 10 月 15 日第 5 版。

② 习近平：《把乡村振兴战略作为新时代"三农"工作总抓手》，《求是》2019 年第 11 期。

营为基础、统分结合的双层经营体制,启动农产品流通体制改革,彻底取消农业税,激发了广大农民的积极性,促进粮食产量快速增长。2012年我国粮食产量12245亿斤,粮食综合生产能力跃上新台阶。党的十八大以来,以习近平同志为核心的党中央高度重视粮食生产,明确要求把中国人的饭碗牢牢端在自己手中。粮食综合生产能力不断巩固提升,2018年粮食产量13158亿斤,比1949年增长4.8倍,年均增长2.6%;人均粮食产量472公斤,比1949年增长1.3倍,守住了国家粮食安全底线。[①]

我国在城镇化的进程中,集约利用土地资源,使得谷物这一主要粮食种植面积实现了增长的趋势。豆类、薯类播种面积虽有减少,但不会对国家粮食安全造成影响。近几年我国主动调整农业种植结构,粮食产量略有下降,但仍连续6年稳定在6亿吨以上水平。主要原因是近年来我国粮食连续丰收、产量比较大,要修大量的粮仓去收粮食,而粮食是有保存期限的,存储了几年就不能作为粮食食用,只能作饲料或其他工业用途使用。故而近年来国家调整了粮食策略,不再单一追求粮食产量,开始主动注重把耕地培肥、储粮于地、存粮于地,做到藏粮于地、藏粮于技。另外再加上我国主要农产品供给充足,能够保证国家粮食安全和农产品有效供给,能够为国民经济平稳健康发展提供坚实基础,所以我国主动进行农业布局调整。

表1–12　　　　　我国主要粮食种植面积统计　　　　（单位:千公顷)

指标	1990年	1995年	2000年	2017年	2018年
农作物总播种面积	148362	149879	156300	166332	165902
其中,粮食	113466	110060	108463	117989	117038
谷物		89310	85264	100765	
豆类		11232	12660	10051	

---

① 国家统计局农村司:《农村经济持续发展　乡村振兴迈出大步——新中国成立70周年农村经济社会发展成就报告》,《农村·农业·农民》2019年第8B期。

续表

指标	1990年	1995年	2000年	2017年	2018年
薯类	9121	9519	10538	7173	

资料来源：根据中华人民共和国国家统计局网站相关数据整理（http：//data.stats.gov.cn/tablequery.htm? code = A0DF）。

2. 种植结构多元化

从种植业分布构成来看，种植业生产由单一以粮食作物种植为主向粮经饲协调发展的三元种植结构转变。深入推进农业供给侧结构性改革，2016—2018年累计增加大豆种植面积2000多万亩，粮改饲面积达到1400多万亩。从表1-13我国的油料、棉花、麻类、糖料、烟叶、蔬菜、果园、茶叶种植面积统计情况来看，蔬菜、果园、茶叶的面积基本上一直都在增加，糖类面积变化不大，棉花、麻类、烟叶呈现下降趋势，油料呈现前期上升后期下调的动态。而不同经济类作物种植面积出现这样的变化，与消费者的购买饱和度、健康需求度有很大关系。农业供给侧结构性改革在这些经济类作物的种植面积中得到了淋漓尽致的体现。

表1-13　　　　我国主要经济类作物种植面积统计　　（单位：千公顷）

指标	1990年	1995年	2000年	2017年	2018年
油料	10900	13102	15400	13223	12872
棉花	5588	5422	4041	3195	3354
麻类	495	376	262	58	
糖料	1679	1820	1514	1546	1630
烟叶	1593	1470	1437	1131	
蔬菜	6338	9515	15237	19981	
茶园面积	1061	1115	1089	2849	
果园面积	5179	8098	8932	11136	

资料来源：根据中华人民共和国国家统计局网站相关数据整理（http：//data.stats.gov.cn/tablequery.htm? code = A0DF）。

3. 农产品品质显著提升

质量兴农、绿色兴农战略深入推进，农业绿色化、优质化、特色化、品牌化水平不断提高。到2017年底，我国农药使用量已连续3年负增长，化肥使用量已实现零增长，提前3年实现到2020年化肥、农药使用量零增长的目标。[①] 2018年全国农用化肥施用量（折纯量）5653万吨，比2015年减少369万吨，下降6.1%。农药使用量150万吨，比2015年减少28万吨，下降15.7%。[②]

表1-14　　　　　　　　　　　农用化肥施用量

指标	1990年	1995年	2000年	2017年	2018年
农用化肥施用量（折纯）（万吨）	2590.3	3593.7	4146.0	5859.0	5653.4

资料来源：根据中华人民共和国国家统计局网站相关数据整理（http：//data.stats.gov.cn/tablequery.htm? code=AD0F）。

与此同时，我国农村秸秆综合利用率达到84%。优质强筋、弱筋小麦面积占比为30%，节水小麦品种面积占比为20%。主要农作物良种覆盖率持续保持在96%以上。截至2018年底，我国无公害农产品、绿色食品、有机农产品和农产品地理标志产品总数达12.2万个。主要农产品监测合格率连续五年保持在96%以上，2018年总体合格率达到97.5%，农产品质量安全形势保持稳中向好的态势。[③]

高标准农田是指在划定的基本农田保护区范围内，建成集中连片、设施配套、高产稳产、生态良好、抗灾能力强、与现代农业生产和经营方式相适应的高标准基本农田。高标准农田通过集约流转，把农民手中的承包土地的使用权集中起来，形成规模效应，便于农田配套设施改造升级，从而保障其生态友好、节水循环，增强我国农田抵抗自然灾害的

---

① 张晓山：《推进农业现代化面临新形势新任务》，《人民日报》2019年5月13日第10版。
② 国家统计局农村司：《农村经济持续发展　乡村振兴迈出大步——新中国成立70周年农村经济社会发展成就报告》，《农村·农业·农民》2019年第8B期。
③ 国家统计局农村司：《农村经济持续发展　乡村振兴迈出大步——新中国成立70周年农村经济社会发展成就报告》，《农村·农业·农民》2019年第8B期。

能力,同时提高农产品的市场议价能力,实现农产品丰收和农民增收的局面,让农业增产又增效。

我国农业农村现代化还应当实现节水化生产。一直以来,农业用水是我国的用水大户,占到了我国用水总量的半壁江山,如表1-15所示。在我国这样一个人均水量严重缺乏的国家,建设美丽中国、宜居乡村,农业节水是大势所趋。

表1-15　　　　　各产业用水情况统计　　　　（单位:亿立方米）

指标	2009年	2010年	2012年	2014年	2016年	2018年
用水总量	5965.15	6021.99	6131.20	6094.86	6040.20	6110.00
农业用水总量	3723.11	3689.14	3902.50	3868.98	3768.00	3807.00
工业用水总量	1390.90	1447.30	1380.70	1356.10	1308.00	1285.00
生活用水总量	748.17	765.83	739.90	766.58	821.60	850.00

资料来源:根据中华人民共和国国家统计局网站相关数据整理(http://data.stats.gov.cn/easyquery.htm? cn = C01)。

土地的规模化种植和建设高标准农田是发展节水农业的良好契机。2011年,国土资源部出台政策,表示"十二五"期间要建成4亿亩高标准农田,"十三五"时期计划建设4亿亩,力争全国达到10亿亩高标准农田,这样能够进一步保障我国的粮食安全和食品安全;并且还有助于发展现代化农业,使得这些农田的机械化率、节水率等指标趋向于国际水平。高标准农田的建设是我国农业从重视数量向重视质量发展的明确体现,使得我国发展农业现代化的物质技术基础不断夯实。2016年第三次全国农业普查结果显示,耕地规模化耕种面积占全部实际耕地耕种面积的比重为28.6%。2018年,我国新建高标准农田8200万亩,发展高效节水灌溉面积超过2000万亩;耕地轮作休耕试点超过3000万亩;农业科技进步贡献率达到58.3%。[1] 2018年全国家庭承包耕地流转面积超过5.3亿亩。农村的土地流转助推了农业规模化发展和建设高

---

[1] 张晓山:《推进农业现代化面临新形势新任务》,《人民日报》2019年5月13日第10版。

标准农田,从而为现代节水农业的发展奠定了基础。

4. 第一产业全面发展,生产结构不断优化

我国农业实现了由单一种植业为主的传统农业向农林牧渔业全面发展的现代农业转变。2018年农林牧渔业总产值113580亿元,按可比价格计算,比1952年增长17.2倍,年均增长4.5%。从产值构成来看,1952年农业产值占农林牧渔四业产值的比重为85.9%,处于绝对主导地位,林业、畜牧业和渔业产值所占比重分别为1.6%、11.2%和1.3%。改革开放以来,林、牧、渔业全面发展。2018年农业产值占农林牧渔业四业产值的比重为57.1%,比1952年下降28.8个百分点;林业占5.0%,提高3.4个百分点;畜牧业占26.6%,提高15.4个百分点;渔业占11.3%,提高10.0个百分点。

表1-16　　　　　　农、林、牧、渔业总产值统计　　　　　　(单位:亿元)

指标	2018年	2015年	2010年	2005年	2000年
农林牧渔业总产值	113579.53	101893.52	67763.13	39450.89	24915.77
农业总产值	61452.60	54205.34	35909.07	19613.37	13873.59
林业总产值	5432.61	4358.45	2575.03	1425.54	936.52
牧业总产值	28697.40	28649.32	20461.08	13310.78	7393.08
渔业总产值	12131.51	10339.09	6263.37	4016.12	2712.57

资料来源:根据中华人民共和国国家统计局网站相关数据整理(http://data.stats.gov.cn/easyquery.htm?cn=C01&zb=A020C020D&sj=2018)。(1)根据第三次全国农业普查结果,2007—2017年度农林牧渔业总产值进行了修订。(2)2003年起执行国民经济行业分类标准,农林牧渔业总产值包括农林牧渔服务业产值。2012年起执行新国民经济行业分类标准。(3)2003年以前农林牧渔业总产值指数按1990年不变价格计算,2003年以后按可比价计算。

(二)乡村基础设施显著增强,农业农村现代化条件明显改善

1. 农田水利建设得到加强,防灾抗灾能力增强

新中国成立初期,农业生产基础薄弱,处于靠天吃饭的境地,粮食产量严重依赖自然气候。为改变对水利的自然依赖,20世纪50—70年代,在十分困难的条件下我国推进了农田水利设施建设,部分缓解了农

业用水难题。改革开放以来，我国持续开展农业基础设施建设，第一产业领域投入资金不断增多，不断完善小型农田水利设施，使得农田灌溉条件明显改善，第一产业增加值及固定资产投资（不包含农户，特指国家财经投入或社会企业投入等）稳步提升。同时，深入实施藏粮于田、藏粮于技的耕地质量保护与提升工程，加快建设集中连片、旱涝保收、高产稳产、生态友好的高标准农田，高标准农田在用水量需求上远远低于普通耕地，尤其需要加大对农业设施的投入力度和广度。农业生产条件持续改善，"靠天吃饭"的局面正在逐步改变。分别如表1-17至表1-20所示：

表1-17　　　　　　　第一产业增加值及投资额　　　　　（单位：亿元）

	2010年	2011年	2012年	2013年	2014年	2015年	2016年	2017年	2018年
第一产业增加值	39362.6	46163.1	50902.3	55329.1	58343.5	60862.1	63672.8	62100	64734
第一产业固定资产投资完成额（不含农户）	3966	6792.38	9004.26	9240.95	11983.16	15560.77	18838.32	20892.35	22413

资料来源：根据中华人民共和国国家统计局网站相关数据整理（http：//data.stats.gov.cn/tablequery.htm？code=A0DF）。

表1-18　　　　　　　灌溉、施肥、用电量统计

指标	1990年	1995年	2000年	2017年	2019年
有效灌溉面积（千公顷）	47403.1	49281.2	53820.3	67815.6	68678.6
乡村办水电站个数（个）	52387	40699	29962		45445
乡村办水电站装机容量（万千瓦）	428.8	519.5	698.5		
农村用电量（亿千瓦小时）	844.5	1655.7	2421.3	9524.4	9482.9

资料来源：根据中华人民共和国国家统计局网站相关数据整理（http：//data.stats.gov.cn/tablequery.htm？code=A0DF）。

2. 农业机械化程度明显提高

我国深入实施藏粮于技战略，推进农业机械化发展，加快农业科技

创新及成果转化。农业物质技术装备水平显著提升,1952年全国农业机械总动力仅18.4万千瓦,1978年为11750万千瓦,2019年达到102758万千瓦。主要农作物耕种收综合机械化率超过67%,其中主要粮食作物耕种收综合机械化率超过80%。农业机械化水平大幅提高,标志着我国农业生产方式以人和畜力为主转入以机械作业为主的阶段。科技在农业生产中的作用日益增强,2018年我国农业科技进步贡献率达到58.3%,比2005年提高了10.3个百分点。科技助力粮食单产不断提升,由1952年的88公斤/亩提高到2018年的375公斤/亩。

表1-19　　　　　　　　农业机械拥有量统计

指标	1990年	1995年	2000年	2017年	2019年
农用机械总动力（万千瓦）	28708	36118	52574	98783	102758
大中型拖拉机（台）	813521	671846	974547	6700800	4438619
小型拖拉机（台）	6981000	8646356	12643696	16342400	17804249
大中型拖拉机配套农具（部）	974000	991220	1399886	10700281	4364677
小型拖拉机配套农具（部）	6488000	9579774	17887868	29314300	
农用排灌柴油机（台）	4111000	4912068	6881174	9301500	
农用排灌柴油机动力（万千瓦）	3348.5	3839.1	5232.6		
渔业机械（台）	320927	376813	459888		

资料来源：根据中华人民共和国国家统计局网站相关数据整理（http://data.stats.gov.cn/tablequery.htm?code=ADOF）。因指标口径调整,从2016年开始,农业机械总动力中不包括三轮汽车和低速载货汽车动力。

表1-20　　　农村居民家庭平均每百户拥有主要生产性固定资产数量

指标	2012年	2009年	2006年	2003年	1999年
农村居民家庭拥有汽车数量（辆/百户）	4.05	2.29	1.83	1.40	1.09
农村居民家庭拥有大中型拖拉机数量（台/百户）	4.40	3.37	2.39	1.79	1.44

续表

指标	2012年	2009年	2006年	2003年	1999年
农村居民家庭拥有小型和手扶拖拉机数量（台/百户）	20.49	19.39	21.06	18.93	16.28
农村居民家庭拥有机动脱粒机数量（台/百户）	11.49	10.48	9.44	10.06	8.35
农村居民家庭拥有胶轮大车数量（辆/百户）	4.31	8.64	9.49	13.71	7.87
农村居民家庭拥有水泵数量（台/百户）	25.46	25.12	22.12	21.12	14.02
农村居民家庭拥有役畜*数量（头/百户）	26.36	25.39	28.75	35.52	45.02
农村居民家庭拥有产品畜**数量（头/百户）	86.13	63.32	61.76	58.62	54.08

资料来源：根据中华人民共和国国家统计局网站相关数据整理（http://data.stats.gov.cn/easyquery.htm? cn=C01&zb=A0A01&sj=2018）。

* 役畜也叫力畜，用来耕作、驮运等，如耕牛、骡子。

** 产品畜是作为商品提供给市场消费食用。

从以上几个表格我们可以非常清晰地看到，近年来农业基础设施得到了很大的改善，农业机械化水平得到了提升。无论在第一产业固定资产投资额还是农业机械总动力、农民平均拥有的主要生产性固定资产都直线增加，这为农村发展多种模式的经济形式奠定了基础。例如观光休闲农业、农产品电商等新模式为农村注入现代化因素，为乡村振兴打下了跨界配置农业和现代产业要素。2018年末全国农业设施数量3000多万个，设施农业占地面积近4000万亩。[①] 现代化的农业设施一定程度上改变了农业生产的季节性和区域性限制。例如以前只能在南方种植的瓜果蔬菜通过农业大棚设施，能够在北方开花结果，从而拓宽了农产品

[①] 国家统计局农村司：《农业生产跃上新台阶 现代农业擘画新蓝图——新中国成立70周年农村经济社会发展成就报告》，《农村·农业·农民》2019年第9B期。

的时空分布。

农村基础设施改善了，农业农村现代化程度提高了，自然能够吸引城镇居民到乡村观光休闲。2018年全国休闲农业和乡村旅游接待游客约30亿人次，营业收入超过8000亿元。① 随着农业现代化的纵深推进，农村旅游产业内涵得到了极大的丰富，由原来单纯的观光一日游，逐步拓展到生态民宿、乡村特色民俗文化、二十四节气等农事节庆、农业产业科技创意等深度体验活动，促进休闲农业和乡村旅游蓬勃发展。

同时由于我国社会主义制度的优越性，移动数据、网络信号基站等不计铺设成本地全面覆盖农村所有建制村落，为大数据、物联网、云计算、移动互联网等新一代信息技术向农业农村领域快速延伸打下技术基石，农产品电商在乡村振兴中崭露头角。2016年第三次全国农业普查结果显示，全国有25.1%的村有电子商务配送站点。2018年农产品网络销售额达3000亿元。② 这些喜人的增长数据反映出农村基础设施显著改善，乡村道路、电力、光纤、电话、网络等硬件建设不断增强，我国农业农村现代化条件明显改善。

第三节　坚持城乡融合发展

新中国成立后，特别是改革开放以来，我国经济社会发展取得了举世瞩目的成绩。但由于城市和农村二元化体制机制再加上其他一些因素，客观上造成了事实上的城乡差距，尤其在一些经济欠发达地区城乡差距更为明显。为了缩小城市和乡村发展的不平衡，弥补农村的不充分发展，我们提出了旨在缩小或消除城乡差距的城乡融合或城乡一体化概念。乡村振兴战略要实施好，必须走城乡融合发展之路。我国在城乡融合发展规划中，一开始就没有提城市化，而是提城镇化，目的就是促进

---

① 国家统计局农村司：《农业生产跃上新台阶　现代农业擘画新蓝图——新中国成立70周年农村经济社会发展成就报告》，《农村·农业·农民》2019年第9B期。

② 国家统计局农村司：《农村经济持续发展　乡村振兴迈出大步——新中国成立70周年农村经济社会发展成就报告》，《农村·农业·农民》2019年第8B期。

乡村与城镇、城市的融合，这一方面可以引导农村居民向附近乡镇城市化、做到离土不离乡；同时还能避免过多人口涌入大城市，形成"城市病"。

"要把乡村振兴战略这篇大文章做好，必须走城乡融合发展之路。……要向改革要动力，加快建立健全城乡融合发展体制机制和政策体系。要健全多元投入保障机制，增加对农业农村基础设施建设投入，加快城乡基础设施互联互通，推动人才、土地、资本等要素在城乡间双向流动。要建立健全城乡基本公共服务均等化的体制机制，推动公共服务向农村延伸、社会事业向农村覆盖。要深化户籍制度改革，强化常住人口基本公共服务，维护进城落户农民的土地承包权、宅基地使用权、集体收益分配权，加快农业转移人口市民化。"①

乡村振兴的战略规划包含了以实现农村居民平等享有与城镇居民大体一致的基础设施、教育、医疗、养老等公共服务为目标的城乡融合发展。乡村振兴战略下的城乡融合式的一体化发展是解决新时代农村居民日益增长的美好生活需要和不平衡不充分的发展之间矛盾的有效路径；是满足农村居民"产业兴旺、生态宜居、乡风文明、治理有效、生活富裕"总要求的实现路径；是实现农业强、农村美、农民富的根本途径，关乎亿万农民的获得感、幸福感、安全感。党的十一届三中全会通过农村大包干拉开了改革开放的大幕，使得亿万农民的生活发生了翻天覆地的变化；新时代，我们还要通过乡村振兴战略，开启城乡融合发展和农村农业现代化建设新局面！

一　乡村振兴与城乡融合是一致的

（一）我国城乡融合概述

新中国成立后，当时摆在党和国家面前的首要任务除了恢复国民经济、巩固新生的人民政权外，就是建立我国自主的工业体系。新中国成立初期的工业底子异常薄弱，仅有的一些纺织业等轻工业主要集中在上海、天津等地，为数不多的重工业则主要集中在沈阳、武汉、重庆等

---

① 《习近平谈治国理政》（第3卷），外文出版社2020年版，第260页。

地,但很多工厂由于战争的原因要么被破坏、要么缺乏原材料,1949年我国工业总产值与旧中国历史上的最高水平相比,减少一半,其中重工业产值减少70%。所以新中国需要在一片废墟上建立自己的工业体系,而当时我们的现代重工业基础几乎为零。我国要在落后农业国的基础上建立自己的工业体系,首先需要资金积累,而我们当时又亟待发展重工业,重工业更需要巨额的资金支持。这项大笔资金的主要来源从农业中得到了解决。"新中国成立后,在当时的历史条件和国际环境下,我们自力更生,依靠农业农村支持,在一穷二白的基础上推进工业化,建立起比较完整的工业体系和国民经济体系。"[①]

改革开放以后,农村的土地经营方式灵活多样,赋予了广大农民群众更多的自主选择性,农民家里的粮仓满了,生活越过越好了。在提高了生活质量以后,农民的生产积极性再次被充分调动起来,乡镇企业是农民群众依靠农闲时的多余劳动力、农村的资金以及当时的荒地办起来的,这对于推进城镇化、农村地区的工业化起到了良好的导向作用。我国广大农民群众在改革开放初期的探索与实践为推进工业化、城镇化作出了巨大贡献。在这个过程中,农业发展和农村建设也取得了显著成就,为我国改革开放和社会主义现代化建设打下了坚实基础。[②]

随着我国工业化的快速推进和城市化进程的不断发展,我国农业农村的发展逐步落后于工业化和城镇化进程,城乡差距逐渐拉大,城乡发展的不平衡性越来越明显:农村在基础设施、公共服务、环境治理等硬性条件上与城市、城镇的差异显而易见,在人才流向、精神文明建设等软性条件上的吸引力远不及城市、城镇。党的十八大以来,党和政府对农村采取了一系列倾斜措施、投入了大量资金、引导了大批人才到乡村推动"工业反哺农业、城市支持农村"。党的十九大提出实施乡村振兴战略,就是为了从全局和战略高度来把握和处理工农关系、城乡关系。[③]

[①] 习近平:《把乡村振兴战略作为新时代"三农"工作总抓手》,《求是》2019年第11期。
[②] 习近平:《把乡村振兴战略作为新时代"三农"工作总抓手》,《求是》2019年第11期。
[③] 习近平:《把乡村振兴战略作为新时代"三农"工作总抓手》,《求是》2019年第11期。

乡村振兴就是要在城市繁荣的同时实现兴旺宜人的乡村。当下，乡村振兴是治理乡村病的有效路径。乡村病是指在现代化、工业化的进程中，由于土地、人力等资源的倾斜性转移到城市，使得农村出现的产业凋敝、人口稀疏等一系列负效应，表现形式比较多，大抵有以下方面：农村空心化，中青年外出务工，留守儿童、空巢老人问题严重；老村环境差、房屋破败、宅基地空置；新村规划差强人意，一味模仿城市，污染严重；乡村精神文明建设落后，不赡养老人、盲目攀比等现象。

在城乡一体化的前提下，在农业生产现代化、机械化的发展趋势下，农村从事农业生产的人口将必然减少。我们的乡村振兴不是反对城镇化、城市化、现代化，也不是鼓吹农业人口越来越多，更不是说把农民留在农村。我国的乡村振兴是在涉农劳动力减少、农业效率提高的前提下，把乡村的产业质量、生态环境、精神文明、乡村治理建设起来。

第一产业人口大幅度减少是一个国家经济现代化的重要指标。按国际经验，农业人口比下降到5%左右时，国民吃饭开支的比重恩格尔系数可能会下降到20%以下，意味着国民福利水平的极大提高。[1] 所以说，如果我们还维持原有农业人口规模的话，是不符合现代化的大趋势的。从表1-21可以看出，我国在第一产业就业人员数量和乡村就业人员数量一直呈下降态势，但是我国的农业总产值却一直在稳步上升，这说明我国农业劳动的效率有了大幅度提高，是符合我国现代化的发展规律的。

表1-21　　　　三次产业和乡村就业人员数统计　　　　（单位：万人）

指标	2018年	2015年	2010年	2005年	2000年
就业人员	77586.0	77451.0	76105.0	74647.0	72085.0
第一产业就业人员	20257.7	21919.0	27930.5	33441.9	36042.5
第二产业就业人员	21390.5	22693.0	21842.1	17766.0	16219.1
第三产业就业人员	35937.8	32839.0	26332.3	23439.2	19823.4

---

[1] 党国英：《城市化与乡村振兴从来不是对立的》，《理论与当代》2018年第6期。

续表

指标	2018年	2015年	2010年	2005年	2000年
乡村就业人员	34167.0	37041.0	41418.0	46258.0	48934.0

资料来源：根据中华人民共和国国家统计局网站相关数据整理（http://data.stats.gov.cn/easyquery.htm?cn=C01&zb=A0A01&sj=2018）。全国就业人员1990年及以后的数据根据劳动力调查、人口普查推算，2001年以后数据根据第六次人口普查数据重新修订。2012年行业采用新的分类标准，与前期不可比。

另外，采取传统种植方式的农作物，其产出效益远远不及农民在其他领域的收入，所以我们的乡村振兴绝不是简单地把农民留在乡村，而是要提供可让农民选择的多条道路，可以半工半农、在家乡合作社就业或创业，并且要使得他们的收入高于传统种植农作物、养殖畜禽的收入。农村要依靠自身的产业才能真正留得住人，而城乡融合是乡村发展产业的有力支撑。当农村居民在家门口都能够实现其在大城市务工相当的收入时，乡村自然就具备了人才吸纳的魅力，甚至能吸引本村以外的人来就业、创业。

我国长三角、珠三角都市区，省会城市以及一些重要城市周边一带的农村社会经济发展水平较高，农业现代化不断进步，当地农民生活富裕，在这些地区的农村实现了农村美、农民富。主要原因在于这些农村地区距离城市较近，占有便捷的区位区域优势，能够承接临近城市相关产业的配套产业，再加上农民长期受到都市文明熏陶，易接受和消化城市文明和先进技术，农民能够在家门口就业、务农或创业，也更容易吸引年轻人来到农村从事相关产业活动。

（二）乡村振兴与城乡融合同向而行

乡村振兴与城乡融合发展有很多共同面，涉及的领域有很多是交叉的，建立健全城乡融合发展体制机制涉及城乡两个地理空间，必然涉及农民市民等群体和"人地钱"等多种要素，是一项系统工程。中共中央国务院在制定乡村振兴和城乡融合发展的科学时间表时，将二者同向而行，同步推进，最终为在21世纪中叶把我国建成富强、民主、文明、和谐、美丽的社会主义现代化强国奠定稳固的城乡基础。

具体如表1-22所示。

表1-22　　　　　　　　城乡融合与乡村振兴比较

时间节点	城乡融合目标	乡村振兴目标
2022年	城乡融合发展的体制机制初步健全	乡村振兴的制度框架和政策体系初步健全
2035年	城乡融合发展的体制机制更加完善，城镇化进入成熟期，基本公共服务均等化和农业农村现代化基本实现，城乡发展差距和居民生活水平差距显著缩小，城乡要素自由流动的制度性通道基本打通，其中经济发达地区、都市圈和城市郊区在体制机制改革上率先取得突破	乡村振兴取得决定性进展，农业农村现代化基本实现
2050年	城乡融合发展的体制机制成熟定型，城乡全面融合、乡村全面振兴，全体人民共同富裕基本实现	乡村全面振兴，农业强、农村美、农民富全面实现

从表1-22可以看出，城乡融合与乡村振兴在时间表上的节点是一致的，二者都要求在2022年把各自的政策机制"初步健全"，城乡融合离不开乡村振兴，而乡村振兴是在城乡融合的趋势下开展的，因此二者都设立了2035年的决定性目标：城乡差距显著缩小，基本实现农业农村现代化。城乡融合一个非常重要的指标就是城乡居民生活水平差距显著缩小甚至没有差距，乃至于有的地区农村居民生活水平超过城镇居民，这亦是乡村振兴中"农民富"的一个可以量化的指标，故而二者都把实现人民富裕作为2050年的长期目标。城乡融合发展是实现乡村振兴战略的有效途径，乡村振兴亦是城乡融合的目标，乡村振兴和城乡一体化具有逻辑的内在一致性，两者均需要在以下领域发力。

1. 深化农村土地制度改革

农村集体土地制度是我国的公有土地所有制的形式之一，是我国社会主义制度在生产要素方面体现社会主义公有制的主要方式之一，这是不可触碰的底线和红线。深化农村土地制度改革，主要是针对农民的农地承包经营权、宅基地使用权进行展开，既要积极又要稳妥。农村土地是关系到我国粮食安全和农村社会稳定的主要因素，必须确保18亿亩耕地红线不突破，才能确保14亿中国人的饭碗里主要装中国粮。因此，中共中央国务院实施了第二轮土地承包到期后再延长30年的政策，这是给广大农民群众吃了一颗定心丸。完善承包地"三权分置"制度，平等保护土地经营权人和使用权人，并进一步放活土地经营权，强化对农业的社会化服务。农村宅基地是保障农民住有所居的基础和农民最重要的财产载体，要探索宅基地"三权分置"制度，提高宅基地利用效率，探索对增量宅基地实行集约有奖、对存量宅基地实行退出有偿。农村集体经营性建设用地入市是释放农村土地价值的试金石、建立城乡统一建设用地市场的突破口，应依法合规允许就地入市或异地调整入市，并允许闲置宅基地、废弃的集体公益性建设用地转变为集体经营性建设用地入市。

2. 促进城乡公共资源合理配置

乡村公共服务和基础设施是社会重要公共产品，在乡村振兴中是重要考核标志，也是乡村发展的明显短板。城乡公共资源配置仍不合理，农村基础设施和公共服务设施的历史欠账仍然较多、短板依旧突出。如城市的污水、生活垃圾处理率分别为95%、97%，而农村仅为22%、60%。[①] 走城乡融合发展之路，我国各级党委和地方政府已经加大了对乡村的公共资源投入，推动农村基层文化室、乡村卫生服务站等公共服务和硬化道路、自来水、电、气、网络、光纤、污水垃圾处理等基础设施向乡村延伸；志愿者服务、疾病预防宣传、法制宣传等社会事业向乡村覆盖，改善农民生活质量，让农村成为宜居之地，留得住人，为农业农村现代化提供有力支撑。

3. 推动城乡基本公共服务普惠共享

社会保险、医疗保障、教育入学等基本公共服务事关人民切身利益和社会公平正义，实现城乡基本公共服务标准统一、制度并轨是大方向和大趋势。教育公平是社会公平的重要基础，现在，农村地区的中小学

---

① 胡祖才：《城乡融合发展的新图景》，《求是》2019年第14期。

在硬件设备上基本能媲美城市地区。但农村地区学校的软肋在于招不到或留不住老师，所以现阶段已经通过编制、津贴等方式来提高乡村教师岗位吸引力，推进优质教育资源在城乡间共享，建立以城带乡、整体推进、城乡一体、均衡发展的义务教育发展机制。

乡村医疗卫生服务是农民生命健康的安全网，赤脚医生制度是新中国在困难时期对农村地区医疗制度创新的有益尝试；当下应当通过编制、特殊补贴等手段增加基层医务人员岗位吸引力，推动职称评定和工资待遇向乡村医生倾斜，实现优质医疗资源在城乡间共享。

社会保险制度对保障城乡居民基本生活、调节社会收入分配具有重要作用，必须完善城乡统一的居民基本医疗保险、大病保险、基本养老保险制度；当下城乡统一的社会保险制度的推行面临着农村居民收入不高难以维系的困局，可以先行尝试推进低保制度的城乡统筹和人身损害赔偿标准的城乡统一，逐步取消城乡户籍人口的低保水平差异和人身损害赔偿区别。2019年9月，最高人民法院下发了《关于授权开展人身损害赔偿标准城乡统一试点工作的通知》，授权各省高级法院开展人身损害赔偿标准城乡统一试点工作。自此，已有上海、广东、陕西、河南、湖北、安徽、山西、广东等至少16个省份启动人身损害赔偿标准城乡统一试点。这是我国统筹城乡差距迈出的又一重大举措。

乡村振兴与城乡融合无论从目标、措施、体制、政策来说都是一致的，我们进行城乡融合更多的是站在城镇化的角度，以实现城乡"公共服务均等化和农业农村现代化"为目标，这完全契合了乡村振兴的具体举措；而城乡要素的自由流动既是城乡融合的制度性要求，又是乡村振兴的诉求，所以两者均可以着眼于以上三个领域同步开展城乡融合与乡村振兴的探索与试点。

二　乡村振兴是缓解城市病的有效路径

在全球化日益深化的当下，城市的发展是经济增长的主要源泉，城市化是工业化的必然方向和趋势，充满活力的城市是经济增长的引擎。我国高速发展的城市已成为推动中国社会变迁的巨大动力。有数据显示，2011年是中国城市化发展史上具有里程碑意义的一年，因为在这一年城镇人口占总人口的比重首次超过50%，达到51.3%。[①] 2018年，城镇常住人口83137万人，比上年末增加1790万人；城镇人口占总人口比重（城镇化率）为59.58%，比上年末提高1.06个百分点。[②] 这些数据不仅仅是数学意义上的过半或六成，还意味着在有着14亿人口的中国，已经有8亿多人口的职业选择、学习途径、消费生活方式、价值观念等都是围绕现代化的城市来展开。

（一）城市病概述

在现代社会生活中，城市化意味着现代化，城市有更为先进完备的基础设施和配套医疗教育保障。但我们大都感受过城市交通的拥堵、住房的紧张、水电气供应的短缺，所以城市也有失衡失灵的时候，城市化率并不是越高越好，而且没有哪一个国家敢说我们是100%的城市化率。世界上发达国家的城市化率一般在75%—80%，但他们的农业人口比重只有1%—4%，通常低于5%。[③]

一个城市所能承载的人口数量是有限额的，受到土地规模、饮用水供给、住房情况、交通设施、垃圾处理、环境治理等多方面因素制约。所以，城市化中最重要的因素——人口规模并非越大越好。1973年著名经济学家舒马赫（E. F. Schumacher）曾出版《小的是美的》一书，认为城市适度人口规模是50万人。[④] 但是随着经济全球化的发展，纽约、东京、香港等国际大都市不断冲击着人们的神经，城市"适度人口规模"的数量被不断突破。在实践中，1000万人口的特大城市、2000万人口的超特大城市的聚集效益越来越明显，由于大多数资源都朝这些特大城市汇合，使得这些城市的GDP不断被刷新，从而让这些特大城市或超特大城市基本占到了所在区域生产总值的半壁江

[①] 李培林：《城市化与我国新成长阶段——我国城市化发展战略研究》，《江苏社会科学》2012年第5期。
[②] 《国家统计局：2018年人口总量平稳增长城镇化率持续提高》，光明网（http://politics.gmw.cn/2019-01/21/content_ 32387725.htm）。
[③] 李培林：《城市化与我国新成长阶段——我国城市化发展战略研究》，《江苏社会科学》2012年第5期。
[④] 李培林：《城市化与我国新成长阶段——我国城市化发展战略研究》，《江苏社会科学》2012年第5期。

山。在经济因素的指导下,许多地方政府认为城市还是越大越好。

就这样,随着城市的规模越来越大,城市的问题却越来越多,城市病就是在这一过程中出现的。城市病,是指城市在发展过程中由于聚集效应,出现的人口增多而导致的交通拥挤、住房紧张、基础设施落后、治安混乱、能源紧张、环境污染等问题。城市为了更好地扩容发展以期吸引更多的人、财、物,又开始不断占用大量耕地来向城市周边扩张;或者城市规划盲目追求高大上、千篇一律,采取摊大饼的方式,不重视对排污管网、公共交通等基础设施的投入建设和城市历史文化遗产的保护等。城市病的表现形式主要包括交通拥挤不堪,雨季来临时城市内涝严重,城中村治理混乱,土地开发征用中肆意破坏传统建筑,等等。许多国家的大城市或多或少地存在着以上的城市病。

(二) 我国城镇化进程

新中国成立初期,我国仍是一个典型的农民大国,城镇化[①]水平只有 10.65%,近 90% 的人口都是农民。20 世纪 50 年代,曾有一个城市化快速发展时期,到 60 年代初城市化水平达到 17%。但由于"大跃进"的冒进、60 年代初的严重自然灾害和"文化大革命"期间大规模青年下乡,致使城市化进程长期停滞。从 1962 年到 1978 年,在长达 16 年的时间里,城市化水平几乎没有任何进展,一直停滞在 17% 左右。1978 年改革开放以后,我国城市化进入快速发展时期,从 1978 年到 2000 年,城市化水平从 17% 提高到 36%,年均增长 1.2 个百分点。[②]

表 1-23　　　　　　2009 年至 2017 年我国城市个数统计

指标	2017 年	2016 年	2015 年	2014 年	2013 年	2012 年	2011 年	2010 年	2009 年
全部地级及以上城市(个)	298	297	295	292	290	289	288	287	287
城市市辖区年末总人口为 400 万以上的地级及以上城市数(个)	19	17	15	17	14	14	14	14	14

---

① 在我国,城镇化的内涵大于城市化,笔者注。
② 李培林:《城市化与我国新成长阶段——我国城市化发展战略研究》,《江苏社会科学》2012 年第 5 期。

续表

指标	2017年	2016年	2015年	2014年	2013年	2012年	2011年	2010年	2009年
城市市辖区年末总人口为200万—400万以上的地级及以上城市数（个）	42	43	38	35	33	31	31	30	28
城市市辖区年末总人口为100万—200万以上的地级及以上城市数（个）	100	96	94	91	86	82	82	81	82
城市市辖区年末总人口为50万—100万以上的地级及以上城市数（个）	86	90	92	98	103	108	108	109	110
城市市辖区年末总人口为20万—50万以上的地级及以上城市数（个）	42	43	49	47	52	50	49	49	51
城市市辖区年末总人口为20万以上的地级及以上城市数（个）	9	8	7	4	2	4	4	4	2

资料来源：数据来源于中华人民共和国国家统计局网站（http：//data.stats.gov.cn/easyquery.htm？cn=C01&zb=A0A04&sj=2018）。

表1-24　　　　　　2000年至2008年我国城市个数统计

指标	2008年	2007年	2006年	2005年	2004年	2003年	2002年	2001年	2000年
全部地级及以上城市（个）	287	287	286	286	286	284	278	269	262
城市市辖区年末总人口为400万以上的地级及以上城市数（个）	13	13	13	13	12	11	10	8	8
城市市辖区年末总人口为200万—400万以上的地级及以上城市数（个）	28	26	24	25	23	21	21	16	12

续表

指标	2008年	2007年	2006年	2005年	2004年	2003年	2002年	2001年	2000年
城市市辖区年末总人口为100万—200万以上的地级及以上城市数（个）	81	79	80	75	73	73	71	69	70
城市市辖区年末总人口为50万—100万以上的地级及以上城市数（个）	110	111	106	108	111	111	109	105	103
城市市辖区年末总人口为20万—50万以上的地级及以上城市数（个）	51	55	59	61	63	63	63	64	66
城市市辖区年末总人口为20万以上的地级及以上城市数（个）	4	3	4	4	4	5	4	7	3

资料来源：数据来源于中华人民共和国国家统计局网站（http://data.stats.gov.cn/easyquery.htm?cn=C01&zb=A0A04&sj=2018）。

可以看出，从2000年到2017年，我国全部地级及以上城市个数从262个增加到298个，增长率为13.7%。其中，增长最快的是城市市辖区年末总人口为200万—400万以上（大城市）的地级及以上城市数，从2000年的12个迅猛增加到2017年的42个，增长率为250%，并且在这一时间段内一直保持增长态势；市辖区年末总人口为400万以上的地级及以上（超大和特大城市）城市数，从8个快速增加到19个，增长率为137.5%，并且在这一时间段一直保持增长的趋势。400万以上人口的特大城市的增长率低于200万—400万以上（大城市）的增长率，出现这一现象的原因主要是国家对于超大城市和特大城市的总量控制。

在国务院印发的《关于调整城市规模划分标准的通知》中明确将20万—50万人口的城市划分为Ⅰ型小城市，20万人口以下的城市划分为Ⅱ型小城市。根据以上数据统计可知，减少最快的是市辖区年末总人口为 20 万—50 万以上的城市数，从 2000 年的 66 个减少到 2017 年的 42 个，下降率为 36.4%；从 2000 年到 2011 年，这类 I 型小城市的数量一直呈下降趋势，仅在 2012 年、2013 年和 2015 年出现了 1 到 2 个数量的微弱反弹，其余时间段的下降数量远远超过其逆势反弹，故而 20 万—50 万人口的城市出现了不可逆的下降。我国的 II 型小城市从数量上比较，变化不大，甚至在 2001 年还出现了反弹。一般来说，I 型小城市和 II 型小城市一般是具有长期文化积淀、深厚人文基础、存续时间上千年的县城或城镇，再加上这些小城市处于交通便利位置，具有交通枢纽的地理优势，对该地域内的居民来说，这里是他们的故乡，一般是不会消亡的。20 万—50 万人口的 I 型小城市数量的减少更多的是国家层面上的撤县并市等行政措施导致的。

同样出现个数下降的城市类型是年末总人口为 50 万—100 万的城市，从 103 个减少到 86 个，下降率为 16.5%；与 20 万—50 万人口城市的数量下降趋势类似，50 万—100 万人口城市的数量变化从 2000 年到 2017 年基本上是趋于减少，尤其是从 2007 年到 2017 年一直呈现降低态势，但在 2000 年到 2004 年还出现了连续 5 年的正增长。这种前半段增长、后半期绝对下降的变化反映出中等城市在城市化的早期和中期具有一定的吸引力，能够把周边农村和本地区的劳动力聚集在 50 万—100 万人口规模的城市里。但是随着超大城市、特大城市和大城市的虹吸效应越来越明显，中等城市招商引资的号召力、吸纳就业的扩容量、基础设施的建设力度等方面越来越逊色于大城市。50 万—100 万人口的中等城市在城市化的进程中，处于一个比较尴尬的位置，往上冲刺拼不赢 100 万人口的大城市配套，往下比较又没有小县城、乡镇的家乡情结优势。所以，50 万—100 万人口规模的中等城市数量在城市化的后期会出现比较明显的减少趋势。

（三）我国的城镇化与乡村振兴

从"三农"自身情况来看，过度的城市化会对乡村的发展造成挤压，毫无章法的城市化亦会对乡村振兴所需的人力、资金等资源造成影响。目前来看，国家已经意识到我国在城市化进程中，片面贪多求快、面子工程等造成的城市病问题，所以相继出台了《国务院关于深入推进新型城镇化建设的若干意见》、国家发展改革委《2019年新型城镇化建设重点任务》等一系列重要的政策文件。需要注意的是，这些文件都不单单涉及城市治理，而是都不约而同地指向了与城市、农村联系密切的城镇，因为很多城镇与乡村联系紧密，城镇是一个个乡村互联互通的纽带。我国的乡村振兴战略，也是充分考虑到了我国城镇与乡村的独特关系，乡村振兴中也对小城镇的发展坐标进行了充分定位。

我国的乡村振兴，没有与城市化、城镇化对立起来，而是敏锐地捕捉到了二者的共生共荣关系。我国第一代农民工大都有浓重的故土情结和家乡意识，有了养老积蓄的农民并不愿意背井离乡到千里之外的超大或特大城市打工、定居生活。还有一些农民工虽然在大城市工作，但当积累了一定的经济基础后，第一代农民工一般会选择回自己家乡建造新房，或在家乡所在地的城镇买房生活，不愿继续留在大城市。当然，第一代农民工的这些现象是否还能在第二代农民工群体上体现，目前还不能完全肯定，需要时间来下结论。但新生代农民工的绝大多数人，目前看来还不能负担城市的高昂房价，大都还是愿意留在本地创业或就业。缓解城市病，需要在乡村振兴战略下大力发展城镇，带动更多人在城镇就业和生活。在我国，城市规模的统计中，包含了城镇，但城镇由于其地理位置大多处于乡村与城市的连接处，所以在传统行政区划上，往往把城镇或乡镇纳入农村的范围。如果把这些乡镇发展好了，在乡镇上能够满足周边农村居民的居住需求和生产生活需求的话，也是乡村振兴的有效路径。

城市病的另外一个表现形式就是大量进城务工人员虽然为城市的发展作出了自身的贡献，却没有取得与城镇居民一样的身份待遇。由于城乡户籍的限制，农民工在很长一段时间没有享受到基于户口而带来的一揽子权利（医疗、养老、子女教育等）。让农民工真正在城市落脚，是实现城市自身高质量发展的必要前提，如果让他们在城市中稳定发展，不再流动，这将有利于提高城市劳动力整体素质，也会有利于稳定与维护城市治安。所以，近年来，国家对症下药，一方面鼓励农民落户城镇，同时确定了对集体土地承包经营权、宅基地使用权和集体收益分配权的农民权益保障，及时出台了解决农民工落户城镇后顾之忧的政策、文件。

中共中央、国务院印发的《乡村振兴战略规划（2018—2022年）》指出：鼓励各地进一步放宽落户条件，除极少数超大城市外，允许农业转移人口在就业地落户，优先解决农村学生升学和参军进入城镇的人口、在城镇就业居住5年以上和举家迁徙的农业转移人口以及新生代农民工落户问题。维护进城落户农民的土地承包权、宅基地使用权、集体收益分配权，引导进城落户农民依法自愿有偿转让上述权益。加快户籍变动与农村"三权"脱钩，不得以退出"三权"作为农民进城落户的条件，促使有条件的农业转移人口放心落户城镇。[①]

紧接着，国家发展改革委紧锣密鼓印发了《2019年新型城镇化建设重点任务》，该任务通知中指出，继续加大户籍制度改革力度，在此前城区常住人口100万以下的中小城市和小城镇已陆续取消落户限制的基础上，城区常住人口100万—300万的Ⅱ型大城市要全面取消落户限制；城区常住人口300万—500万的Ⅰ型大城市要全面放开放宽落户条件，并全面取消重点群体落户限制。深化落实支持农业转移人口市民化的财政政策，在安排中央和省级财政转移支付时更多考虑农业转移人口落户数量，2019年继续安排中央财政奖励资金支持落户较多地区。[②]

乡村发展了，农业效率提升了，特别是离城市近的乡村可以先行一步借助于区域优势搭上城市化的顺风车，实现农业现代化。只有这些距离城市近的乡村变美了、农民变富了、房子漂亮了、日子变美了，才能够接纳更多劳动力尤其是高学历人才下乡返乡创业；才能有更多人愿意回乡养老、下乡休闲。人力、资金、技术等各种资源过去之所以涌向城市，是因为那里能够使其经济、社会效益相对最大化。那么当农村也有大量创造财富机会的时候，各种资源也会向农村分流，才不会蜂拥往城

[①] 中共中央国务院印发《乡村振兴战略规划（2018—2022年）》，中华人民共和国中央人民政府网站（http：//www.gov.cn/xinwen/2018-09/26/content_ 5325534.htm）。
[②] 国家发展改革委印发《2019年新型城镇化建设重点任务》，《决策探索》2019年第9期。

市汇聚，所以乡村振兴是缓解城市病的有效途径。

三 建立健全城乡融合发展体制机制

"在现代化进程中，城的比重上升，乡的比重下降，是客观规律，但在我国拥有近14亿人口的国情下，不管工业化、城镇化进展到哪一步，农业都要发展，乡村都不会消亡，城乡将长期共生并存，这也是客观规律。即便我国城镇化率达到70%，农村仍将有4亿多人口。如果在现代化进程中把农村4亿多人落下，到头来'一边是繁荣的城市、一边是凋敝的农村'，这不符合我们党的执政宗旨，也不符合社会主义的本质要求。这样的现代化是不可能取得成功的！"[1]

2019年4月，中共中央国务院发布了《关于建立健全城乡融合发展体制机制和政策体系的意见》，该意见针对我国较长时间以来的城乡要素流动不顺畅、公共资源配置不合理、影响城乡融合发展的体制机制障碍尚未根本消除等问题，倡导走城乡融合发展之路，着手重塑新型城乡关系，以期缩小农村与城市之间的差距，实现乡村与城市的共同繁荣，从而促进乡村振兴和农业农村现代化。

（一）统筹城乡发展，保障农民权益

一些农村地区第一产业没有充分发展起来，影响到第二产业、第三产业也未能跟进提速，所以，农民选择离开农村、远离家乡进城务工。其中，大部分农民工已经常住在城市，但仍保留自己的原来户籍，这是空心村形成的主要原因。一个行政村里的大多数劳动力都外出务工，由于各种原因没有或不愿意落户所在务工地城市（城镇），只是在春节或其他时候选择回到农村，由此造成农村在平时人口凋零、人烟稀疏，而城市却人满为患。在建立健全城乡融合发展体制机制和政策体系的过程中，需要坚持农民的主体地位，使广大农村居民共享发展成果。需要发挥农民在实施乡村振兴战略背景下统筹城乡发展中的主体作用，充分尊重农民意愿，切实保护农民权益，可以从户籍制度和基本公共服务等方面入手，不断提升广大农民群众获得感、幸福感、安全感。

---

[1] 《习近平谈治国理政》（第3卷），外文出版社2017年版，第257页。

1. 户籍制度

国家为了突出政策的吸引力和实施导向的公平性,没有一刀切地要求符合条件的农民工必须落户城镇或农民落户城镇后必须上缴承包土地等权益,而是对不愿落户城镇或者不愿上缴承包地而转变为"非农户口"的农民进行了政策保护。在制度层面尊重作为理性经济人的农民工的落户选择,并且给予了实际的政策支持。

2. 基本公共服务

中共中央、国务院印发的《乡村振兴战略规划(2018—2022年)》指出:保障符合条件的未落户农民工在流入地平等享受城镇基本公共服务。国家要求流入地政府通过多种方式增加学位供给,保障农民工随迁子女以流入地公办学校为主接受义务教育,以普惠性幼儿园为主接受学前教育。还要求户籍所在地政府完善就业失业登记管理制度,面向农业转移人口全面提供政府补贴职业技能培训服务。将农业转移人口纳入社区卫生和计划生育服务体系,提供基本医疗卫生服务。把进城落户农民完全纳入城镇社会保障体系,在农村参加的养老保险和医疗保险规范接入城镇社会保障体系,做好基本医疗保险关系转移接续和异地就医结算工作。把进城落户农民完全纳入城镇住房保障体系,对符合条件的采取多种方式满足基本住房需求。[1]

随后国家发改委在《2019年新型城镇化建设重点任务》通知中指出,确保有意愿的未落户常住人口全部持有居住证,鼓励各地区逐步扩大居住证附加的公共服务和便利项目。2019年底所有义务教育学校达到基本办学条件"20条底线"要求,在随迁子女较多城市加大教育资源供给,实现公办学校普遍向随迁子女开放,完善随迁子女在流入地参加高考的政策。[2]

(二)城乡融合发展体制机制初步建立

习近平总书记强调:"没有农业农村现代化,就没有整个国家现代

---

[1] 中共中央国务院印发《乡村振兴战略规划(2018—2022年)》,中华人民共和国中央人民政府网站(http://www.gov.cn/xinwen/2018-09/26/content_5325534.htm)。

[2] 国家发展改革委印发《2019年新型城镇化建设重点任务》,《决策探索》2019年第9期。

化。在现代化进程中，如何处理好工农关系、城乡关系，在一定程度上决定着现代化的成败。"① 中共中央国务院在《关于建立健全城乡融合发展体制机制和政策体系的意见》中再次明确了城乡融合发展的主体是农民，要让农民共享社会发展成果。新时代我国城乡融合发展站在了新起点。到2022年，城乡融合发展体制机制要初步建立，建立健全有利于城乡要素合理配置、城乡基本公共服务普惠共享、城乡基础设施一体化发展、乡村经济多元化发展和农民收入持续增长的体制机制。在党的领导下，我国在实施乡村振兴战略进程中，城乡要素自由流动制度性通道基本打通，城市落户限制逐步消除，城乡统一建设用地市场基本建成，金融服务乡村振兴的能力明显提升，农村产权保护交易制度框架基本形成，基本公共服务均等化水平稳步提高，乡村治理体系不断健全，经济发达地区、都市圈和城市郊区在体制机制改革上率先取得突破。

1. 城乡基础设施一体化发展

新中国成立初期，我国绝大部分农村照明靠煤油灯，道路是人踩出来的乡间小道，通信靠吼、交通靠走。20世纪50—70年代农村建设开始步入了起步阶段。改革开放以来，农村基础设施建设不断加强，道路、电力、水管铺设有序推进。农村用电量由1952年的0.5亿千瓦时增加到2018年的9359亿千瓦时。农村用电量呈现了天量激增，农村从新中国成立初期的煤油灯到如今每家每户电灯及各类家电设备的普及，这一巨变与我国农村电力基础设施的飞跃发展息息相关。实施农村饮水安全工程，乡村饮水状况大幅改善。农普结果显示，47.7%的农户饮用了经过净化处理的自来水。公路和网络建设成效明显，据交通运输部统计，全国农村公路总里程由1978年的59.6万公里增加到2018年的404万公里。截至2018年底，99.6%的乡镇、99.5%的建制村通了硬化路，99.1%的乡镇、96.5%的建制村通了客车，建好、管好、护好、运营好的"四好"农村路长效机制正在形成。农普结果显示，61.9%的村内主要道路有路灯；99.5%的村通电话；82.8%的村安装了有线电视；

---

① 《习近平谈治国理政》（第3卷），外文出版社2020年版，第255页。

89.9%的村通宽带互联网。① 目前，我国大多数乡村的基础设施包括道路、公共交通、有线网络、电视、电力等已经建设完成，现在需要的是提升乡村基础设施建设质量和后续维护。所以，《关于建立健全城乡融合发展体制机制和政策体系的意见》指出：建立健全有利于城乡基础设施一体化发展的体制机制，把公共基础设施建设重点放在乡村，坚持先建机制、后建工程，加快推动乡村基础设施提挡升级，实现城乡基础设施统一规划、统一建设、统一管护。

2. 城乡基本公共服务普惠共享

近年来，农业转移人口市民化取得重大进展，户籍制度改革持续深化，农业转移人口进城落户的门槛不断降低、通道逐步拓宽，9000多万农业转移人口成为城镇居民。城乡一体的基本公共服务提供机制逐步建立，统一的城乡义务教育经费保障机制、居民基本养老保险、基本医疗保险、大病保险制度逐步建立，城乡基本公共服务向着制度接轨、质量均衡、水平均等的方向迈出了一大步。脱贫攻坚战取得决定性进展，农村贫困人口累计减少8239万人，贫困发生率从2012年底的10.2%下降到2018年底的1.7%，贫困地区农民人均可支配收入增速持续快于全国平均水平。② 以上均是我国在城乡基本公共服务普惠共享领域中的成果。建立健全有利于城乡基本公共服务普惠共享的体制机制还包括建立城乡教育资源均衡配置机制、健全城乡公共文化服务体系、完善城乡统一的社会保险制度（包括基本医疗保险、大病保险和基本养老保险）、统筹城乡社会救助体系、建立健全乡村治理机制。实施乡村振兴战略，建立健全城乡融合发展体制机制，推动公共服务向农村延伸、社会事业向农村覆盖，健全全民覆盖、普惠共享、城乡一体的基本公共服务体系，推进城乡基本公共服务标准统一、制度并轨。

习近平总书记指出："从世界各国现代化历史看，有的国家没有处理好工农关系、城乡关系，农业发展跟不上，农村发展跟不上，农产品

---

① 国家统计局农村司：《农村经济持续发展　乡村振兴迈出大步——新中国成立70周年农村经济社会发展成就报告》，《农村·农业·农民》2019年第8B期。

② 胡祖才：《城乡融合发展的新图景》，《求是》2019年第14期。

供应不足，不能有效吸纳农村劳动力，大量失业农民涌向城市贫民窟，乡村和乡村经济走向凋敝，工业化和城镇化走入困境，甚至造成社会动荡，最终陷入'中等收入陷阱'。这里面更深层次的问题是领导体制和国家治理体制问题。我国作为中国共产党领导的社会主义国家，应该有能力、有条件处理好工农关系、城乡关系，顺利推进我国社会主义现代化进程。"① 中国共产党的领导是实施乡村振兴战略坚强的政治保证，在党的领导下，我们必须坚持把实施乡村振兴战略作为新时代"三农"工作总抓手，坚持走中国特色乡村振兴之路，在"产业兴旺、生态宜居、乡风文明、治理有效、生活富裕"二十字方针的总要求指引下，实现农业农村现代化和城乡融合发展的乡村振兴新局面。

---

① 《习近平谈治国理政》（第3卷），外文出版社2020年版，第255—256页。

第二章　发达国家乡村建设的实践及启示

在 19 世纪工业化以前，全世界的乡村建设一般都是为适应农业社会发展需求而展开的。国家、社会、民众、组织等各个方面，自然而然都把关注的焦点放在农村、农业的发展上，彼时的乡村不需要提倡振兴都会集聚资源，吸引资本和人才。随着工业化的推进，发达国家的经济发展轨迹建立在了工业化基础上的现代化，伴随这一现代化的过程则是发达国家普遍经历了工业化过程中的城市化浪潮。大量人口涌入城市，农村从业人员减少；各类资源、资金纷纷向城市聚集，农村出现边缘化的趋势；国家层面普遍重视工业发展忽视环境保护，致使大量垃圾向农村堆积，工业排放的污染物对农村生态造成重大破坏，从而影响了农业的正常发展。

发达国家经历了经济的迅猛发展、品尝到了工业化带来的果实后，意识到虽然生产力有了前所未有的提高，但生态环境在经济社会发展中仍然具有托底作用，于是开始了经济先发展、环境后治理的整顿模式。在这一过程中，发达国家都把乡村与农业放在了与工业化、城市化同等重要的位置进行考量，作出了许多有利于发展农业、发展小城镇的政策举措，取得了乡村发展的较好效果。发达国家在工业化、现代化时期建设乡村的经验值得我们借鉴，但由于国情、发展阶段、历史时期等的不同，我们不能完全囿于发达国家的乡村建设轨迹，还需要结合自身实际走出一条中国特色社会主义的乡村振兴道路。

第二章 发达国家乡村建设的实践及启示

第一节 美国乡村建设的实践及启示

一 美国乡村土地资源从无序开发到综合整治与特色小镇建设的实践

美国1776年从英国独立时，还是一个落后的农业国，1787年时美国的农业人口占总人口的90%。[1] 对于处在还没有进行工业革命的18世纪末期的美国来说，农业是其建国初期的安身立命之本。为大力开垦广袤的西部，美国当时出台了吸引、鼓励海外移民到美国当农民的土地法律，美国联邦政府以其低廉的价格将西部的大片国有土地出售给国内外民众，由此引导大量国内民众和外来移民前往西部进行农牧业生产。

进入19世纪，前述政策已经不能满足美国农业发展对于劳动力上升的需求。在此背景下，1862年，国会颁布了举世闻名的《宅地法》，规定凡年满21岁的公民，只需交纳10—25美元的手续费，即可获得西部160英亩土地，耕作满5年后就可成为这块土地的拥有者。[2] 上述美国联邦政府对待土地出售的近似慷慨的大手笔充分反映出，当时在美国自上而下地一致认为自己的土地资源极其丰富，可以恣意使用，所以美国政府将西部土地大量低价出售给公司、私人等。而新的土地所有权人为了自身利益最大化，一般都对土地进行过度使用：畜牧业、粮食种植业涸泽而渔式地经营，形成了对土地的超限式、超载式经营，以至于美国水土保持学家吉福德平肖曾痛斥道："美国人把土地资源看成是用之不尽、取之不竭，他们尽情掠夺、肆意浪费，他们只求获得而不论代价。"[3]

进入19世纪70年代，美国政府开始意识到土地资源需要进行综合整治，尤其是针对荒漠化沙地、干旱草原等生态脆弱地区，出台了鼓励民间植树、种草等保护法案，只要拓荒者在以上区域种植、灌溉一定年

---

[1] 曾鸣、谢淑娟：《中国农村环境问题研究——制度透析与路径选择》，经济管理出版社2007年版，第3页。
[2] 田耀、孙倩倩：《国土资源科技管理》第31卷，2014年第2期。
[3] 转引自木耳《美国土地政策演变及对资源保护的启示》，《农产品市场周刊》2014年第29期。

限，即可获得160英亩以上的联邦土地。这些保护草原沙地等土地资源法案的实施，奠定了美国今后生态环境保护工作的基调，也为乡村环境整治发挥了积极的作用。然而，由于当时整个社会对于环境保护的意识极其欠缺，加之相关法案也处于摸索时期，使得美国在西进运动开始后的短短几十年时间中，西部地区大草原出现了过度放牧和水草枯竭的征兆。农场主虽然在早期短时间内获利颇丰，但大自然的报复接踵而至：1885—1886年的严重灾害使得他们遭受了近似毁灭性的打击，"每个沟壑中堆着牛的尸体；冻僵的蹄子支撑着瘦骨嶙峋的躯体摇摇晃晃；沿着栅栏的许多死牛；被啃光树皮的树木……这些就是牧场主不顾一切的贪婪所留下的标记"[1]。美国从建国到19世纪末期以迅速且不加选择地处理公有土地而著称，期间大量的土地被转让，这些政策被标榜为维护自由民和中产阶级城市居民的利益，但实际上各方案的真正受益者多为投机分子、开发商和地方政府。[2]

伴随着美国国内对于土地资源掠夺式开发造成的农业环境遭到破坏的同时，美国的工业化又开始了大踏步前进。由于城市具备集中的市场、比较便利地开设工厂等有利条件，工业化主要在城市展开了。这样一来，城市作为工业化和现代化的主要载体，将社会的大量资源吸附在自己周围。农村在经历了农业文明、游牧文明的辉煌后，在城市化的浪潮下凋敝下来：由于农业劳动效率远远不及工业，农业从业人员纷纷向工业转移；由于城市的急剧扩张，农村的大量土地被用于工业化和城市化，出现城进农退的现象；由于城市的集聚效应，再加上农村地广人稀，城市中各类基础设施的普及度远远高于农村，出现城市发达程度优于乡村的客观现象；再加上之前对土地资源的损害性开放造成的农村生产力破坏，使得美国农村在工业化后的一段时期远远赶不上城市。凡此种种，让美国在19世纪末20世纪初开始把重整乡村作为与城市化、工业化同等重要的举措进行落实。

重整乡村首先需要对土地资源进行保护，因为发展农业最为依赖的

---

[1] 木耳：《美国土地政策演变及对资源保护的启示》，《农产品市场周刊》2014年第29期。
[2] 龙花楼、李秀彬：《美国土地管理政策演变及启示》，《河南国土资源》2006年第11期。

就是土地，提高土地的可持续发展能力，确保土地能够稳定地、长期地对国民提供粮食谷物、畜禽蛋奶等保障。故而美国从20世纪30年代开始对土地使用加以严格限制，并且要求工业用地、农业用地、建筑用地、生态用地等用途存在矛盾冲突的土地不能相邻。例如在化肥生产的工业用地旁不允许规划农业用地，在生态用地周边严禁规划工业用地，这就是美国在近代以来对土地管理、规划、利用等一系列环节而采取的分区制政策。

分区制实施的初衷之一是为未来的农业、乡村保留一定面积的土地。但从1940年到1970年的30年间，美国的总居住面积还是增长了1倍左右，其中三分之二位于郊区或非都市区，主要是占用农地和其他农村用地。[①] 由此可见，20世纪30年代实施的保护农业用地不受挤占的做法奏效不大，农村土地在城镇化浪潮下被迅速圈定，尤其是特大城市、大城市周边的乡村土地成为这些城市周边卫星小城市的最佳地址。人们在忍受了大城市的拥挤不堪、房价高企后纷纷向这些周边地区逃离，形成了20世纪40—70年代美国大部分新增居住区域位于大都市圈、大城市群以及城市带的用地趋势。

虽然这种用地趋势选择使得农用土地被郊区化圈占，但不得不承认的是，这种卫星小城市的广泛发展，为美国的乡村带来了活力和人气。在20世纪30年代之前，美国自工业化以来把发展的重心放在了以大城市为代表的工业化和现代化上，客观上造成了农村、农业不受重视、发展相对滞后的局面。到1940年，大都市区的人口已占到全国人口的50%。[②] 大都市圈在当时形成的房产泡沫、贫富两极严重分化、社会治安恶化、交通拥挤等大城市病凸显，人们把目光聚焦在了大都市圈、大城市群以及城市带周边的郊区，美国的小城镇发展呈现出了欣欣向荣的热闹景象。

不得不提的是，当时这种郊区繁华的背后是一种自发无序、放任无

[①] 龙花楼、李秀彬：《美国土地管理政策演变及启示》，《河南国土资源》2006年第11期。
[②] 陈永红等：《生态文明视角下新型城镇化与乡村振兴战略研究——东南沿海村镇可持续发展机制的实践探索》，中国财政经济出版社2019年版，第49页。

干预的过度自由的市场化导向下的郊区野蛮生长。这一时期人口在10万至20万的城市有131个，3万至10万的城市有878个，人口不足3万的小城镇高达3.4万多个，其中城市人口少于10万的小城镇约占城市数量的99%。[①] 如此多数字、高比例的城镇化造成郊区土地被大量开发成独栋式住宅，而如城市那种公寓式楼房建筑鲜有在郊区出现，这造成了郊区土地资源的浪费，大量的卫星城镇挤占了生态空间，使得农村土地资源和环境遭到了破坏。

同时由于在前期的大规模城市化进程中，政府已对基础设施和配套公共服务进行了大量投入；而在新产生的庞大的城镇群中，这些公共服务设施一时难以跟上，小城镇居民需要驱车半个小时或更多时间才能到达购物市场、医院、学校，使得小城镇的生活和生产成本高于大城市。但毋庸讳言，城镇化率的提高让小城镇所在的乡村、郊区有了除农业以外的其他产业支撑，为农村、农业的发展注入了新的活力。当然，由于当时这些小城镇要么因为缺乏政府规划，缺少长期产业支持，多为市场逐利的自发行为，要么因为资源枯竭、产业凋敝，在经历了几十年的短暂繁荣后，都趋于荒废和残破，例如美国66号公路两旁的大量小城镇。

到了20世纪后期，美国开始注重小城镇的有序规划与可持续发展，制定了科学合理的城镇规划，逐渐形成了以旅游业、农副产品加工业、制造业、高新技术产业、金融业等为主导的特色小镇。这些特色小镇大都位于大都市圈、大城市群周边1—2小时交通圈以及城市带上的网络节点上，一方面交通便利、基础设施完备，能够承接大城市的产业外溢和人才流动；另一方面这些小城镇发展历史较为长久，具备了较好的自然条件和社会环境。例如以金融业为主导的格林尼治对冲基金小镇，距离世界金融中心——纽约只有40分钟左右的车程，临近大海且环境优美，加上地方政府的税收优惠政策，故而吸引了全球500多家对冲基金到此落户，对冲基金规模占到了美国的三分之一，成为全球对冲基金名副其实的"大本营"。

---

① 陈永红等：《生态文明视角下新型城镇化与乡村振兴战略研究——东南沿海村镇可持续发展机制的实践探索》，中国财政经济出版社2019年版，第50页。

还有以农副产品加工和旅游为主导的好时巧克力小镇（又名赫尔希镇）。好时公司选择横贯东西海岸、纵贯南北的重要交通要塞和贸易口岸哈里斯堡市郊的赫尔希镇建造巧克力制造工厂。同时，好时公司持续建造商业和服务机构、学校和医院等基础设施，以此吸引更多居民来此定居和观光。依靠好时乐园、巧克力博物馆等吸引游客，这一"世界上最甜蜜的地方"逐步发展成为北美地区最大的巧克力及巧克力糖果制造基地和美国家庭亲子出游的首选目的地之一。

进入21世纪，2008年美国雷曼兄弟公司宣告破产引爆了次贷危机，冲击了全球金融系统，并让全球主要经济体都陷入了不同程度的危机，美国也经历了前所未有的经济衰退，以小城镇为典型代表的美国乡村经济亦不能幸免。当时，奥巴马政府提出了一项重点旨在重建乡村教育、医疗、清洁能源、基础设施等领域的发展战略，将重整经济的希望寄托在了"教育、创新、清洁能源和基础设施"四个被认为能赢得未来的关键领域。这一经济刺激效果是显而易见的，当时美国的各大股值止跌反弹，一路上涨。

美国的城市化水平已经相当高了，而城市化了的民众也不是大多数都居住在城市，而是居住在城市周边的城镇。城市的基础设施相对较为完备，而小城镇的道路、管网铺设和公共服务水平如前文所述差强人意，为了拉动内需、刺激经济增长，2012年起，当时的美国政府开始增加对城镇（农村）社区交通的支持，包括新修高速道路、重整老旧街道、提高乡村网络信号覆盖率和稳定性、增加乡村医疗服务保障等措施。美国政府投入70亿美元到农村学校的网络建设中。[1] 2013—2014年农业部和小企业管理局总计投入1.75亿美元用于支持农村地区小额信贷；到2016年，该项计划的投资规模达到20亿美元。[2]

二 美国乡村土地法律及管理方式对我国的启示

在经历了乡村的繁盛，再到乡村的没落，又到乡村的重整，美国乡

---

[1] 《中国教育报》消息：《美国开展学校网络提速计划 农村校是重点》，《云南教育·视界（综合）》2013年第7期。

[2] 陈霞、李佳璐：《美国农村贫困问题简析及启示》，《中国经贸导刊》2015年第22期。

村建设的一些经验教训值得我们借鉴。

第一，美国土地政策日趋完善。在建设乡村的过程中，美国从建国最开始的一味出售土地获取联邦财政收入到后来实施的鼓励改善水土保持的土地政策。从早期的单纯以利益为导向的土地资源保护思想，再到后来设立"联邦土地管理局"，然后颁布《联邦土地政策与管理法案》。在保护自然资源环境方面，美国政府先期制定了土地使用分区制，随后又出台了一系列法规，以控制农用地向非农用地转换。从最初的政府完全不干预土地利用，到创设农地"开发权转让"制度，这项制度是在不改变土地所有权的情况下，政府向重要生态地区所在地或具有永久保护农地价值的土地所有权人购买这些土地的开发使用权，购买价格体现市场机制原理，即能够弥补非农开发价值与农业用途之间的差额。

第二，美国土地政策在日趋完善的同时，亦存在不足。美国宪法允许各州根据自身实际制定区域差异的农地用途变更，故而在土地管理政策上联邦政府把土地管理权力下放过多，美国各州具有很大的灵活性和自主权。而大多数州又将这一权力的大部分下放给州以下的地方政府，这种形式的放权基本上是把土地管理权限完全交给了地方政府。这种形式虽然能够做到具体问题具体分析，因地制宜地解决不同地方的土地使用个案，但这种形式的土地管理，由于权力的逐级下放转移，在实践中缺乏可操作性的实质性指导，使得地方政府各自为政、拥有较大的自由裁量权，在地方保护主义和税收、就业等利益的驱使下，造成一些地方出现了对土地的破坏性开发。

由此可见，美国在土地管理上，很多机构都有权限，但这些机构的管理政策和涉及程序都不一致，导致管理效率低下，不能做到令行禁止。再加上美国四年一届的总统和国会换届选举，使得与联邦土地资源相关的政策持续性差。有鉴于此，我们要深入完善中华人民共和国国土资源部（现为自然资源部）这一具有全国土地管理权力的行政部门的管理效能和治理现代化。

改革开放以后，我国在土地资源管理上经历了三次重大调整。第一次是组建中华人民共和国国家土地管理局。1986年2月，国务院第100次常务会议决定，组建中华人民共和国国家土地管理局，属国务院，负责全国土地、城乡土地行政事务的统一管理工作。第二次重大调整的背景是伴随着1998年的国务院机构改革方案,在第九届全国人民代表大会第一次会议第三次全体会议表决通过的决定中,由地质矿产部、国家土地管理局、国家海洋局和国家测绘局共同组建国土资源部。第三次,也就是最近的一次发生在2018年,撤销国土资源部,组建自然资源部,这是国务院机构改革方案的重要内容之一。

在很长一段时间内,"国家所有"是一个抽象的概念,到底由国家的哪个部门或哪一级人民政府来行使权力是模糊的,有时有交叉,有时又处于空白真空地带。后来我国把这一权力明确赋予国务院,现在明确为"国家所有"的资源的产权代表是我国的自然资源部,这样一来,明确了自然资源部为统一行使全民所有自然资源资产所有者职责,统一行使所有国土空间用途管制和生态保护修复职责,扫除自然资源管理中政出多门、相互掣肘的体制、机制性障碍,消除部门内耗,降低管理成本,提高管理效率,着力解决自然资源所有者不到位、空间规划重叠等问题,促进资源的优化高效可持续利用,有利于社会主义生态文明建设和国家的转型发展。

美国肇始于20世纪30—40年代的郊区化、城镇化,虽然缓解了城市病,出现了美国人口迁移呈现扩散的趋势,但这种卫星城镇的建造主要表现是建成区的低密度蔓延,没有对土地进行集约化利用,造成了土地资源的不合理使用与浪费。三分之一的农田被占用,森林、环境敏感地区和文化遗址也受到伤害;2010年由于蔓延发展而造成的对汽车使用的依赖将使污染源的水平比1989年高30%。[1]

我国土地资源紧张,人多地少是我国的基本国情,我们不可能复制美国的小城镇模板。故而,借鉴美国在小城镇建设过程中的经验教训,我国应该注意在乡村振兴的进程中,对土地进行集约利用,提前规划布局,注重乡村发展的可持续性和后劲,不能任由市场自发扩散,否则产业振兴、生态宜居等指标实现起来比较困难,还有可能造成乡村短暂热闹之后,由于缺乏后续资源的断崖式凋敝。所以我国在土地管理过程中

---

[1] 龙花楼、李秀彬:《美国土地管理政策演变及启示》,《河南国土资源》2006年第11期。

应该注重长远规划，预判今后一个时期土地使用过程中可能出现的问题，及时采取相应政策。为此，在我国依法管地用地显得尤为重要，不符合法律审批程序的建筑用地、擅自更改审批用地用途，就算是已经建好了房屋，也需要按照法律规定恢复原有的使用面貌；而不是按照木已成舟、缴纳罚款的方式让这些不按土地法律办事的人有机可乘。

1986年6月25日第六届全国人民代表大会常务委员会第十六次会议通过《中华人民共和国土地管理法》，用以解决乱占耕地、滥用土地的问题，该法是我国土地政策的一大飞跃，也是土地管理事业的一个里程碑。随后，国家先后制定了《中华人民共和国土地管理法实施条例》《中华人民共和国城镇国有土地使用权出让转让暂行条例》等7个土地管理的行政法规，《中华人民共和国土地违法案件处理暂行办法》等14个部门规章，形成了我国土地管理的法律体系框架，有力地推进了我国的社会主义土地市场经济体制改革和建设。

随着社会主义经济体制改革的进一步深化，1986年制定的《土地管理法》带有计划经济的明显痕迹，逐渐显露出不适用市场经济的历史局限性；再加之20世纪90年代开始在全国普遍兴起的"开发区"、"工业园区"、"房地产"等热潮致使乱占、滥用土地现象普遍，造成了耕地急剧减少的客观现实。在此背景下，1998年8月29日第九届全国人大常委会第四次会议通过了重新修订的《土地管理法》，于1999年1月1日施行。1998年修订的土地法，不是个别条文的小修小改，而是对土地管理方式和土地利用方式的重大变革，是土地管理思想发生根本转变的集中体现，适应了土地管理的新形势。例如针对城镇化进程中大量农用地转为建设用地，规定了严格的法律限制；对土地违法行为开启了强有力的法律监督体制和手段；对土地征用涉及的松散的法律条款进行整合；对国有土地资源和市场管理进行明确的规定；等等。总之，1998年修改的土地法是继宪法等基本法律外，第一部在立法思想、基本原则和主要内容等方面对原有内容进行全面修订的法律，也是第一部经过全民讨论、全国人大常委会三次审议的法律，在修订过程中，草案全文在社会上公开，广泛征求意见，进行了全民讨论，充分体现了当时条件下，土地立法修改关系的民众面之广、民众的参与性之高。

2004年8月28日第十届全国人民代表大会常务委员会第十一次会议对《中华人民共和国土地管理法》进行了第二次修正，新增条款规定："国家为了公共利益的需要，可以依法对土地实行征收或者征用并给予补偿。"当时的土地管理法的修改背景是城市化进程日益加快，征地中爆发的矛盾比较尖锐，为了完善征收与补偿机制，化解纠纷矛盾，改革土地利益分配制度并将改革成果归由人民共享，实现城乡一体化过程中公共利益与个人利益之间一种理性的平衡，为经济社会的发展提供法律依据。

中国特色社会主义进入新时代，在坚持农民利益不受损，坚持最严格的耕地保护制度和最严格的节约集约用地制度，和充分总结农村土地制度改革试点成功经验的基础上，2019年8月26日第十三届全国人民代表大会常务委员会第十二次会议通过了全国人民代表大会常务委员会关于修改《中华人民共和国土地管理法》的决定。新修改的《土地管理法》明确对农村土地的承包经营期限进行了法定延长："家庭承包的耕地的承包期为三十年，草地的承包期为三十年至五十年，林地的承包期为三十年至七十年；耕地承包期届满后再延长三十年，草地、林地承包期届满后依法相应延长"，除此以外，还作出了多项重大突破，该法的修改对促进乡村振兴和城乡融合发展具有重大意义。

最新修订的《土地管理法》明确基于公共利益的土地征收范围，以保障农民土地不被随意征收，这也是首次对土地征收的公共利益进行明确的列举界定，突破了之前的笼统概括。修订后的《土地管理法》直接列举了基于公共利益可以动用国家征收权的六种情形，包括：军事外交、政府组织实施的基础设施建设、公益事业、扶贫搬迁和保障性安居工程，以及成片开发建设这六种确需征地的情况。

我国修订后的《土地管理法》还规定了农村集体建设用地只要符合规划、依法登记，并经三分之二以上集体经济组织成员同意，就可以通过出让、出租等方式交由集体经济组织以外的第三方使用，取消了农村集体建设用地进入市场的法律障碍，这也是《土地管理法》最大的法律创新亮点。对这种模式的法律认可，既能提高农村土地使用效率，也能为农民带来更多实惠，兼顾了国家、集体、个人的土地权益，确保了农村土地保护和土地平衡利用,为城乡一体化和乡村振兴奠定了土地法律制度基础。

第二节 英国乡村建设的实践及启示

一 英国"中心村"建设与保护土地承租人权益的实践

作为老牌资本主义国家,英国曾是欧洲最先进的农业生产国。[①] 曾经的日不落帝国由于最早进行工业化,伴随着工业化的推进,英国成为最早进行城市化的国家之一,其城市化程度在西方世界遥遥领先。英国城市化的领先表现在从事农业生产的人口比重日趋减少,越来越多的人口离开乡村来到城市,城市成为各种资源的主要集聚区域。换言之,英国自上而下重视工业化的后果就是农业成为了落后产业,劳动产出远不及其他产业,不再像工业化之前那样受到政府、组织、民众的重视;农村成为薄弱环节,不再具有像工业化之前那样的地位,成为了偏远闭塞的代名词;农民成为弱势群体,成为低收入者。

这种情形持续了几十年,以至于英国的农业整体水平在第二次世界大战前处于与其工业化不相称的低水平。英国农产品贸易方面出现极大逆差,本国产出的农产品受到进口外来产品前所未有的竞争压力;第二次世界大战造成的物资短缺以及之前的贸易逆差积累,使得英国国内对于进口农产品的需求不断增长。[②] 严峻的战争局面使英国意识到了把本国农产品作为战略物资储备的必要性,意识到了平时过于依赖农产品进口造成的在危机到来时的粮食紧缺、物资匮乏等不利局面。

在这种背景下,英国先后在1942年颁布《斯科特报告》、1947年出台第一部农业发展法案,目的都是为了确保农业稳定和长期农牧产品的发展。尤其值得一提的是农业发展法案还专门规定了对特定农产品,如绵羊和牛脂肪、牛奶、鸡蛋、小麦和大麦等的最低保障价格,以确保这些英国民众餐桌上的必需品大部分都由本国农业供给,藉此保证英国

[①] 龙花楼等:《英国乡村发展政策演变及启示》,《地理研究》2010年8月第29卷第8期。
[②] 龙花楼等:《英国乡村发展政策演变及启示》,《地理研究》2010年8月第29卷第8期。

的粮食供应有可靠和稳定的本国渠道。同时英国的这种最低价格还有力保障了农业的合理利润，提高了农业的回报率，从而鼓励了农民从事第一产业生产的积极性。这一时期的政策有效保护了农民的利益，从而为英国的农业安全、农村发展奠定了基础。

第二次世界大战以后，为了重整城市往日的辉煌，重构工业设施，英国的城市化、工业化进程又进入了快速上升期，之前从事农业生产的人口或在乡村躲避战乱的人不断涌向城市，城乡差距开始拉大。这种局面造成了城市的过度膨胀，引发了许多社会矛盾和城市病；还造成了乡村人口减少、发展落后，不利于英国的农业安全保障。在这种情势下，英国政府开始意识到城市的飞速发展离不开乡村的同期改变，城市与乡村建设不能分离，开始规划大城市周边的乡村建设，即"中心村"建设，以此带动城乡一体化发展。可以说，英国乡村与大城市周边城镇化的建设，是在英国社会普遍都意识到城乡差距后大力推进的。具体措施主要有：在20世纪50年代和60年代，英国对农业农村的政策进行了第二轮调整，虽然不再过渡干预农产品的价格，但仍然从稳定农产品价格出发制定了保护机制，另外还增加了完善农村基础设施建设的方案；在1965年的政府白皮书中，明确鼓励小型农场的合并和农产品市场的扩大，在其后颁布的1967年农业法案中，政府承诺合并过程中的半数开支可由政府负担，为农场提供一定数量的赠款用于整理土地提高生产力，同时为土地收购提供额外贷款。[1]

如果说第二次世界大战及其结束后的初期一段时间，英国逐步开始重视农业生产的话，那么到了20世纪50—60年代，英国政府开始从单纯的重视农产品生产转变到了重视整个乡村的产业布局及其调整，开始关注农业规模化经营。英国政府还在这一时期成立了乡村发展局，用以管理农村农业相关行政事务、重视乡村建设，对乡村的发展进行规划，启动"中心村"建设，提高乡村基础服务公共设施的利用效率，引导社会资源向中心村集中，带动英国城市与乡村的一体化建设。这里我们

---

[1] 龙花楼等：《英国乡村发展政策演变及启示》，《地理研究》2010年8月第29卷第8期。

需要厘清英国的"中心村"与我国所谓的"城中村"、"城乡接合带"这些概念。在英国人眼中,"中心村"是城市的花园绿地,是城市中间带有田园气息的能够让人躲避、逃离城市喧闹的地方,"中心村"是治理有效、生态宜人的都市居民向往的居住地点;走出"中心村"就是繁华热闹的大城市,走进"中心村"则是大花园与绿树成荫的地方,有点闹市中取静、喧嚣红尘中世外桃源的意境。我国的"城中村"、"城乡接合带"大都是环境脏、治安乱、居住差的代名词,与英国的"中心村"虽然都有村的头衔,但内涵实质相差太远。当然,我国"城中村"、"城乡接合带"完全可以在生态宜居方面进行提升,以期实现乡村美丽。

进入20世纪70年代,英国又出台了专门保护土地承租人权益的农业政策,以此确保土地租赁关系的长期稳定,来保障承租人可以在10年、20年甚至50年以上的期限内进行预期投资、获得稳健收益,为大农场经营的形成打下基础。与此同时,英国对其"中心村"的政策进行调整,变"发展规划"为"结构规划",改"单一化大规模发展模式"为"中心村结构发展模式",因地制宜发展或限制中心村建设,有条件的发展集镇,通过以镇代乡、以乡促镇的农村发展规划政策,促进城乡共同发展。[1]

英国是欧洲农业土地比例最高的国家之一,土地的77%在农村,大大超过欧洲的平均数40%。[2] 最近几年英国农业土地的比例虽然在减少,但仍然维持在70%左右的比例。另外英国也是农业劳动效率最高的国家之一:20世纪80年代初到90年代末,英国农业劳动生产率由人均2.2万美元提高到3.1万美元,增长了41%;从事农业生产的劳动力占总人口的比重不到1%、但生产了全国所需农产品的60%。[3] 由此可见,英国农业已经实现了现代化,其集约化、规模化、信息化的生产

---

[1] 陈永红等:《生态文明视角下新型城镇化与乡村振兴战略研究——东南沿海村镇可持续发展机制的实践探索》,中国财政经济出版社2019年版,第54页。

[2] 曾鸣、谢淑娟:《中国农村环境问题研究——制度透析与路径选择》,经济管理出版社2007年版,第3页。

[3] 农业生产经营信息化培训与考察团:《信息化促进英国现代农业》,《农产品市场》2013年第1期。

方式为英国的乡村建设提供了雄厚的技术、资金支持。

在乡村发展规划和结构规划的共同努力下,英国部分城市的"中心村"要么成为当地产业集约化发展的聚集地,要么成为旅游名片小镇。例如英国 Sinfin 小镇现已成为飞机发动机制造业的聚集地,小镇距离德比市中心大约 4 公里,人口虽然只有约 1.5 万,但却汇聚了著名的英国 Rolls-Royce 航空发动机公司总部和其他公司。

还有以大城市为依托的具有浓厚文化底蕴的旅游特色小镇,这些小镇大都位于大城市周边、交通便捷、车程时间 1—2 小时,通过挖掘稀缺、独特的人文、自然资源要素,吸引各地的游客。例如距离伦敦 1 小时车程的温莎小镇,以王室温莎古堡为稀缺人文景观来发展旅游业;距离伯明翰 50 分钟车程的斯特拉特福德以莎士比亚故乡为独特人文景致来发展旅游业。以上这两个小镇年游客量均列英国城市前列,其中斯特拉特福德小镇年游客量达 250 万人。

还有以书籍、壁画、电影、动漫等文化要素重新打造的文旅类小镇,例如海伊小镇,它地处英格兰和威尔士边境山区,远离英伦三岛的文化中心,但该镇的营运团队通过搜罗全世界的旧书来打造二手书店并进行规模化集聚经营,使得之前这个依赖农业的边陲小镇从无到有发展成为"世界旧书之都"和威尔士第四大旅游目的地,年游客量超百万人。

二 英国保护土地承租人权益对我国的启示

英国的乡村发展历史在某种程度上与我国有相似之处,在工业化之前都是本国社会财富生产的主要地区,绝大多数人口都从事农业生产,乡村都有着生产社会财富、维系传承本国文化、人文等的功用。但由于工业化所带来的城市化,城市相比于乡村,有更为丰富多彩的文化娱乐生活,有更为便捷的交通公共路网和基础设施,城市带走了乡村的人力、资金、土地等资源。再加上规模化工业的产出效益高于传统农业,使得农民如果继续之前的种养方式将不符合市场经济行为主体的理性选择,所以大量乡村开始了衰落的进程。但大规模城市化的后果却是政府、社会、民众所不愿见到的城市病,英国对症下药,一开始采取了对传统农牧业补贴的政策，做到从乡村产业这一源头入手，从而提振英国乡村的经济实力。英国乡村建设的经验值得我们思考。

第一，在治理城市病、进行"中心村"发展和结构规划时，英国非常重视乡村的环境保护和治理。现如今，乡村的生态环境已经成为英国乡村居民的巨大隐形财富和居住福利，成为英国都市人最羡慕乡村居住的因素；也成为英国乡村房屋价格比普通城市要高的原因之一。英国政府对乡村环境和土地生态价值十分重视，把农业的现代化发展与农村地区环境保护放在同等重要的位置，通过制定乡村道路、水资源、林业等一系列法案来确保乡村环境的改善与治理。英国政府在1949年颁布了《国家农村场地和道路法》《水资源法》；1967年正式颁布《森林法》《野生动植物和农村法》；1990年出台《环境保护法》；1992年出台《废弃物管理法》；1993年出台《国家公园保护法》；1994年，政府将农用林地基金改为农场林地奖励基金，农民或农场主只要获得了林业部门的造林认可，便能申请该基金，获得包括新植造林、更新造林、林地改良、牧业损失等在内的各式各样的造林补助和奖励。[1]

现如今，英国政府对乡村生态环境的保护是全面的，不仅重视林业、草场的可持续发展，还覆盖到了对耕作性土壤的全方位保护。例如，从2005年4月起，英国政府首次对农民保护环境性经营实行补贴，只要经营该土地的农民或农场主没有滥用化肥农药就可获得补贴；如果进行了有机生态种植或养殖，还能获得额外补贴。农场主在其经营的土地上进行良好的环境管理经营，每公顷土地每年可得到最多达30英镑的补贴，而进行不用化肥和农药的绿色耕作则将得到60英镑的补贴。[2]

第二，英国政府重视对农村土地承租人权益的保护。英国在工业化之前就有大量佃农承包经营土地的情况；进入工业化以后，一些农场主为了扩大经营，便把自己拥有所有权的周边的土地租赁过来，成为规模化经营的大农场主；20世纪50年代以后，政府鼓励这种通过承租使得

---

[1] 陈晓红等：《生态文明制度建设研究》，经济科学出版社2018年版，第84页。
[2] 曾鸣、谢淑娟：《中国农村环境问题研究——制度透析与路径选择》，经济管理出版社2007年版，第3页。

农业生产实现集约化、效率化的大规模经营方式，以期实现本土粮食生产达到本国供应的安全保障线。为鼓励土地承租人进行长远性规划、对土地生产进行循环可持续发展，英国的农场林地奖励基金不是针对土地权属人进行设计，不是仅仅奖励给土地所有权人，而是包含了土地承租人，只要在这片林地上实施了林业部门认可的造林护林等活动，承包经营的农民或农场主就能申请包括新植造林、更新造林、林地改良、牧业损失等造林补助和奖励。

又例如英国政府对土地保护的环境性经营行为实行补贴，只要是承包经营者或农场主在其经营的土地上进行良好的环境管理经营，不造成土壤肥力减少或破坏，如前所述就能获得每公顷土地每年可得到最多达30英镑或60英镑的补贴。这样的措施导向是明确的，那就是鼓励土地耕作者更多地对土地进行保护性开发利用，而不是短视的掠夺式劫取。这种土地保护效果是需要至少5—10年的投入才会显现的，土地资源变好了，后期土地经营者的收益才会明显提高。这一个土地修复与治理的过程需要10年以上，这样又鼓励土地经营者与土地所有者之间订立期限相对较长的土地租赁合同，才能稳定土地经营者的预期，考虑在土地经营上做长期投入，同时也避免了土地经营者的短视经营行为。

随着工业化和城镇化的快速发展，我国农村劳动力也大规模、长时间地向城市转移，村庄空心化、农村老龄化的现象在我国部分乡村越来越明显，有的农村地区出现了抛耕的情形。我国现在对农村土地进行了所有权、承包权、经营权的三权分置，农村土地所有权属于村集体，承包权由以户为单位的农村居民家庭享有，而经营权人既可与承包权人重合，也可以分离。非特定的农村土地承包权人要获得经营权，必须向土地承包权人支付对价。这一措施能够缓解以上矛盾，使得部分农户不再兼业化，也有效利用了土地资源。

农村土地的三权分置推动了我国土地经营权的规范有序流转，有利于实现土地规模经营。我国现在农村的种粮效益普遍偏低，如果不是考虑农户自给自足的因素，经济上基本可以说是不划算的，所以在一些地方，部分外出务工的村民有了弃种的现象。要扭转这一粮食价格倒挂现象和继续深入保障我国粮食安全，只有从种植规模、机械化运用方面多下功夫。种粮大户、家庭农场、农业合作社、工商企业等新型农业经营主体在实践中探索出了在各自领域比较成熟的做法，三权分置是其中的趋势之一，这对于稳定种粮务农队伍，保障粮食安全和主要农产品供给，促进农业增效和农民增收，都具有重要作用。

当然在三权分置实施过程中，还应该注意因势利导、顺势而为，适宜进行规模经营的农村、具备流转条件的引导进行土地有序流转和集中，不能为了追求土地经营权流转、集中和规模经营的量，片面追求超大规模经营，不能把中央的好政策用错了、用反了。要充分尊重土地经营权农户的意愿，不能以村、乡镇或县政府名义强制村民们把经营权流转出去；还要进行市场调研，充分搞清楚市场的需求和饱和度，不能行政上瞎指挥，要使适度规模经营与农村劳动力转移、农业科技进步、农业社会化服务水平相适应，朝着正确的方向发展。

我国从2005年开始对种田农户进行惠农补贴，对于这种补贴，经营权人有无权利进行主张？另外，现在许多县级政府为了提升农田的标准化建设，大都采取补贴方式鼓励土地流转，对这种直接针对农村土地承包经营权流转的补助，许多承包权人觉得利益丰厚，对土地经营权的租金每一年都有上涨预期。当经营权合同不能满足这一预期时，有些承包权人会倾向选择短期租赁或直接毁约，对于这种情形就需要在承包权、经营权之间找到相对的平衡点。对农村土地经营权的过度保护会导致土地承包方降低土地出租意愿；对土地承包方的过度保护会导致经营方丧失投资信心和积极性。故而要使得三权分置产生良性效果，还需要维护合法的土地承包经营权合同效力，树立法律合同意识，对双方应该获得的收益坚决维护，对当事人恶意毁约不予支持。

针对以上问题，我国新颁布的《中华人民共和国民法典》和新修订的《中华人民共和国农村土地承包法》确定了农村土地的所有权与用益物权。农村土地的所有权人是集体经济组织。对于农村土地的用益物权，我国规定了两种形式：一是土地承包方享有的承包用益物权；二是土地经营权人享有的用益物权。根据物权法定原则，我国以法典法律形式确定了农村土地所有权、资格权和使用权的物权类型和相关权益，是全面依法治国背景下建设法治乡村助推乡村振兴的又一成果。

《中华人民共和国民法典》第三百三十九条规定："土地承包经营权人可以自主决定依法采取出租、入股或者其他方式向他人流转土地经营权。"第三百四十二条规定："通过招标、拍卖、公开协商等方式承包农村土地，经依法登记取得权属证书的，可以依法采取出租、入股、抵押或者其他方式流转土地经营权。"《中华人民共和国农村土地承包法》第五节专门对土地经营权进行了规定，其中第三十六条明确了"承包方可以自主决定依法采取出租（转包）、入股或者其他方式向他人流转土地经营权，并向发包方备案"。第三十七条对使用权亦进行了明确保护，即"土地经营权人有权在合同约定的期限内占有农村土地，自主开展农业生产经营并取得收益"。

土地流转过程遵循自愿、互利原则。"承包方将土地交由他人代耕不超过一年的，可以不签订书面合同"[①]，而"土地经营权流转期限为五年以上的，当事人可以向登记机构申请土地经营权登记。未经登记，不得对抗善意第三人"[②]。除非经营权人即土地承包经营的受让方有违反土地农业使用用途或破坏土地等严重违约行为，否则承包方不得以其他理由单方面解除土地经营权流转合同。这是从法律源头上解决了乡村中最重要的生产资料在经营使用过程中的权属纠纷，以法律形式保障了土地使用权人的合法利益，有利于使用权人着眼于合同期内对土地的可持续投入与开发，是全面依法治国必须坚持从中国实际出发的具体体现。正如习近平总书记所指出的："全面推进依法治国，必须从我国实际出发，同推进国家治理体系和治理能力现代化相适应，既不能罔顾国情、超越阶段，也不能因循守旧、墨守成规。"[③] 中国特色社会主义法

[①] 见《中华人民共和国农村土地承包法》第四十条。
[②] 见《中华人民共和国农村土地承包法》第四十一条。
[③] 《习近平谈治国理政》（第2卷），外文出版社2017年版，第117页。

治乡村建设道路上，要突出中国农村发展特色，尊重农民群众在实践中摸索出的有益做法，适应农业农村现代化的时代背景，推进乡村在土地"三权分置"上的依法治理。

习近平总书记指出："全面推进依法治国需要全社会共同参与，需要全社会法治观念增强，必须在全社会弘扬社会主义法治精神，建设社会主义法治文化。要在全社会树立法律权威，使人民认识到法律既是保障自身权利的有力武器，也是必须遵守的行为规范，培育社会成员办事依法、遇事找法、解决问题靠法的良好环境，自觉抵制违法行为，自觉维护法治权威。"[①] 这一重要指示落实落细到乡村振兴中的土地使用过程中，就需要我们坚持用法治思维引领农村土地"三权分置"落实，在涉及土地权益相关问题时，严格依照法律行政法规规范乡村基层领导干部和集体经济组织、承包方、流转方的行为，让依法决策、依法办事成为习惯和自觉，从而以此为契机，全面推进乡村的法治化治理，形成依法办事的整体氛围。

第三节 日本乡村建设的实践及启示

一 日本"新农村建设"与乡村环境全方位保护的实践

日本在明治维新前是一个落后的农业国，近代工业基础几乎没有；明治维新以后，日本虽然开始了工业化的进程，但农业作为主要产业，仍然是全国劳动力的主要就业渠道，日本依然是一个农业国家。第二次世界大战期间，日本对中国、朝鲜等国家进行了侵略战争，掠夺了这些国家大量的资源为战争"服务"。作为工业化的后起之秀，日本工业化发展势头很猛，但由于本身工业基础比较薄弱、资源匮乏，故而日本的工业化水平落后于西方发达工业强国。

第二次世界大战以后，日本加速推进工业化进程。快速工业化的后果导致日本农村青壮劳动力迅疾流入城市，城市人口日益集中、密度越

---

① 《习近平谈治国理政》（第2卷），外文出版社2017年版，第120页。

来越大。农村成为老人固守的家乡，城乡差距不断扩大，部分乡村面临衰败崩溃的边缘。同时，由于城市人口的过度密集，在日本本土沿太平洋海岸线呈带状分布的核心城市工业带上产生了一系列涉及大气、水、土壤、噪音、光化学等污染问题。

为缩小城乡差距，也为保护农村环境，在城乡分裂的严峻形势下，日本政府从20世纪50年代末开始进行乡村振兴，一开始通过建立类似农民协会的乡间自治组织，并且在农协中引入地方农村品行高尚、德艺双馨之人，从而让农协逐渐成为乡村中有威望、有信誉的组织。在这些日本乡贤的号召影响下，一大批水稻种田能手、出海捕鱼高手、水果培育能人纷纷加入到农协中，这些第一产业领军人物的加入使得农协对普通农户有了极大的吸引力，广大农户踊跃加入当地农协。农协再号召成员进行与农业、养殖业等相关的产业打造、产业升级，从而使得日本乡村的农副产品不仅具有了市场竞争力，而且还是环境友好型产品，得到了日本广大农民的拥护和支持。日本农村只有1%左右的农户没有加入农协，农协成为了组织农民生产农产品、为农产品寻找销售市场、为农户进行技术帮助、为农产品产业提供金融服务、为农村争取更多政府资金来发展基础设施和公共服务的非营利组织。

与此同时，日本政府非常重视乡村教育，不仅在义务教育阶段为乡村配套学校、教师等资源，还在农村建立类似的农民职业技能学校来提升农业相关产业技术含量、环境保护相关知识和农民综合素质；还通过提高农产品补贴水平和倾向性农业发展银行贷款，使得农民提高了进行农业生产改良的主动性和积极性。

进入60年代，日本实施了乡村"经济社会发展计划"，通过经济奖励来鼓励农民转变耕作品种、轮流耕作让土地得到休养等渠道改良土壤肥力；通过税收倾斜引导企业在农村建厂，从而增加农民在家乡就业的机会，为环境优美的农村进行现代化产业发展打下一定基础。

从20世纪60年代后期到70年代末，日本政府开始进行新农村建设。自1967年到1979年，日本政府共指定了3100个市町村进行新农村建设，约占当时日本市町村总数的80%，且在资金扶持方面，对每个市町村除了政府补贴9000万日元外，国家农业金融机构还提供2000

万日元贷款。① 这一时期，乡村的机械化水平得到了大幅度提高，农田、渔场等第一产业的现代化、科技化、市场化水平迅速提升。

20世纪50年代至20世纪末，日本在资源匮乏的基础上进行传统的工业化和现代化，十分依赖石化能源，这种不可再生能源的大量使用使得日本经济大幅度增长的同时，生态环境遭到严重破坏。同时这些石油、煤炭等资源基本上全是进口，使得日本不得不受制于出口方的主观和客观供给限制。例如，中东石油危机使得日本开始认识到严重依赖进口能源的局限性，意识到使用清洁能源对自身经济发展、环境保护等方面的必要性。到目前，日本农村的清洁能源普及和推广走在了世界前列：建造太阳能电池板房屋；电动车、混合动力车、插电式混动车为代表的新能源车辆的保有数大幅度增加；节能、低碳、循环材料大量使用。

经过一系列提振乡村经济的措施，日本农村的环境不但得到了保持和改善，经济状况还得到了质的提升，日本农户或农民的人均年收入在20世纪80年代基本超过了城市家庭或居民。农村的学校、医院、环境治理、政府服务组织、水电气路、网络等设施设备完全达到了城市水平。农村学校课程设置、教师配置、校园规模等与城市毫无差别。由于乡村人口的老龄化更趋于严重，部分农村的学龄前儿童和青少年出现了大幅度减少的趋势。为了让乡村孩子能够就近读完小学和初中，有的地方甚至出现了一所中小学只有一个学生的情况，多名老师针对一个学生开设国语、社会、英语、美术、数学、技术、音乐、体育课程，还要临时聘请税务、外教老师进行拓展教育。日本乡村这样的教育水平和农村环境治理已经超过了城市。

二 日本农产品生产和乡村环境保护对我国的启示

日本现在是老龄化国家，而且人口出生率持续下降，但相较于其国土面积，日本仍然是人多地少、土地资源相当稀缺的国家。日本人均耕地少，而且人口密度高，80%左右的人口密集地分布在海岸线狭窄的平

---

① 李峰传：《日本建设新农村经验及对我国的启示》，《沈阳工业与研究》2006年第11期。

原上。日本作为发达国家，其农业化没有采取西方英美国家那样的大农场、大规模的集约化模式，而是一种以家庭为单位、辅之以先进机械化操作的精耕细作模式，每户农村家庭的户均耕作面积远远低于西方农场主的规模，但日本农民的生活水平和收入却超过了日本城市居民。1985年，日本乡村冰箱、洗衣机等家用电器普及率已经与城市持平，彩电和汽车普及率还分别高出城市0.7和20.1个百分点；1998年，日本农户户均收入和农民人均收入分别高出城市职工22.8%和4.6%。[①]

我国人多地少，而且人口主要集中在"胡焕庸线"以东以南；加之我国农村采取的家庭联产承包责任制这种以户为单位的生产方式与日本类似，故而日本在乡村发展中采取的措施，能够在哪些方面给我们带来启示，需要好好研究借鉴。

第一，日本特色农产品以农户为单位、精耕细作式的生产方式成为日本农业的一张名片和金字招牌，也是日本农民增加收入、农业可持续发展的重要基础。日本这种小农生产模式，由于其高度的机械化，虽然精耕细作，但却不需要太多劳动力的人力操作。另外，由于日本有的地区采取施用农家肥等绿色方式，农产品虽需要更长的生长周期，但这种劳作模式产出的农产品口感更好、营养价值更高。虽然这种有机绿色农产品价格比起一般的农产品贵了不少，但在产品增收、国民收入增长、民众健康需求上升的背景下，却更受市场欢迎和认可。

我国在乡村振兴的实践进程中，可以因地制宜进行这种以户为单位的小农生产方式，引导具有地域、光照、海拔等特定生长优势的农产品所在乡村，对这些农产品进行精耕细作式的栽种，发展本地特色的农副产品，带动农民增收致富。同时还应该认识到，特色农产品采取有机绿色的种植或养殖方式，这种方式生产周期较长，不能立竿见影在短期内给当地农民带来效益。在这种情形下，需要地方基层政府在推广种植项目之前，就对农户进行充分的说明和沟通，不能只列举优点，而忽视种养条件和时间要求保障等内容。特别是在贫穷落后的山区，由村两委经过调研后决定培育哪一项或几项区域特色农业产品后，还需要在广大农

---

① 曹斌：《乡村振兴的日本实践：背景、措施与启示》，《中国农村经济》2018年第8期。

民群众中进行动员和引导,解决农民的后顾之忧。

与此同时,我国基层政府还要积极推进绿色食品、无公害农产品、有机农产品、农产品地理标志"三品一标"认证,为贫困地区的精耕细作模式保驾护航,提供知识产权方面的保护,使得农民农户的绿色种养有政策机制方面的保障。如果中国部分乡村的特色农产品都有了全国范围的知名度和销量的话,那么就能够实现农业产业发展、人口回流、经济提振的良性循环,可以避免部分农村农业产业凋敝、人口外流、农村停滞发展的恶性循环,从而助推解决相对贫困的现实问题,实现乡村特色产业发展和乡村振兴。我国部分乡村还具有非物质文化遗产传承的优势,而要将这些非物质文化遗产进行完美呈现,需要大量细致的技艺性手工劳作,例如:刺绣、手工布鞋、手工制陶、传统织染、建筑营造、饰品锻造、传统食品制作、传统笔墨纸砚制作等往往都需要劳动力的大量投入,这种模式能够吸引人口部分回流到农村,从而缓解农村"空心化"问题。

第二,日本乡村的公共设施和服务非常完善,并且乡村环境保护得很好,做到了生态宜居。日本乡村实施了现代化的机械耕作和产业化的规模耕作,但日本农业、农村的现代化没有以牺牲乡间的生态环境为代价。日本的森林面积占全国面积的66.7%,是世界上森林覆盖率最高的国家之一,这些森林大部分位于农村地区,远离大城市。具有千年历史的乡村不仅是农、林、牧、渔业等生产场地,也是农户农民生活之所在,同时其水稻田、鱼池等具有水源涵养、调节气候等功能,对于农村乃至整个地区的自然保护都有裨益。由于其生态宜居的整体定位,使得日本乡村旅游十分红火,许多乡村餐厅、温泉旅馆、特色民宿成为传承日本传统文化的重要载体,都市的人们愿意在节假日、寒暑假等来到这些乡村放松心情,体会难得的乡村宁静,感受日本的传统习俗,这又成为日本农民在农闲时的另一重要收入来源,客流量的增加又为乡村增加了活力和人气。

鉴于日本在发展乡村时注重环境保护、乡村传统的保持等经验,我国在乡村振兴进程中,不仅需要对道路等硬件进行完善,也需要对自然生态等软件进行提档升级。我国大多数农村在实施乡村振兴战略进程中,都进行了农村基础设施升级改造工程,重视道路、电力、自来水、互联网、有线电视网、天然气、沼气池、厕所建设。我国农村部分基础设施建设取得了重大突破,例如现在我国无论再偏远的农村地区都有4G网络覆盖,能够让农民足不出户实现网络、电话的互联互通。但客观评判,由于我国农村地域广大,农村发展滞后,再加之城乡差距较大,我国农村的教育、医疗、环境和基础设施建设水平与城市相差较大,这不利于吸引人才到农村和留住人。我国乡村要留得住人,让人能够回忆起乡愁、乡味,非常重要的一条就是应该守住、留住与乡愁、乡味匹配的农村生态环境,借鉴日本重视农村生态环境保护、建立自上而下的环境监管体制和环境公共教育。

日本制定的《大气污染防治法》《水质保护法》《噪声控制法》《恶臭防治法》等针对全国范围的大气、水、噪声、恶臭进行污染防治,农村地区的大气、水源、噪声亦在这些法律的统一监管下。由于农村还有涉及其他因素的环境治理与保护,故而日本政府还专门针对农村地区颁布了《农地法》《农耕法》《农药管理法》《温泉法》《关于整备农业振兴地域的法律》《海岸法》《野生鸟兽保护法》《关于古都风土保存的特别措施法》《文物保护法》等。这些法律有的侧重保护农村地区的自然资源;有的主要是指导规范农业地区的生产活动;有的专门用来保护特定区域;还有的侧重于野生动植物资源保护;也有主要规范历史风土文物、名胜古迹等文化遗产的保护。

日本不仅制定了农村生态保护和治理的相关法律,还设立了全国自上而下的行政机构来保证这些环境法律得到坚定地执行,而不是被束之高阁成为摆设。日本政府建立了中央政府级别的"日本环境厅"和其下属分部门来一体化执行相关环境法律。地方各级政府均设立了"公害科"或"公害室"。日本中央政府在环境治理中起着主导作用,主要通过制定法律、政策法规来主导环境保护的大方向;还通过发行政府债券、制定修改财政环境补贴等手段引导地方环境保护工作。日本的环境治理中,中央政府和地方政府相互配合、各司其职,中央政府下放或分散一部分职权到不同级别的地方政府。

关于环境治理权限下放这一点,我们应该辩证地对待。能够下放给地方政府进行环境治理的事项可以放权,这样可以减轻中央政府的环境管理负担;但涉及全域性、跨行政区域性的生态保护事项则不能放权或分散给几个地方政府,所以我国在党的十九届四中全会公报中明确提出了适当增加中央在跨区域生态环境保护方面的事权。我国这样的表述,就是为了打破环境治理中行政区割的影响和地方保护主义的藩篱,做到在跨区域生态环境保护方面一把尺子量到底,给我国不同地区的人民一个公平的环境权益。

日本在国民环境意识培养方面也有一些做法值得我国借鉴和参考。20世纪60年代,日本处于经济高速增长的爆发期,但与此同时,高度的工业化、现代化却使得日本岛内生活环境受到严重污染,再加上日本的资源匮乏,使得日本民众非常担心长此以往,自己居住的城市和乡村将会变得面目全非,这样的情形唤起了日本人的环境忧患意识,使得全民开始重视环境污染及其治理。从20世纪60年代开始,日本实施了一系列提升民众环境意识和参与度的环境治理手段,这其中非常有成效的就是大幅提升了日本公众的垃圾分类意识和环境保护意识。迄今为止,日本的垃圾分类系统已经非常完善,垃圾的细分类型、后续的循环使用率、垃圾无害化处理率都走在了世界前列,有的城市垃圾的分类甚至高达27种。

日本这样的垃圾分类意识和做法已经渗透和影响到每个家庭、每个人,从而在全社会形成了爱护环境、节约资源、循环利用资源的风气。例如日本是再生纸生产和消费大国,再生纸是以回收的废纸为原料,不以木材、竹子等一次性资源为原料,非常绿色环保。同时,日本还大力推广在卫生间使用可降解的再生纸,可降解使得这些纸张非常容易在水中溶解,所以日本无论是公共场所还是私人家庭都使用这种可降解的再生纸,不会产生大量的厕所用纸垃圾,因为这些纸用后一冲就可以了,完全不会堵塞马桶和下水道。这是一个一举两得的办法,一方面减少了厕所垃圾产生量,另一方面还减少了生产普通卫生纸对木材、水、化工原料、煤、电力等资源的用量。

我国现在城市生活垃圾中,卫生间的厕所用纸产生的垃圾占比较大,虽然我们也提倡生活垃圾减量化,号召大家多使用循环产品。但实际情况是可降解的再生纸巾在我国的生产成本相比普通纸巾要贵；再加上我国城市卫生间排水系统不是特别发达，普通纸巾容易堵塞马桶和水管。所以，如果能从经济上解决可降解再生纸的生产成本，再加上政府和社区的大力宣传，我国城市生活垃圾中的厕所卫生纸就能够直接冲入下水道，减少日常垃圾量。这样粗略计算下来，每一个人每天减少约100克的卫生纸排量，中国现在约有一半多的人口居住在城市，人口基数又是那么庞大，每一天的减排总量将是惊人的，一年的总量更是不可忽视的。

日本的环境教育通过社会、学校、企业等不同的渠道来进行，包括校内教育和校外教育两个独立但密切联系的教育体系，拥有了一套完备的覆盖全民的环境教育网络。相较于此，我国的环境教育主要还是在学校层面上展开，主要分为中小学阶段和大学阶段两个层次，中小学又主要集中在小学阶段，而这种阶段的环境教育主要依附于道德类课程开展，没有专门的课程或特定的时间段来进行。如果某个地方政府要强制实施一项环境保护措施例如垃圾分类的话，那么这一地区多半会采取突击式的环境安全教育，强化到社区、中小学校等宣传的力度和频率。我们的环境安全教育应该在学校层面上专门确定一个时段来加强环境保护内容的相关性宣传，校外教育可采取专题式、情景式、展板式等多种形式展开，提高全民的低碳节能观念和循环使用资源理念。

习近平总书记对垃圾分类工作曾经作出过重要指示，强调要培养垃圾分类的好习惯，为改善生活环境作努力，为绿色发展、可持续发展作贡献。近年来，我国加速推行垃圾分类制度，垃圾分类工作由点到面、逐步启动、成效初显。同时，面对新时代发展要求，推行垃圾分类仍然任重而道远。2019年6月，我国发布了《住房和城乡建设部等部门关于在全国地级及以上城市全面开展生活垃圾分类工作的通知》，通知中对涉及公众教育的方面进行了要求，例如公共机构率先示范、夯实学校教育基础、开展青年志愿活动、动员家庭积极参与等。该通知要求："各地级及以上城市机关事务管理等主管部门要组织党政机关和学校、科研、文化、出版、广播电视等事业单位，协会、学会、联合会等社团组织，车站、机场、码头、体育场馆、演出场馆等公共场所管理单位，率先实行公共机构生活垃圾分类。"①

"实行垃圾分类,关系广大人民群众生活环境,关系节约使用资源,也是社会文明水平的一个重要体现。推行垃圾分类,关键是要加强科学管理,形成长效机制、推动习惯养成。要加强引导、因地制宜、持续推进,把工作做细做实,持之以恒抓下去。要开展广泛的教育引导工作,让广大人民群众认识到实行垃圾分类的重要性和必要性,通过有效的督促引导,让更多人行动起来,培养垃圾分类的好习惯,全社会人人动手,一起来为改善生活环境作努力,一起来为绿色发展、可持续发展作贡献。"②

上海是全国首个全面开展生活垃圾分类的城市,与其他城市生活垃圾管理体系相比增加了前端督导、前端分类的环节,并且把干湿垃圾从源头上进行了分离,分时段进行收集清运,等等。国家统计局数据显示,目前上海市垃圾无害化处理已达100%,且垃圾焚烧无害化处理的比重越来越高。《上海市生活垃圾全程分类体系建设行动计划》数据显示,2018年上海市湿垃圾处理产能为3480吨/日,与理论产能相比目前的处理能力明显不足。因此上海市进行了一系列的湿垃圾处理体系建设:2019年,上海全市湿垃圾分类处理量达到4880吨/日以上;2020年全市湿垃圾分类处理量达到6300吨/日以上。③

上海市在正式推行垃圾分类前,在各个社区、中小学校进行了广泛的动员和宣传,尤其是在中小学,对如何分类进行了反复演示,有的学校还组织部分学生参观垃圾分类终端的处理流程,让垃圾分类的意识、保护环境的理念通过现场展示在学生们的心里扎下根来,然后再通过一个个学生影响到家庭,从而带动社会垃圾分类的推进和环保风气的转变。在社区,通过一个个热心邻里志愿者的宣传和示范,不

---

① 《住房和城乡建设部等部门关于在全国地级及以上城市全面开展生活垃圾分类工作的通知》,中华人民共和国中央人民政府(http://www.gov.cn/xinwen/2019-06/11/content_5399088.htm)。
② 《习近平谈治国理政》(第3卷),外文出版社2020年版,第345—346页。
③ 该段所有数据均引自郁文艳《上海生活垃圾全程分类未来3年行动计划出炉 2020年生活垃圾分类全覆盖》,《新闻晨报》2018年4月22日第2版。

少老年人也熟练掌握垃圾分类技巧。就这样通过前期细致的宣传和演练，到了正式实施垃圾分类的时候，上海市民有条不紊地交出了靓丽的成绩单。

2019年中国城镇化率突破60%①，也就是说有8亿多人口居住在城镇。根据住建部发布的城市垃圾统计数据，每年我国城市垃圾产生量已经大于两亿吨；还有1500多个县城产生了接近0.7亿吨的垃圾。总体来看，我国生活垃圾产生量在四亿吨以上。② 这样一计算，每一个居住在城市的人，每年产生的垃圾量是0.5吨，即500千克或500公斤。这样的对比着实让人震惊不已，500公斤相当于7个左右成年人的体重，这就是居住在城市里的人一年产生的平均垃圾量。因此，积极开展垃圾分类科普工作，实行垃圾分类，是目前解决我国恶化的城市环境的第一步。下一步还需要按照习近平生态文明思想指引，把节约资源放在首位，坚持保护优先、自然恢复为主，着力推进绿色发展、循环发展、低碳发展，从生产供给端提供节能绿色产品，形成节约资源和保护环境的空间格局，最终建成美丽中国。

第四节　韩国乡村建设的实践及启示

一　韩国"新村运动"中反贫困的实践与"归农归村"

韩国如今是一个发达国家，其农业农村现代化水平亦处于国际前列，农村居民收入与城市居民不相上下。但在20世纪70年代以前，韩国农村却是贫穷落后的一番景象。韩国是一个多山地形，适宜粮食种植的地区面积较小，加之农业生产延续落后的人力耕种，效率不高；韩国农民收入严重滞后于其城市居民，城乡居民收入差距较大，"1953年，韩国人均国民生产水平仅为67美元……1962年，韩国农民的平均收入是城市居民收入的71%，1970年下降到61%，超过60%的农村居民的

---

① 《中华人民共和国2019年国民经济和社会发展统计公报》，国家统计局（http://www.stats.gov.cn/tjsj/zxfb/202002/t20200228_1728913.html），2020年2月28日。
② 班娟娟：《我国生活垃圾年产量超过四亿吨》，新华网（http://www.xinhuanet.com/energy/2017-09/18/c_1121678247.htm），2017年9月18日。

年收入低于城市居民的50%"[①]；居住条件与第二次世界大战前相比没有根本改变，仍然是茅草泥墙房屋，照明基本依赖于煤油灯，屋内没有任何现代电器设备，根本无法抵御处于高纬度的冬天的寒流。

20世纪70年代初，在韩国的工业化、城市化进程取得了一定成绩后，韩国政府把关注的目光集中到了仍然是"亚细亚生产方式"的韩国乡村，开始了"新村运动"。"新村运动"实施早期，主要以乡村基础设施建设和生活环境整治为主，如修建桥梁、道路、河堤、公共浴池、饮水工程、洗衣池、乡村会馆等，这些项目不是在所有乡村同时全面兴建，而是由各地乡村的农民根据各地的实际需求来进行建设，政府只在总金额范围内免费向各地乡村发放一定数目的水泥和钢筋等原材料支持这些基础建设项目的开展。也就是说，"新村运动"的这些民生建设项目不是以现金形式直接发放到各地村民手中，而是以所需实物的方式在一定额度内按需分配给各地乡村。

这种因地制宜的分类分地区建设基础设施，是对韩国乡村的不同村情的初步归纳，做到了分类施策。例如，对于处于城市周边、其基础设施相对完备的乡村主要就是在原有基建基础上，加大力度改善乡村的生活环境，如修建宽阔笔直的进村公路，改善村庄排污系统，引导农民树立向上进取的精神风貌；对于农业生产基础薄弱的乡村，注入科技力量加速农村电气化、改良土壤、疏通河道，发展乡村副业，增加农民收入。

韩国"新村运动"的内容不仅包含了提升乡村的基础设施水平、改善乡村生活环境和公共交通出行能力，还涵盖了提高村民的受教育程度来发展乡村经济等手段和措施，以此来缩小城乡差距。韩国政府推出了"增加农渔民收入计划"，以期调整传统落后的农业结构，鼓励发展畜牧业、特色农业、乡村工厂等多种与第一产业密切相关的现代化农业。韩国政府意识到了转变农民旧意识和提高农民素质的重要性，而教育是非常重要的环节。所以韩国"新村运动"中的核心内容

[①] 王志章、陈亮、王静：《韩国乡村反贫困的实践及其启示研究》，《世界农业》2020年第1期（总第489期）。

是在乡村进行义务教育和对农民的培训。其中，针对农民的培训，最大特色不是邀请专家，而是请农民参与讨论、现身说法说变化，通过农民自己上台讲述其成功事例和亲身感受、体会，向参与培训的其他农民传递出真挚、真实、可信的通过勤劳致富带来的变化和乡村进步。

韩国经过"新村运动"，农民素质大幅提高，农民收入大幅提升，城乡居民收入差距迅速缩小，乡村一改过去凋敝、残破的贫穷状况。"1965—1969年城市年均增长14.6%，农村增长只有3.5%，而在'新村运动'开始的1970—1979年，城市增长4.6%，农村增长9.5%。1970年农民人均收入约137美元，1978年农民人均收入约649美元，年均递增18.9%。"[①]从以上数据可知，韩国"新村运动"开始后的数年内，韩国农村经济增长迅速，并且农民收入大幅度提高。甚至在"新村运动"刚开始的15年时间内，有近一半的时间农民人均纯收入超过城市居民；在1980年以后，韩国农民的消费水平也超过了城市居民。

韩国的"新村运动"不是一蹴而就的，是政府通过不断摸索、改进的方式来推进的，这种不断改进提升的背后是对韩国乡村传统的尊重、对农民主体性的重视。作为有着千年历史的韩国乡村，有着根深蒂固的观念与传统，其糟粕的破除亦需假以时日进行。而作为乡村建设的主体——广大农村居民更需发挥他们的积极性、主动性和创造性，韩国"新村运动"从初始就意识到在乡村发展过程中，农民综合素质的提高比土地和其他生产资本都重要，着力改变农民"撒谎成风、趋炎附势、游手好闲"的习性，改变农村长期形成的以自然血缘为基础的封闭社区形式，把现代化进程中的新鲜有益血液注入乡村建设中，激发了贫穷农民改善生活的潜在动力。

"新村运动"中政府注重保护农民权益，还支持和鼓励民间志愿者组织公益劳动为小农户和职业农民的自身发展营造宽松环境，使他们能更专业、更专注地投身于农业现代化建设。为了培养更多农业农村的人

---

① 李先德：《中、日、韩农民收入问题与政府政策》，《财贸研究》2005年第5期。

才，促进人力资源的合理流动，韩国政府制定了一系列鼓励和支持农民技术教育和爱农爱乡政策，注重农业接班人和农村指导员的定向培训，加强青少年爱农爱乡教育，读农业大学基本免费并提供高额奖学金。"新村运动"使得韩国农村实现了跨越式发展，贫困现象消失，反贫困实践取得了韩国历史上的最大成就。

到20世纪90年代中期，韩国农业现代化已基本实现，其集约化、机械化经营程度已经在亚洲仅次于日本，在全球也处于比较领先的地位。从那时起，"新村运动"的范围扩展至城市与乡村的连接处，其主要内容也涵盖乡村环境保护、乡村文化传承、乡村养老等领域。但是伴随着经济社会的日益发展，人均寿命增加和大城市对资源的吸附效应增强，韩国农村出现了村庄老龄化、空心化的趋势。为应对这些趋势，韩国社会近年来又开始实施"归农归村"政策，"归农归村"顾名思义"回归农业、回归乡村"。归农归村包含两层含义："归农"是农村以外地区的居民以专职从事农业或兼营农业为目的，迁移到农村居住生活且农业收入在家庭收入中占比较大；"归村"定义为农村以外地区的居民不以农业生产经营为目的，到农村居住生活且家庭收入大部分为非农业收入。[1]

"归农归村"表面上看是人口从城市迁至农村，劳动力由原来的第二、三产业转移至第一产业，但背后深层次的原因却是农业竞争力和农业生产效率的提高、城市房价高企、城市失业率上升、环境质量不如乡村等客观现状。"2009年韩国农林畜产食品部发布'归农归村综合对策'，落实了正式的归农归村支持计划。2012年2月农林畜产食品部发布完善信息系统、扩大归农归村教育、增加农村定居的经济支持、支援地方自治团体、加强社会宣传和法律计划支援的归农归村6大政策，推动农村发展。2015年1月20日政府发布《归农渔归村促进支援法》，为城市居民营造稳定的归农归村定居环境，实施归农归村分阶段支持。"[2] 这些政策举措是韩国中央政府各部门把许多年前韩国各个地方关于

---

[1] 王曼乐、胡德胜、金钟燮：《韩国归农归村实践及对中国的启示》，《世界农业》2017年第10期（总第462期）。

[2] 王曼乐、胡德胜、金钟燮：《韩国归农归村实践及对中国的启示》，《世界农业》2017年第10期（总第462期）。

第二章　发达国家乡村建设的实践及启示

"归农归村"的实践纳入到了全国的统筹规划之中，标志着韩国政府对城市居民到农村居住、养老、定居买房，或城市居民到乡村买地创业、农业教育、税收等各方面的政策优惠、支持和鼓励，使得一批原来在城市居住、工作的市民成为了村民，这极大地激发了农村的活力。一些已经退休的城市居民向往乡村的宁静环境和清新空气，带着自己的退休金来到乡村，他们为乡村带去了人气。还有一些原来在城市生活的中青年人由于厌倦了城市生活，无法忍受交通紧张、污染严重等"城市病"，带着高新科学技术、现代企业的经营管理理念和自己的资金积累来到乡村，他们在农村找到了自己事业发展新的广阔舞台，也给农业现代化注入了崭新动力。"从2017年'归农归村'人员年龄分析中可以看出，'归农'人员中40—59岁的人群占比最高，为47.6%。"[①] 看来，青壮年人群成为"归农归村"政策吸引的主要对象。

韩国无论是20世纪70年代开始的"新村运动"还是21世纪全国正式进行的"归农归村"政策，都是以乡村主体——农民为主要对象，"新村运动"注重提升农民反贫困的主动意识，"归农归村"则注重增加从事农业生产和农村居民的人数。这均反映出在建设乡村的过程中，人力资源发展的长期重要性，通过教育提升乡村人力资源质量，也是引导农村居民主动参与乡村摆脱贫困，实现发展与繁荣的重要手段。

二　韩国乡村反贫困措施经验对我国的启示[②]

韩国20世纪70年代起实施的"新村运动"，从一开始就注重从思想根源上改变韩国农民面对贫穷无动于衷的守旧心态。在"新村运动"倾斜性的对农村基础设施建设和公共服务进行投入的过程中，韩国政府坚持"能者多得"，即对那些在大致自然条件相同，修桥铺路、通电通水等基础设施工程推进迅速、物资和资金利用效率高的村落，适当多补助一些资金，这样一来引导了当时的乡村之间相互鼓足干劲比建设进

[①] 沈权平：《韩国推行"归农归村"的政策支持体系对中国人力资本发展路径的启示》，《世界农业》2019年第10期（总第486期）。

[②] 本目部分内容原载《成都日报》2018年11月21日第6版，笔者独撰。原文题为《铸造精准扶贫的精神支柱——四川脱贫攻坚进程中的精神文明建设研究成就》。

度、力度、成果，而不是相互比哪个更惨、更穷、更需要救济。同时，韩国政府意识到了要改变韩国农村的落后面貌，必须先改变农民的精神状况和提高受教育程度。"新村运动"针对广大韩国农民教育程度低的现状，开展了农村普及义务教育，同时还进行了"伦理教育和相关技术普及"。另外，为了改变当时韩国农民较为普遍的听天由命、得过且过、自由散漫的精神面貌，"新村运动"提出了"勤勉、自立、合作"这一口号，对韩国农民产生了强烈而深远的影响，这三个词后来也成为韩国普通民众的行动标杆。这些自上而下的反贫困举措和导向有效激发起了韩国乡村及村民甩掉贫困的内在思想动力和实际行动，韩国乡村反贫困实践取得的重大进展，对我国持续巩固拓展脱贫攻坚成果和接续推进乡村振兴有一定的借鉴意义。

我国精准扶贫、精准脱贫是新时代党和国家扶贫工作的精髓和亮点，是人类减贫史上前所未有、波澜壮阔的伟大实践。中国特色社会主义新时代需要我们对精神文明建设的价值定位有高度自信和自觉，发挥社会主义精神文明建设在脱贫攻坚进程中的积极作用。当前我国发展不平衡不充分问题在贫困地区尤为突出，其中包含一边是贫困群众日益增长的精神文化需求，一边是精神文明不平衡不充分建设的现状。脱贫攻坚进程中应注重发挥精神文明建设的积极作用，这是解决贫困群众日益增长的美好生活需要和不平衡不充分的发展之间矛盾的必然需要，是实现贫困地区精准脱贫的必然需求，是全面建成小康社会的必然要求，是实现中华民族伟大复兴中国梦的必然要求。

（一）我国贫困地区精神文明建设的现状

1. 个别地区存在"等、靠、要"消极思想和贫困的代际传播

马克思主义唯物论告诉我们：物质决定意识，但意识可以反作用于物质。通常来说，物质条件的落后会导致人的精神生活的匮乏与不足；当一个贫困地区的自然资源、社会人文等条件在短时间内无法得到整体改善时，社会主体消极的精神状态无疑又会对本已贫乏的物质生产起到固化的反作用，这样就会形成"物质贫困—精神贫困—物质贫困"的恶性循环。一些贫困地区在精准扶贫战役中毫无起色，出现了"等、靠、要"的消极思想，认为"大树底下好乘凉"，形成了坐等帮扶越等

越没有志气、靠政府救济越靠越懒得流汗、要钱款物资越要越没有底线的不良风气，在精准扶贫战役中没有积极主动性，对国家扶贫政策缺乏正确认识，错误地认为伸手要就能到，张口喊有人管，惰性心里逐渐产生，更有甚者认为"我不脱贫干部脱不了手"①。例如，某个对口帮扶单位为贫困村联系了一批可供100亩土地种植的免费山柚苗，种苗提供方负责技术支持，意外的是被当地贫困村民拒绝了，理由是山柚生长周期长，照料麻烦。② 一些贫困乡村的干部群众本来可以自己办的事却不办，等着国家和社会的救济与赞助；领到扶贫款不是用来发展生产，而是很快花光了；有的甚至宁肯整天打牌搓麻将，坐着享清福，也不愿动手干点活儿。③ 比困争穷，认为再懒再穷政府也会主动帮扶，这样就会陷入"贫了就扶，扶了又贫"，甚至"越贫越扶，越扶越贫"的死循环、恶性循环。

现在精准扶贫的主战场包括相对贫困地区大多是自然条件落后、生态环境差的地区，恶劣的自然环境、闭塞的地理位置、匮乏的信息交流等因素影响了当地民众的生产生活质量；加之有的干部群众不重视改变现状，抱着张口要政策、伸手要条件的心态，精神状态普遍消极低迷，反映在惯性贫困思维和缺乏改变现状的勇气，从而造成了贫困的代际传播。个别贫困群众认为在祖祖辈辈生活的环境下完全无法改变落后的经济现况，其中少数人甚至悲观地认定这是一种世世代代的贫困循环，无法改变，形成了得过且过、安于现状的心理暗示。在脱贫攻坚进程中应该摒弃革除等着政府送物资、送产业发展资金，可以自己解决的事情却拖着不办，拿着扶贫款不用于生产却用于享乐消费，这些消极、侥幸、依赖思想。"我们要把事事求诸于人转为事事先求诸于己"④，只有这样，扶贫资金才能用在最需要的地方，发挥其最大的效益。实践证明，消沉的意志不仅会损害贫困地区原本就十分虚弱的生产力，还严重阻碍

---

① 中共四川省委组织部编写：《"绣花"功夫：四川脱贫攻坚案例选》，四川人民出版社2017年版，第285页。
② 张昭辉：《扶贫先扶"智"与"志"》，《今日海南》2016年第11期。
③ 庾平：《扶贫与扶志》，《求是》2003年第3期。
④ 习近平：《摆脱贫困》，福建人民出版社1992年版，第2页。

了扶贫工作的有效开展，只有改变消极被动的精神状态，才能从"物质贫困—精神贫困—物质贫困"的恶性循环圈子里跳出来。

2. 个别地区陈规陋习的不良影响

贫困地区的落后不仅反映在物质文明程度比较低，还体现在精神文明建设跟不上，如文化教育水平低、思想观念保守陈旧等，致使陈规陋习影响到个别地区的发展。"农村思想政治工作还相当薄弱，集体主义观念有所淡化，还有相当多的文盲、科盲、法盲"[1]，由于贫困地区精神文明建设的滞后，使得有些陈规陋习如盲目攀比、封建迷信、铺张浪费等现象虽然被社会主义核心价值观否定，但作为一种社会习惯，在贫困地区仍然存在。如位于贫困地区的某县出现了"人还健在，坟已修好"的普遍怪象，该县城郊省级森林公园风景区内的7400亩山林地，有895座"活人墓"比邻而居！"爹爹建，儿子建，连几岁的孙子也跟着抢建'活人墓'"，当地修"活人墓"有上千年历史可循，但中间几度中断，再度流行，还是20世纪90年代以来的事。伴随修墓而来的，还有越来越铺张浪费的丧葬仪式。"一场丧事，少则五六万元，多则十几万元，甚至几十万元。"厚葬习俗带坏了当地风气，大家相互攀比丧事风光的思想蔓延。[2] 有些地区近年来，聘金、礼金的数额越来越高，10万元、20万元、50万元不等。[3] 丧葬嫁娶相互攀比、盲目攀比现象愈演愈烈，由此带来了不少因婚致贫、因婚返贫现象。事实证明在这些陈规陋习的冲击下，个别贫困地区民众思想困惑、价值观念模糊、道德失范等问题较为严重，这些陈规陋习与社会主义核心价值观背道而驰，已严重影响到贫困地区的整个精神文明建设现状。只有破除陈规陋习的不良影响，倡导社会主义核心价值观，对陈规陋习旗帜鲜明地反对，才能在移风易俗时助力脱贫攻坚。

（二）我国精准扶贫中扶贫先扶志与扶智的意义

过去有人认为，对贫困地区只要进行经济投入，抓好物质文明建

---

[1] 习近平：《摆脱贫困》，福建人民出版社1992年版，第113页。
[2] 程远州：《900座活人墓是怎么拆掉的》，《人民日报》2017年12月13日第13版。
[3] 中共四川省委组织部编写：《"绣花"功夫：四川脱贫攻坚案例选》，四川人民出版社2017年版，第300页。

设，就能完成扶贫工作，就能完成脱贫任务。中国几十年来的扶贫实践证明，在扶贫的过程中不仅需要抓物质文明建设，还必须抓好精神文明建设，扶贫先扶志与扶智才能完成脱贫的战略目标。

1. 扶贫先扶志与扶智是正确贯彻和落实党的精准扶贫战略的先导

正确的思想观念是贯彻和有效执行党和国家方针政策的前提和引导，优秀的精神文明是运用先进生产方式的指引和保障。精神文明是人民群众日常生活的思想基础，直接支配着生产、生活活动的主体行为。作为实践主体的思想观念转变、提升与更新是至关重要的，是在物质生产、生活过程中运用科学方法的前提，是实施扶贫开发战略思想的重点和关键，扶贫先扶志与扶智的有力推进是正确贯彻落实精准扶贫、精准脱贫战略的先导。物质文明为精神文明的发展提供必要的基础保障，精神文明反过来影响物质文明的发展方向，为物质文明提供理论指导。在脱贫攻坚历史性进程中，正确贯彻落实党和国家的战略部署，需要建设好社会主义精神文明，这样才能够摒除社会生产、生活中不利于生产力提高的各种陈旧、腐朽、愚昧和落后的思想，解决社会生活中因此引发的矛盾，促进社会生产力的发展，从而实现精准脱贫。

习近平总书记指出："只有首先'摆脱'了我们头脑中的'贫困'，才能使我们所主管的区域'摆脱贫困'，才能使我们整个国家和民族'摆脱贫困'，走上繁荣富裕之路。"[①] "只能打赢打好"精准脱贫攻坚战，这需要地方各级党委、政府层层贯彻和落实精准扶贫方略，要提高基层干部政治意识、大局意识、核心意识、看齐意识，从全面建成小康社会的战略高度认识精准扶贫、精准脱贫的战略意义。只要精神不滑坡，办法总比困难多，只要观念有突破，扶贫肯定结硕果。各级干部和贫困群众要有摆脱贫困的决心和勇气，要有凝聚社会各方面力量的智慧，充分认识到只有转变思想观念才能实现脱贫攻坚的历史任务。"我们的党员、我们的干部、我们的群众都要来一个思想解放，观念更新，

---

① 习近平：《摆脱贫困》，福建人民出版社1992年版，第160页。

四面八方去讲一讲'弱鸟可望先飞,至贫可能先富'的辩证法。"①

2. 扶贫先扶志与扶智为贫困群众提供精神动力和智力支持

习近平总书记指出,没有贫困地区的小康,就没有全面建成小康社会。现在到了全面建成小康社会的关键时期,精准扶贫面对的"都是贫中之贫、困中之困的硬骨头,脱贫任务更加艰巨","前几年脱贫对象的巩固脱贫、稳定脱贫、防止返贫任务"的落实,都需要建设好精神文明。②《中共中央、国务院关于实施乡村振兴战略的意见》指出:"激发贫困人口内生动力。把扶贫同扶志、扶智结合起来,把救急纾困和内生脱贫结合起来,提升贫困群众发展生产和务工经商的基本技能,实现可持续稳固脱贫。引导贫困群众克服等靠要思想,逐步消除精神贫困。要打破贫困均衡,促进形成自强自立、争先脱贫的精神风貌。改进帮扶方式方法,更多采用生产奖补、劳务补助、以工代赈等机制,推动贫困群众通过自己的辛勤劳动脱贫致富。"习近平总书记强调,扶贫工作中"输血"重要,"造血"更重要,扶贫先扶志,扶贫必扶智,扶志就是扶思想、扶观念、扶信心,帮助贫困群众树立起摆脱困境的斗志和勇气;扶智就是扶知识、扶技术、扶思路,帮助和引导贫困群众着力提升脱贫致富的综合素质。

精准扶贫需要为贫困群众提供精神动力和智力支持,在这一过程中把扶贫与扶志、扶智有机地结合起来,既要送志气、送信心,更要送知识。如果脱贫攻坚进程中不注重扶志与扶智,可持续脱贫的目标难以实现;即使一度脱贫,由于不注重扶志与扶智导致的思想落后、观念陈旧、信心滑坡也可能会使贫困人口再度返贫。脱贫攻坚进程中需要传播先进的科技文化知识,改变贫困民众思路保守、知识不足、观念落后的现状,斩断造成贫困代际传递的精神要素。有些不利于农村精神文明建设开展和摆脱贫困的因素是农民世世代代形成的选择偏好,不可能一蹴而就地解决好,需要长期不断地努力。故而在打好精准脱贫扶志、扶智

---

① 习近平:《摆脱贫困》,福建人民出版社1992年版,第2页。
② 中共四川省委组织部编写:《"绣花"功夫:四川脱贫攻坚案例选》,四川人民出版社2017年版,第3页。

攻坚战的进程中,需要不搞一刀切地稳固扎实克服农民世代形成的贫困循环心理,促进农民形成自强自立、争先脱贫的精神风貌,实现可持续稳固脱贫。所以,贫困地区要从根本上脱贫致富,实现全面建成小康社会,必须物质文明和精神文明双扶,这样才能激发贫困民众的内在活力,从自上而下的"要我脱贫"模式到主动的"我要脱贫"模式转变,从根本上斩断贫穷发生的思想根源,正确贯彻和落实党的精准扶贫战略,为脱贫攻坚提供强大的精神动力和智力支持,为贫困地区解放和发展生产力、加速脱贫攻坚步伐注入新的生机和活力。

(三) 我国脱贫攻坚进程中扶志与扶智的路径选择

1. 从思想上淡化"贫困意识",铸造精准脱贫的精神支柱

习近平总书记强调,如果扶贫不扶志,扶贫的目的就难以达到,即使一度脱贫,也可能会再度返贫;扶贫先要扶志,要从思想上淡化"贫困意识",不要言必称贫,处处说贫。他认为,贫困地区想改变贫穷落后的现状,不仅是必要的,而且是可行的,但前提是要改变人的精神。积极向上的精神是摆脱贫困的前提,只要信念坚定、扎实肯干,就没有克服不了的困难。"治穷先治愚启智",消除贫困首先要消除精神贫困,在扶贫攻坚进程中精神文明建设最需要打破这种对于贫困的代际传播,激发贫困人口内生动力,树立主动改变生产生活方式、主动脱贫的意识。打破贫困均衡,克服世代形成的贫困循环心理,形成自强自立、争先脱贫的精神风貌,实现可持续稳固脱贫。

客观环境能够决定生产力现状,但作为生产实践主体的人也能够在顺应自然规律的前提下能动地改造环境,提高人的思想道德和科学文化素质,积极发挥自然条件的有利因素,如果轻视这一点,即使解决了贫困问题,其成果也是难以巩固和持续的,也还可能出现返贫现象。在脱贫攻坚实践中,着力塑造一种凝聚人心、激发斗志、提高觉悟的精神,铸造精准脱贫的精神支柱,去对待和处理贫困地区精神文明建设中遇到的种种难题,并在逆境中去开辟新的坦途。有的地方政府创造性提出了大力实施"农村家庭能人"培养计划,发出"上夜校、当能人、创家风、树新风"的动员令,引导贫困地区广大村民树立"感恩奋进"、"人穷智不短"的观念,树立苦熬苦等不如苦干实干的思想,倡导和弘

扬自尊自信、自强自立的精神。

习近平总书记强调:"弱鸟可望先飞,至贫可能先富,但能否实现'先飞'、'先富',首先要看我们头脑里有无这种意识,贫困地区完全可能依靠自身努力、政策、长处、优势在特定领域'先飞',以弥补贫困带来的劣势。"贫困群众"等、靠、要"消极思想,是因为没有树立战胜贫困的信心和斗志,这需要基层扶贫工作人员长期、细致、耐心地做群众工作,帮助群众找穷根、拔穷根,打开贫困群众的心结、摆正心理位置。使贫困群众认识到摆脱贫困是自己分内的事情,对贫困的现状要有所担当,充分地发挥出主观能动性,处理好自力更生和外力帮助的关系,让贫困群众从被动脱贫到主动脱贫,从"要我脱贫"到"我要脱贫"。扶贫先扶志与扶智,让贫困群众积极参与到精准扶贫的各项事务,共同甩掉长期形成的"自然条件差,致富不可能"的沉重包袱,克服安贫乐道、"穷自在"的心理状态和依赖思想,鼓励群众向"先富"看齐,使之树立克服困难的信心,增强战胜困难的勇气,主动用自己的双手摘掉贫困帽,始终弘扬"勤劳致富"的社会主义核心价值观。

2. 弘扬农村优秀文化,开展移风易俗活动

移风易俗活动是当前社会主义精神文明建设的重要组成部分,要移除的是那些属于封建糟粕的东西,而传统文化精华的部分如优秀思想观念、人文精神、道德规范,需要大力宣传和弘扬,充分发挥其在凝聚人心、教化群众、淳化民风中的重要作用。"通过批判,揭露假、恶、丑,使它们失去人心、失去市场。让人们在思想认识上自觉地抵制这些东西的侵入。"

地方各级党委、政府应注重发挥自治章程、村规民约在移风易俗方面的积极作用,尝试采取符合本地农村特点的有效方式,由党员干部带头,通过农民"签字画押"的自治体系引导合理聚餐,遏制大操大办、厚葬薄养、人情攀比等陈规陋习。如中共峨边彝族自治县委坚持问题导向和民生取向,在尊重彝族同胞民俗习惯的前提下,充分发挥各级党组织的引导把关作用,成立了"彝区婚俗新风倡导委员会"和"德古"协会,建立"民间约定+宣传教育+村民自治+党内监管"约束机制,

通过盟约立誓的方式，固定彝区婚嫁礼金的种类和数额，反对"打牛杀猪"的攀比浪费，并向社会公布倡导标准，设立监督举报基金，对举报党员干部违反"双高"（高聘金、高礼金）规定查实的予以现金奖励，推动形成了婚嫁新风的广泛共识。2016年，全县278对彝族青年聘礼金均严格控制在倡议标准之内，人均节约成本10万元，因婚致贫、因婚返贫现象得到有效遏制。[①]

各地还可以尝试建立道德激励约束机制即德治体系，开展移风易俗行动，深入挖掘农耕文化蕴含的精髓，引导农民向上向善、孝老爱亲、重义守信、勤俭持家，从而传承发展农村优秀传统文化，引导农民自我管理、自我教育、自我服务、自我提高，实现家庭和睦、邻里和谐、干群融洽。地方可以在评选好媳妇、好儿女、好公婆和开展寻找最美乡村教师、医生、村干部、家庭等表彰活动过程中，深入宣传道德模范、身边好人的典型事迹，加强农村思想道德建设，弘扬真善美，传播正能量。过去的评选表彰活动，候选人大多由"官方"推荐，一般是精神奖励，农民的参与性不高。现在地方可以尝试候选人通过类似于"海选"的方式产生，即自荐或他荐方式，经基层政府、村民自治组织和当地农民一起进行评选，推荐和投票都可以通过QQ、微信等新媒体，实现由传统的传播形式向新媒体载体转型。对表彰人员不仅将其好品格、先进事迹进行张贴宣传，还要进行物质奖励；宣传海报不仅在政府所在地进行张贴，还在表彰人物所在村进行张贴放榜，积极引导农民向身边的熟人进行学习，做到润物于无声，实现由传统的"填鸭式"宣传教育向"渗透式"宣传教育的方式转型。

3. 加强公共文化建设，助力精准脱贫

加强公共文化建设，提升农村公共文化产品供给的质量，重构贫困居民习惯风俗、生活心态及价值理念，提升贫困群众文化素质，将扶贫物资和优惠政策输入转变为内生发展力，从根本上走上脱贫奔小康之路，使得贫困群众能够在农村公共文化服务体系中受益。

[①] 中共四川省委组织部编写：《"绣花"功夫：四川脱贫攻坚案例选》，四川人民出版社2017年版，第300页。

我国非常注重基础教育，加强贫困地区公共文化设施建设，提高了贫困地区人民群众的文化素质，使贫困家庭的学生接受教育，杜绝贫困文化和贫困现象的代际传承。人畜混居的土坯房、流着鼻涕的脏孩子一度是大凉山彝区深度贫困的标志，造成贫困的重要因素无疑包括了教育的滞后。凉山州委因地制宜创新实施"一村一幼"计划，在行政村和自然村开办幼教点，切实解决民族地区农村学前幼儿"入园难、入院贵"的问题，推动凉山彝区脱贫攻坚。截至2017年3月底，在凉山6.04万平方公里的土地上，共开办村级幼教点3069个，设立教学班3982个，惠及幼儿11.52万人。[①] 习近平总书记牵挂的大凉山的面貌发生了巨变，彝区民众意识到了知识是飞向大山外的最大助力，学好文化才能改变命运、战胜贫困。通过"一村一幼"计划，大部分孩子都会说普通话，有效解决了民族地区农村学前幼儿从当地语言向国家通用普通话的过渡问题；孩子们养成了比较好的个人卫生习惯，勤洗手、勤洗脸，培养健康文明的生活方式，为其植入可持续脱贫的基因，使其更好地成长成才，这是从源头上阻断贫困代际传播的重要手段。

各级地方政府在大力培育服务性、公益性、互助性的农村文化组织的过程中，要积极支持贫困地区优秀戏曲曲艺、少数民族文化、民间文化等传承发展，引导农村文化组织立足本地乡村文明，吸取城市文明及外来文化优秀成果，在保护传承的基础上，创造性转化、创新性发展，不断赋予本地乡村文明以新的时代内涵、丰富表现形式。地方政府和乡村组织还积极鼓励和支持农村戏曲表演团体或民间艺人深入乡间，表演地方优秀民间戏曲曲目，传承、讲述地方志，使得农民能够直接、有效了解家乡的优秀传统文化，对自己出生、成长的这片土地更有自豪感、归属感，使得公共文化建设不仅为经济建设服务，还向更加注重人的全面发展服务的主题转型。各级宣传文化、教育部门还可以依托"千台大戏送农村"、文化科技卫生"三下乡"等平台，在贫困地区开展政策咨询、科技培训、卫生保健、文化支教、暑期实践、志愿者服务等文化

---

① 中共四川省委组织部编写：《"绣花"功夫：四川脱贫攻坚案例选》，四川人民出版社2017年版，第226页。

惠民服务活动，进行了社会主义核心价值观的教育培训，将先进理念、先进技术传授给群众，提升了贫困户的综合素质。

让贫困人口和贫困地区同全国人民一道进入全面小康社会是我们党的庄严承诺。2018年2月12日，习近平总书记在成都市主持召开打好精准脱贫攻坚战座谈会上的讲话中指出，坚持群众主体、激发内生动力，充分调动贫困群众积极性、主动性、创造性，用人民群众的内生动力支撑脱贫攻坚。贫困群众既是脱贫攻坚的对象，更是脱贫致富的主体。要加强扶贫同扶志、扶智相结合，激发贫困群众积极性和主动性，激励和引导他们靠自己的努力改变命运。改进帮扶方式，提倡多劳多得，营造勤劳致富、光荣脱贫氛围。实现百年梦想，脱贫攻坚、建成全面小康社会，既需要坚实的物质基础，也需要强大的精神动力。尊重群众意愿，充分调动贫困群众内生动力，破解贫困地区人民群众"精神贫困"难题，着力扶志与扶智，有效激发人民群众自强自立的内生动力，在贫困地区弘扬勤劳致富、光荣脱贫、感恩奋进、文明和谐的社会主义核心价值观，使之成为新时代脱贫攻坚进程中精神文明建设的巨大成果。

第三章 乡村振兴的生态宜居指标体系与评价

乡村振兴为我们描绘了一个富饶、美丽、文明、稳定的新时代社会主义农村蓝图，在党的领导下，各级人民政府及其职能部门在实施这一战略的发展进程中，通过制定一系列国家和地方发展的各种专项计划与标准体系，不断将这一涉及亿万农民切身利益的共同愿景内化为可以参照执行和量化考核的一个个具体目标，突破了以往抽象的概念描述。如何评价和检测乡村发展和振兴的情况，成为乡村振兴理论探讨和实践反馈的关注焦点，通过制定配套的指导性文件和一系列实施细则，来确保这些计划和标准能够在实践中得以落地。乡村振兴战略中排在第二位的就是生态宜居，农村环境是农民生活的依托，也是城市环境的有效调节区域。乡村振兴生态指标体系的建构，需要结合我国不同地区乡村的经济、政治、社会、文化和生态发展的现状和趋势，立足于中国特色乡村振兴道路，选取具有普遍性考量的定性和定量指标，同时考虑到特殊性的指标体系，例如表征不同地形（东中西），不同地貌（平原地区农村、丘陵地区农村、山区农村、高原高海拔农村），不同民族地区农村的指标内涵。

第一节 我国乡村环境现状与保护

我国是一个农业大国，虽然城镇化水平有所提升，但目前仍然有40%左右的人口生活在农村。农村幅员辽阔，农村地区占全国土地总面积的94%以上[①]，这意味着农村生态环境的保护和改善情况将直接影响我国大部分地区的生态治理水平。所以，乡村振兴战略下的生态宜居不仅是关系农业、农村、农民的重大事项，还是与实现中华民族伟大复兴的中国梦息息相关的战略举措。我国农村经济状态在改革开放以后取得了重大改善，但伴随着工业化、城市化水平的提高，污染物向农村转移；再加上农村自身早期粗放式的经济发展模式造成的水、土壤、空气等污染情况不容忽视。这些叠加污染造成了部分农村地区生态功能退化，农田被用于城镇化建设，造成了湿地的大量减少，使得其涵养水源、调节温度功能失衡；第一产业由于过度使用化肥农药，造成土地板结、退化沙化。这些污染对乡村的特色优势产业、传统种养业以及相关第一、二、三产业的发展都构成了极大的威胁，亦对农村人居环境造成了灾害性打击，还对我国的可持续发展形成了相当大的破坏性影响。

因此，我国一直以来都十分重视农村污染源的排查、治理和乡村环境生态的改善。1955年，毛泽东提出了"绿化祖国"。改革开放以后，根据邓小平的建议，1981年12月13日，全国人大审议通过了《关于开展全民义务植树运动的决议》。党的十八大以来，以习近平同志为核心的党中央积极回应广大人民群众日益增长的对良好生态环境的所想、所盼、所急，把建设美丽中国摆在前所未有的高度，把生态文明建设纳入中国特色社会主义"五位一体"总体布局，把坚持人与自然和谐共生、绿水青山就是金山银山、良好生态环境是最普惠的民生福祉、山水林田湖草是生命共同体、用最严格制度最严密法治保护生态环境和共谋全球生态文明建设作为新时代推进生态文明建设必须坚持的原则，把绿色发展纳入新发展理念，把污染防治纳入三大攻坚战，打响蓝天碧水净土保卫战，中国乡村生态环境保护发生了历史性、转折性、全局性变化，生态宜居理念深入人心，新时代生态文明建设不断迈上新台阶。

一 我国乡村的环境现状

新中国成立后的一段时间，我国农村由于经济落后，没有经济能力

[①] 刘坤、李慧：《改善农村环境建设美丽乡村》，《光明日报》2018年2月6日第3版。

购买化肥用于农业生产，只能使用传统农家肥即畜禽粪便进行农作物营养供给。再加上当时的化学工业生产能力落后，难以大量提供农药化肥，而当时大部分的中国人也没有多余资财来购置农药进行病虫害防治，更不用提配备大棚来进行跨时空、地域的蔬菜种植。所以我国农业在很长一段时间粮食产量不高，蔬菜等农副产品供应严重不足。改革开放以后，国家整体经济实力上升，农业发展迈上了新台阶，化肥、农药等农化用品投入的大量增加，为我国实现粮食增产丰收发挥了积极作用。大棚的广泛推行，使得长江以北的广大地区民众不仅能够尝到南方的时令果蔬，还能够在冬季为当地居民保障多元化的菜篮子供应。

我国用全世界不到7%的耕地养活了占世界1/5左右的人口，并且我国不只是解决了广大人民的温饱问题，普通民众的生活质量还发生了历史性的改善，不得不说这是一个伟大的奇迹。这一奇迹的背后是化肥、农药、塑料大棚等农业生产措施的保障。但我们却不得不面对这样一个事实，那就是我国的化肥、农药、塑料大棚的不科学使用，尤其是化肥、农药的滥用，塑料大棚或称农膜的泛滥已经使得农村环境状态出现恶化。而化肥、农药、农膜又直接与土壤直接相关联，所以土壤首当其冲被它们污染；然后雨水经过土壤渗透到地下水层，水源接着被污染；水又经蒸发把这些化学残留物挥发到大气中，空气污染形成，恶性循环开始。

我国的化肥施用总量由1984年的1482万吨，增加到2011年的6217.2万吨，居世界第一位，占世界化肥消费总量的30%以上，超过美洲各国总和及欧洲各国总和。[①] 2015年，我国农作物亩均化肥用量21.9公斤，远高于世界平均水平（每亩8公斤），是美国的2.6倍，欧盟的2.5倍。[②] 全国农药施用总量由1991年的76.5万吨，到2008—2010年达到峰值，超过170万吨。[③] 2012—2014年农作物病虫害防治

[①] 谢力军、吴影主编：《农村环境污染与治理》，中央广播电视大学出版社2013年版，第49页。

[②] 农业部关于印发《到2020年化肥使用量零增长行动方案》和《到2020年农药使用量零增长行动方案》的通知，中华人民共和国农业农村部（http://www.moa.gov.cn/nybgb/2015/san/201711/t20171129_5923401.htm）。

[③] 谢力军、吴影主编：《农村环境污染与治理》，中央广播电视大学出版社2013年版，第51—52页。

农药年均使用量31.1万吨（折百），比2009—2011年增长9.2%。[①] 农用塑料薄膜每年约有50万吨残留于土壤中，残膜率高达40%，[②] 全国许多进行了大棚种植的农田基本上都未能幸免。面对以上形势，我国近年来持续开展化肥农药使用量零增长行动，化肥、农药使用量显著减少、利用率明显提升。经科学测算，2020年我国水稻、小麦、玉米三大粮食作物化肥利用率为40.2%，农药利用率为40.6%；我国农作物化肥农药施用量连续4年负增长，2020年三大粮食作物化肥、农药利用率比2015年分别提高了5个和4个百分点。[③]

我们减少了化肥、农药的过度使用，在农林牧渔中合理使用了氮肥、磷肥、钾肥、复合肥、杀虫剂、杀螨剂、杀菌剂、除草剂、灭鼠剂等农药化肥，循环使用农用薄膜，对农膜进行了回收处理而不是弃于田地。有条件的地方，可以提高动物养殖场粪便转化为农家肥的比例，对于从事这种业务的公司可以根据实际施肥量给予补贴。有机农药能够在一定程度上避免化学农药产生的环境污染和生态破坏，有机农药分为植物源、动物源和微生物源。植物源农药的主要优点是易降解、无公害，主要包括植物源杀虫剂、植物源杀菌剂、植物源除草剂及植物光活化霉毒等。动物源农药主要包括动物毒素，如蜘蛛毒素、黄蜂毒素、沙蚕毒素等，这些动物源农药已在西方一些发达国家及印度等国大量使用。微生物源农药是利用微生物或其代谢物作为防治农业有害物质的生物制剂，例如苏云金菌是目前世界上用途最广、开发时间最长、产量最大、应用最成功的生物杀虫剂。与此同时，我们还应该提高农膜残膜残留量标准，通过财政补贴鼓励绿色农膜的开发和使用；还可试点谁污染、谁治理的原则，通过优惠政策和行政法规要求销售企业与农民共同回收农膜，以此鼓励农膜的回收再利用和集中处理残膜。

[①] 农业部关于印发《到2020年化肥使用量零增长行动方案》和《到2020年农药使用量零增长行动方案》的通知，中华人民共和国农业农村部（http://www.moa.gov.cn/nybgb/2015/san/201711/t20171129_5923401.htm）。

[②] 谢力军、吴影主编：《农村环境污染与治理》，中央广播电视大学出版社2013年版，第53页。

[③] 高云才、郁静娴：《化肥农药使用量零增长行动目标实现》，《人民日报》2021年1月18日第1版。

二 我国乡村环境保护举措回顾

(一) 新中国成立至1978年

新中国成立后的一段时间，我国的主要精力虽然是恢复国民经济和建立主要工业体系，但国家领导人仍然非常重视植树造林和乡村环境保护事业，毛泽东在关于林业建设的论述中曾先后多次阐述林业对农业的重要作用及其意义。1970年到1974年，周恩来总理对环境保护作了31次主旨讲话，包括我国对农村环境保护应该采取的方针和政策阐述。

1972年6月5日，中国政府派代表团参加了在斯德哥尔摩召开的人类环境会议，这是我国重返联合国之后首次参加的国际多边会议。通过参加这次会议，让中国政府比较深刻地了解了环境问题对于经济社会发展的重大影响。党中央根据国外传回来的信息，分析、研判、认识到我国也存在着比较严重的环境问题，需要提高警惕、认真对待环境污染和农村生态退化等问题。

1973年8月5—20日，国务院全国第一次环境保护工作会议召开，正式启动了我国环境保护的国家治理进程。会议总结了新中国成立以来我国在环境保护上的经验，通过了"全面规划、合理布局、综合利用、化害为利、依靠群众、大家动手、保护环境、造福人民"的环境保护32字方针，制定了新中国第一个环境保护文件——《关于保护和改善环境的若干规定（试行草案）》，这标志着环境保护包括乡村的生态保护从此正式纳入政府工作和国家工作环节之中。紧接着，在1973年11月17日，国家计委、国家建委、卫生部联合批准颁布了新中国第一个环境标准——《工业"三废"排放试行标准》，开启了从源头治理工业污染的重要一步，为开展"三废"治理工作提供了文件依据。

1974年10月25日，国务院环境保护领导小组正式成立。之后，各省、自治区、直辖市和国务院有关部门也陆续建立起环境保护管理机构和环境保护科研、监测机构，在全国范围内逐步开展了以"三废"治理和综合利用为主要内容的污染防治工作。1977年4月，国家计委、国家建委和国务院环境保护领导小组联合下发了《关于治理工业"三废"，开展综合利用的几项规定》的通知文件，这标志着中国以治理

"三废"、废物综合利用为特色的环境污染防治工作进入新的阶段。

（二）1978—1992年

1978年12月，党的十一届三中全会胜利召开，在全党重新确立了"解放思想、实事求是"的思想路线，停止使用"以阶级斗争为纲"的错误提法，确定把全党工作的重心转移到社会主义现代化建设上来，作出了实行改革开放的重大决策，实现了党的历史上具有深远意义的伟大转折。这次全会同时也为新形势下我国的环境保护工作奠定了思想基础。同年的12月31日，中共中央批示转发了国务院环境保护领导小组的《环境保护工作汇报要点》。这是第一次以党中央的名义对环境保护工作发出指示，预示着新形势下我国环境保护工作迎来了重大转变，我国的环境事业将步入新的春天。

1979年9月，第五届全国人民代表大会常务委员会第十一次会议通过了《中华人民共和国环境保护法（试行）》，这是新中国第一部环境保护方面的基本法律。它的颁布实施标志着我国环境保护工作开始走上法制轨道，环境治理不再局限于过去的行政文件或部门规章，开始有了国家层面的法律依据与法制支持。农村环境保护亦步入了法制时代。

1983年12月，国务院全国第二次环境保护会议召开，这次会议明确提出了"保护环境是中国的一项基本国策"；同时制定了中国环境保护事业的战略方针：经济建设、城乡建设、环境建设同步规划、同步实施、同步发展，实现经济效益、环境效益、社会效益的统一；确定把强化环境管理作为当前环境保护的中心环节，提出了符合我国国情的三大环境政策，即"预防为主、防治结合、综合治理"，"谁污染谁治理"，"强化环境管理"。第二次全国环境保护会议是我国环境保护与治理的一个转折点，为中国的环境保护事业作出了重要的历史贡献。

1989年4月，国务院召开了第三次全国环境保护会议，提出积极推行深化环境管理的环境保护目标责任制、城市环境综合整治定量考核制、排放污染物许可证制度、污染集中控制和限期治理五项新制度和措施，连同继续实行环境影响评价、"三同时"、排污收费三项制度。这是我国开始尝试环境污染收费治理的重要一步，企业、工厂、公司等经营主体作为排污方需缴纳一定的环境治理费用，国家环境保护行政主管部门作为污染治理方需收缴费用，这开启了国家与经营主体的环境治理交易探索的步伐。

（三）1992—2002年

1992年，在里约热内卢召开的联合国环境与发展会议之后，面对全球和国内环境保护与经济发展关系日益密切的局势，我国率先在世界上提出了《环境与发展十大对策》，第一次明确提出转变传统发展模式，走可持续发展道路。紧接着，我国公布了《中国21世纪议程——中国21世纪人口、环境与发展白皮书》，首次把可持续发展战略纳入我国经济和社会发展的长远规划。随后，我国又发布了《中国环境保护行动计划》等纲领性文件，可持续发展战略成为中国经济和社会发展的基本指导思想。

1993年10月，全国第二次工业污染防治工作会议召开，这次会议标志着我国工业污染防治工作指导方针发生了新的变化。会议主要总结了工业污染防治工作中的经验教训，针对以前保障工业生产为主，忽视甚至轻视工业排放污染源的做法，提出了工业生产必须是清洁生产这一重大全新观念，而且还提出工业生产必须实现三个转变，即由末端治理向生产全过程控制转变、由浓度控制向浓度与总量控制相结合转变、由分散治理向分散与集中控制相结合转变。这三个转变完全突破了之前工业污染防治的认识，把全新的防治布局、防控理念、治理方式在会议上进行了传达，不仅使得环境部门工作人员耳目一新，也让排污企业、社会公众感受到了环境治理的全过程要求。特别是在这一时期，一些地区片面注重经济的快速发展，忽视了工业生产过程中将污染物直接排放到乡村的破坏性后果，导致了工业生产对乡村环境的破坏。许多工厂为节约成本，其设址大都选择在原料产地附近，而这些地区一般位于乡村，这三个转变为乡村环境治理打开了全新思路。

党的十四大把加强环境保护列为20世纪90年代改革开放和现代化建设的十大任务之一。1997年，党的十五大明确把可持续发展确定为我国"现代化建设中必须实施"的基本战略。1999年，国家环境保护总局提出了"环境污染治理和生态保护并重"的方针，主要就是针对我国过去在环境保护工作上对污染治理抓得较紧，而对生态破坏的趋势制止不力，生态建设步伐放缓的局面,并且先后出台了《全国生态示范区建设规划纲要》《全国生态环境建设纲要》《全国生态环境保护纲要》等。

面对我国森林面积的减少情形,我国从1999年开始率先在四川、陕西、甘肃三省开展了退耕还林还草试点,至此拉开了我国农村退耕还林还草的大幕。经过几十年的植树造林,我国国土绿化取得巨大成就。到2019年,全国森林覆盖率22.96%,森林面积2.2亿公顷,森林蓄积175.6亿立方米。其中人工林面积0.8亿公顷,蓄积34.52亿立方米,中国人工林面积居世界首位。①

(四) 2002—2012年

2002年1月8日,国务院召开了第五次全国环境保护会议,会议的主题是贯彻落实国务院批准的《国家环境保护"十五"计划》,部署"十五"期间的环境保护工作,提出环境保护是政府的一项重要职能,在整个社会主义初级阶段都要抓紧抓好,要按照社会主义市场经济的要求,动员社会力量做好这项工作。在2002年联合国的约翰内斯堡会议之后,我国制定了《新世纪中国环境保护战略》,该战略对21世纪初10到20年间的国家环境安全发展趋势进行了初步预测,并且在此基础上制定了国家环境安全的总体战略和对策,提出建立保障环境安全的七大体系。

西方国家在20世纪70年代有了"生态文明"的思想理念。而我国第一位提出生态文明理念的,一般认为是中国生态农业的提出者和奠基人叶谦吉先生。1982年,叶谦吉提出"生态农业",中国学者首次将生态概念引入农业领域;1986年,叶谦吉又提出了"生态文明"。2003年,在《中共中央国务院关于加快林业发展的决定》中,我国首次将"生态文明"概念写入党中央和国务院的正式文件。

2006年4月,国务院第六次全国环境保护大会召开,在"由末端治理向生产全过程控制转变、由浓度控制向浓度与总量控制相结合转变、由分散治理向分散与集中控制相结合转变"的三个转变基础上,又提出全新的"三个转变"。一是从重经济增长轻环境保护转变为保护

---

① 李慧:《全球增绿的中国贡献》,《光明日报》2019年8月8日第11版。

环境与经济增长并重，把加强环境保护作为调整经济结构、转变经济增长方式的重要手段，在保护环境中求发展。二是从环境保护滞后于经济发展转变为环境保护与经济发展同步，做到不欠新账、多还旧账，改变先污染后治理、边治理边破坏的状况。三是从主要用行政办法保护环境转变为综合运用法律、经济、技术和必要的行政办法解决环境问题，自觉遵循经济规律和自然规律，提高环境保护工作水平。应该说这次全国环境保护大会提出的三个转变，是在全面总结我国当时环境保护工作，尤其是乡村环境治理的短板基础上提出来的，正视了当时我国环境保护在经济发展过程中的劣势地位。相较于以前的三个转变，这一全新的三个转变不仅完全覆盖包含了原有的三个转变，还新增了环境治理与经济发展间的平衡问题。

党的十七大报告提出，建设生态文明，基本形成节约能源资源和保护生态环境的产业结构、增长方式、消费模式。循环经济形成较大规模，可再生能源比重显著上升。主要污染物排放得到有效控制，生态环境质量明显改善。

2011年12月，国务院第七次全国环境保护大会召开，会议系统总结了"十一五"期间的环保工作，多年来我国环境保护工作取得的成果和经验总结起来主要有：一是必须把环境保护放在经济社会发展大局中统筹考虑，从国家宏观战略层面切入解决环境问题；二是必须处理好环境保护与经济发展、社会进步的关系，实现环境保护历史性转变；三是必须解决损害群众健康的突出环境问题，维护群众环境权益；四是必须从生产全过程制定环境经济政策，打出多种政策手段的组合拳；五是必须促进人与自然和谐相处，让不堪重负的生态系统休养生息；六是必须发动全社会力量，结成最广泛的环保统一战线。会议提出，全面贯彻落实中央经济工作会议精神、《国务院关于加强环境保护重点工作的意见》和《国家环境保护"十二五"规划》，全面部署"十二五"环境保护工作任务。

三　新时代生态文明与生态宜居建设

党的十八大报告指出，建设社会主义生态文明，是关系人民福祉、

第三章　乡村振兴的生态宜居指标体系与评价

关乎民族未来的长远大计。习近平总书记站在坚持和发展中国特色社会主义、实现中华民族伟大复兴的战略高度，提出了一系列关于生态修复、治理与绿色发展的新理念新思想新战略，形成了系统科学的习近平生态文明思想。这是我们党的重大理论和实践创新成果，是习近平新时代中国特色社会主义思想的重要组成部分，为推进美丽中国建设和生态宜居乡村提供了方向指引和根本遵循。面对资源约束趋紧、环境污染严重、生态系统退化的严峻形势，必须树立尊重自然、顺应自然、保护自然的生态文明理念，把生态文明建设放在突出地位，融入经济建设、政治建设、社会建设各方面和全过程，努力建设美丽中国，实现中华民族永续发展。[1] 十八大报告第一次提出建设美丽中国这一目标蓝图，生态文明观念在全社会牢固树立。生态文明区别于农业文明和工业文明，意味着我国要坚决摆脱以前那种"先污染后治理"的模式，脱离以牺牲环境为代价去换取经济和社会的发展方式。

习近平总书记强调："生态文明建设是关系中华民族永续发展的根本大计。"[2] 生态环境是中华民族发展的最基本的自然依靠，生态环境的好坏关系到中华民族可持续发展的远近与厚薄，生态好了才能为民族复兴提供优美宜人的环境底色，国家美了人民群众的生活才会舒适宜居，中国特色社会主义事业才会蒸蒸日上。那么我们应如何对待没有替代品的生态环境？中华文明几千年的发展历程告诉我们，当我们尊敬自然、敬畏自然、顺应自然时，对大自然加以合理利用、保护时，人类与自然可以和谐相处；当人类试图主宰、凌驾于自然时，大自然会以水土流失、环境污染、河流干涸等各种极端方式来"报复"人类的破坏行径。习近平总书记指出："人与自然是生命共同体。"[3] 这一理念传承了我国古代"道法自然""天人合一""民胞物与"等思想，是中华优秀传统文化中关于倡导人与自然相互依存、共生共赢理念的当代继承与发

---

[1] 本书编写组编著：《十八大报告辅导读本》，人民出版社2012年版，第12页。
[2] 全国干部培训教材编审指导委员会组织编写：《推进生态文明建设美丽中国》，人民出版社、党建读物出版社2019年版，第8页。
[3] 全国干部培训教材编审指导委员会组织编写：《推进生态文明建设美丽中国》，人民出版社、党建读物出版社2019年版，第10页。

展。建设社会主义生态文明就是要做到人与自然和谐共生，不要违背大自然的规律去做征服、破坏的事情；人与大自然是平等、友好的整体，要学会正确对待人与自然的关系，正确处理人与自然的矛盾。"我们要像保护眼睛一样保护生态环境，像对待生命一样对待生态环境，多干保护自然、修复生态的实事，多做治山理水、显山露水的好事，让自然生态美景永驻人间，还自然以宁静、和谐、美丽。"① 坚持人与自然和谐共生充分体现了习近平生态文明思想中深邃的历史观、厚重的文化价值理念和全面系统的科学自然观。

2013年9月7日，习近平在哈萨克斯坦纳扎尔巴耶夫大学回答学生问题时指出："我们既要绿水青山，也要金山银山。宁要绿水青山，不要金山银山，而且绿水青山就是金山银山。"② "两座山论"的形成，符合改革开放以来中国经济、社会发展的大逻辑，是习近平生态文明思想的发端。绿水青山与金山银山这两座山，在很长一段时间，人们把它们放在了对立的两面来处理。一味去用绿水青山换取金山银山，一味索取资源，一味注重经济效益，结果发现这些金山银山只是建立在破坏环境基础上的海市蜃楼，要想回到原来绿水青山的阶段，反而还要付出比得到金山银山更多的代价，甚至回不去了。"两座山论"非常直观形象地阐释了环境保护与经济发展之间的辩证统一关系，即"绿水青山就是金山银山"，强调保护环境、改善生态就是发展，良好的生态环境就是财富，就是经济优势和底气所在。坚持绿水青山就是金山银山是习近平生态文明思想中绿色发展观的充分体现。

保护好生态环境，要有科学、系统的视野，一个良好的自然生态系统是大自然亿万年间形成的，是一个复杂的系统。2013年11月，习近平总书记在党的十八届三中全会上作关于《中共中央关于全面深化改革若干重大问题的决定》的说明时指出：山水林田湖草是一个生命共同体，田产粮食，故而人的命脉在田，田的命脉在水，水的命脉在山，

---

① 全国干部培训教材编审指导委员会组织编写：《推进生态文明建设美丽中国》，人民出版社、党建读物出版社2019年版，第10页。
② 杜尚泽等：《习近平在哈萨克斯坦纳扎尔巴耶夫大学发表重要演讲》，《人民日报》2013年9月8日第1版。

第三章 乡村振兴的生态宜居指标体系与评价

山的命脉在土，土的命脉在树。如果种树的只管种树、治水的只管治水、护田的单纯护田，很容易顾此失彼，最终造成生态的系统性破坏。① 这是习近平生态文明思想中丰富内涵的一个重要方面，即坚持山水林田湖草是生命共同体的整体系统观。山水林田湖草是一个密切联系的有机整体，整个自然系统的稳定、平衡与可持续发展都与这些要素唇齿相依。过去有一段时间，我们出现了头痛医头、脚痛医脚的治理现象，这是不符合系统观念与全局观念的生态治理方法。所以，习近平总书记用"命脉"这一形象的比喻向我们展示了山水林田湖草这一彼此依存、影响紧密的关系，要求在环境治理与生态保护方面必须做到统筹自然系统的各个要素，山川河流土壤、房前屋后坡下等都要考虑进去，不能偏安一隅，只见树木不见森林，作出一叶障目、顾此失彼的糊涂治理和短视行为。

2014年3月，习近平总书记在十二届全国人大二次会议贵州代表团审议时指出："绿水青山和金山银山决不是对立的，关键在人，关键在思路。保护生态环境就是保护生产力，改善生态环境就是发展生产力。让绿水青山充分发挥经济社会效益，不是要把它破坏了，而是要把它保护得更好。"② 要把生态环境保护得更好，就必须坚持用最严格的制度、最严密的法治。"保护生态环境必须依靠制度、依靠法治。我国生态环境保护中存在的突出问题大多同体制不健全、制度不严格、法治不严密、执行不到位、惩处不得力有关。要加快制度创新，增加制度供给，完善制度配套，强化制度执行，让制度成为刚性的约束和不可触碰的高压线。要严格用制度管权治吏、护蓝增绿，有权必有责、有责必担当、失责必追究，保证党中央关于生态文明建设决策部署落地生根见效。"③ 这是习近平生态文明思想中严密法治观的体现。建设中国特色社会主义生态文明，重在建章立制。有了改革举措和相关制度以后，就需要落实执行，而且是不打折扣、一五一十地严格遵守相应的法律和行

---

① 潘旭涛：《生态文明建设的中国理念》，《人民日报》（海外版）2017年8月21日第1版。
② 周国辉：《坚持"生态论" 践行绿水青山就是金山银山的重要理念》，《科技日报》2019年1月28日第3版。
③ 《习近平谈治国理政》（第3卷），外文出版社2020年版，第363—364页。

政法规，对于违反法律和行政法规的行为，必须追究相应责任，该追究刑事责任的，不得以罚款了事；该判决进行生态修复的，亦不得打折扣。只有严格生态领域的法律执行，才能确保生态文明建设有法可依、有法必依、执法必严、违法必究，生态文明制度才能成为有影响力、约束力的不可触碰的高压线。

习近平总书记高度重视生态文明建设，无论是在中央还是在地方工作期间，都对生态文明建设发表过许多重要论述，党的十八大、十九大和十八届三中、四中、五中全会与十九届三中、四中全会又对生态文明建设作出顶层设计和总体部署，更是对生态治理进行了全面部署和总结。其中，习近平总书记反复指出："生态环境是关系党的使命宗旨的重大政治问题，也是关系民生的重大社会问题。"[1] 良好的生态环境即清新的空气、洁净的水、未被污染的土壤是关系到每一个公民生存、发展的最基本的公共产品，也是每一个公民获得感、幸福感、安全感的最直接源泉。因此，"建设生态文明，关系人民福祉，关乎民族未来"[2]。坚持良好生态环境是最普惠的民生福祉，是习近平生态文明思想中基本民生观的体现，源自我们党全心全意为人民服务的根本宗旨，体现了我们党始终以满足人民群众日益增长的对美好环境生活需要为出发点，着力解决环境质量不均衡、不充分发展的矛盾。新时代中国特色社会主义的发展亦是为了民生，保护和改善生态环境同样是为了民生，也是最公平、可持续的民生之本。

社会主义生态文明建设是关系到中华民族永续发展的基本措施之一，我们党已经为我们制订了规划蓝图，那么作为个体的每一个中华儿女都应参与到这一伟大事业中来，每一个人从我做起，作出力所能及的改变，众人拾柴火焰高，每一个人都把自己的主动性、自觉性发挥出来，那么汇集起来的巨大能量是不容小觑的。正如习近平总书记强调的："生态文明建设同每个人息息相关，每个人都应该做践行者，推动者。"[3] 在建设

---

[1] 全国干部培训教材编审指导委员会组织编写：《推进生态文明建设美丽中国》，人民出版社、党建读物出版社2019年版，第13页。
[2] 《习近平谈治国理政》（第1卷），外文出版社2018年版，第208页。
[3] 全国干部培训教材编审指导委员会组织编写：《推进生态文明建设美丽中国》，人民出版社、党建读物出版社2019年版，第16页。

第三章 乡村振兴的生态宜居指标体系与评价

中国特色社会主义生态文明的征途中,每一个人都不是旁观者,不能光说不做,需要积极投入,主动作为。例如,面对餐厅餐桌点餐"文化"中的铺张浪费、面子问题时,如何通过私下真诚沟通杜绝"多多益善";面对有的人对外来物种的宠物偏好,如何从源头、销售、善后等环节着手,不对生态平衡造成破坏;面对有的人对鳄鱼皮、皮草等奢侈消费品的追捧,如何从弘扬主流价值观入手,让适度消费成为人们认可和尊崇的主流价值观念。所以,"要倡导推广绿色消费。……要加强生态文明宣传教育,强化公民环境意识,推动形成节约适度、绿色低碳、文明健康的生活方式和消费模式,形成全社会共同参与的良好风尚。"[①]这充分体现了习近平生态文明思想中的全民行动观念,即只有全社会、全民族的所有机构、团体、公司都行动起来,才能积沙成塔、集腋成裘,汇聚成绿色生活、绿色办公、绿色生产的社会洪流。

习近平总书记还强调指出:"共谋全球生态文明建设。生态文明建设关乎人类未来,建设绿色家园是人类的共同梦想,保护生态环境、应对气候变化需要世界各国同舟共济、共同努力,任何一国都无法置身事外、独善其身。"[②] 地球是全人类共有的家园,是我们赖以生存繁衍的唯一星球。地球生态系统也是一个整体,整个地球气候变暖的趋势正在影响着南北两极的冰层厚度,而两极逐渐融化的冰层会在未来一百年左右的时间使大量岛屿、沿海城市和地区没入海平面以下。地球上任何一个物种的灭绝,都会最终报复到食物链的最顶端。任何一个国家的危险废弃物,都有可能造成波及多个国家民众的生化灾害。所以,世界各国只有携手行动、共同应对全球生态治理,才能珍爱和呵护地球环境与生态系统。我国已经成为并将继续作为全球生态文明建设的重要参与者、贡献者和引领者。从积极参与全球应对气候变化开始,我国加入了多个双边、多边的气候变化合作公约,并且在西方一些大国退出应对全球气候变化框架公约和多边合作时,担负起了引导应对气候变化的国际合作责任。我国一直坚持"共同但有区别的责任"这一《联合国气候变化

[①] 《习近平谈治国理政》(第2卷),外文出版社2017年版,第396页。
[②] 《习近平谈治国理政》(第3卷),外文出版社2020年版,第364页。

框架公约》中的基本原则，立足国情百分百兑现自己的承诺，与一些发达国家不守承诺的退群行为形成鲜明对比。中国是一个有着14亿人口的大国，我们把生态文明建设作为"五位一体"的重要环节，就是对全球生态治理难题作出的重大贡献。面向未来，在推进"一带一路"建设中，中国始终秉持生态文明理念，在实践中践行习近平生态文明思想中的全球共赢观念。

党的十九大报告第九部分提出了"五个文明"，即物质文明、政治文明、精神文明、生态文明和社会文明，并且提出了"生态文明体制改革"思想和把我国建设成为"富强、民主、文明、和谐、美丽的社会主义现代化强国"的目标，把生态文明纳入现代化建设的价值目标中。社会主义生态文明建设是我们在顺应、尊重、利用和改造自然的过程中，主动保护自然、积极改善和优化人与自然的关系，建设健康有序的生态运行机制和良好的生态环境。

党的十八大以来，习近平总书记传承中华民族传统文化、顺应时代潮流和人民意愿，站在坚持和发展中国特色社会主义、实现中华民族伟大复兴中国梦的战略高度，深刻回答了为什么建设生态文明、建设什么样的生态文明、怎样建设生态文明等重大理论和实践问题，系统形成了习近平生态文明思想。习近平生态文明思想内涵丰富、系统完整，集中体现为"八个坚持"：坚持生态兴则文明兴；坚持人与自然和谐共生；坚持绿水青山就是金山银山；坚持良好生态环境是最普惠的民生福祉；坚持山水林田湖草是生命共同体；坚持用最严格制度最严密法治保护生态环境；坚持建设美丽中国全民行动和坚持共谋全球生态文明建设。这"八个坚持"分别体现了习近平生态文明思想深邃的历史观、文化价值理念和科学自然观、绿色发展观、基本民生观、整体系统观、严密法治观、全民行动观和全球共赢观。

习近平生态文明思想确立了环境在生产力构成中的基础地位，丰富和发展了马克思主义生产力理论，并在实践中创造性地提出了"绿水青山就是金山银山"，打破了关于自然资源保护与经济发展的传统对立误区，阐明了保护生态环境就是保护生产力、改善生态环境就是发展生产力的内核实质，丰富了马克思主义人与自然关系论述的思想内容。习近平生态文明思想把建设美丽中国看作关系中华民族永续发展的重要基础，是关系党的使命宗旨、关系我国经济高质量发展和现代化建设的重要保障，是我国的生态责任担当，关系着广大人民福祉、经济持续健康发展、民心所向民意所在。习近平生态文明思想突出地强调了生态文明建设所具有的全局性重大战略意义，丰富了马克思主义人与自然关系论述的思想内容、弘扬了中华文明生态智慧的时代价值、拓展了全球生态环境治理的可持续发展理念、深化了中国特色社会主义思想中关于发展与保护关系的实践认识。

农业是生态产品的重要供给产业，乡村是生态涵养的主体区域，生态是乡村最大的发展优势和发展底蕴。乡村振兴，生态宜居是关键。实施乡村振兴战略，统筹山水林田湖草系统治理，加快推行乡村绿色发展方式，加强农村人居环境整治，有利于构建生态宜居的乡村发展新格局，实现百姓富、生态美的统一。生态宜居，是乡村振兴的内在要求，从"村容整洁"到"生态宜居"反映了农村生态文明建设质的提升，体现了广大农民群众对建设美丽家园的追求。[1]

党的十八大以来，各地牢固树立"绿水青山就是金山银山"的理念，积极推进美丽宜居乡村建设，村容村貌日益干净整洁。多地已建立健全了符合农村实际、方式多样的生活垃圾收运处置体系，推广了低成本、低能耗、易维护、高效率的污水处理技术，推动城镇污水管网向周边村庄延伸覆盖。曾经"垃圾靠风刮、污水靠蒸发"的农村环境已经在乡村成为历史。国家农业普查结果显示，90.8%的乡镇生活垃圾集中处理或部分集中处理，73.9%的村生活垃圾集中处理或部分集中处理，17.4%的村生活污水集中处理或部分集中处理。农村"厕所革命"加快推进，基本卫生条件明显改善。农村普查结果显示，使用水冲式卫生厕所的农户占36.2%；使用卫生旱厕的农户占12.4%。[2]

乡村振兴有个不言自明的内在要求，就是农村要有人气，要使农

---

[1] 习近平：《把乡村振兴战略作为新时代"三农"工作总抓手》，《求是》2019年第11期。
[2] 国家统计局农村司：《农村经济持续发展　乡村振兴迈出大步——新中国成立70周年农村经济社会发展成就报告》，《农村·农业·农民》2019年第8B期。

村留得住人，没有人的乡村谈何振兴？我们前面已经讨论了在现代化、工业化、城市化的趋势下，大量农村劳动力转移出去是必然现象。那么怎么才能在这种大背景下实现乡村人口的增长呢？吸引更多的城市人口到乡村养老、休闲、度假是其中一条道路。要让这条道路走得通，前提就是农村生态环境比城市好，人居条件不比城市差，乡村要美丽。我国一些农村地区已经依靠自身独特的自然环境吸引了大量的外地人口，例如广西巴马、大理下关、都江堰虹口等农村。另外一些农村如果想要这样环境优美的乡村振兴，就需要提高当地乡村生态环境的综合整治水平。

所以我们的乡村振兴战略里提到了生态宜居，这是一个良性循环的互动过程，只有农村天蓝水绿了，才能有更多的城市人口愿意在此休闲，长期养老，在这里避暑或避寒，在这里待上更长的时间。农村如何安置这些游客呢？笔者认为没有必要占用土地新修房屋，不需要大兴土木，只需要将原有房屋进行整饬。因为在许多农村，农民的住房存在着建新不拆旧、新建房空置的现象，并且农民的自建房一般都超过自住需求。外来人口的住宿完全可以在现有农村居住面积中统筹。农村有了外来人口，相应的配套服务产业就起来了，这些产业又能解决农民的创业和就业等问题，空心化的农村不见了。乡村就这样生态宜居、人声鼎沸、人气旺盛、产业兴旺起来了。

乡村振兴视域下的生态宜居建设应以习近平生态文明思想为重要引领。思想是行动的先导，要将习近平生态文明思想作为乡村振兴中教育培训的重要内容，使广大干部群众真正认识并牢固树立和践行"人与自然和谐共生""绿水青山就是金山银山"等理念。脱贫攻坚和巩固脱贫成果的许多地区都有山高沟深偏远的共性，从"绿水青山就是金山银山"的角度出发，这些地区往往自然环境保持得不错，生态系统维持得较好，是能够在保护生态环境的过程中实现发展的。因为绿水青山本身就是财富，把绿水青山守住了，也就守住了经济发展的优势，从而可以为当地带来源源不断的金山银山。例如通过发展生态旅游、绿色种养等，为这些地区找到一条生态文明和经济发展同向而行、相得益彰的可持续脱贫奔小康路子，实现乡村繁荣振兴的同时，护住了绿水青山，实现生态宜居。

生态宜居既是乡村振兴的重要目标，也是社会主义生态文明建设在农村的具体落实与体现，亦是乡村振兴的有力助推，还是满足人民群众日益增长的美好生活需要举措。我国现代化进程不断提升，但乡村仍然是我们主要粮食作物、经济作物、瓜果蔬菜等生活必需品的供给地区，乡村仍然是农村居民生活、生产的主要空间，乡村仍然是城镇居民探亲、休闲的重要场所，是实现中华民族伟大复兴的重要基础和保障。"采菊东篱下，悠然见南山"①，"绿树村边合，青山郭外斜"②，"一水护田将绿绕，两山排闼送青来"③ 等描绘乡村田园美丽、舒适、放松的生活诗句成为乡村的金字招牌。人民群众对于良好生态环境及其产品有着日益增长的需求，乡村振兴应该顺势而为，坚定不移地走农业技术密集型的绿色发展道路，通过资源节约、环境友好的生态农业的发展，实现乡村生态的增值，实现生态宜居，实现人与自然和谐共生，实现乡村环境、乡村产业、农民富裕的多方共赢。

乡村振兴是全方位、多角度、深层次的，生态宜居就是其中必不可少的环节和支撑。没有乡村的优美环境和良好生态，乡村振兴就是不全面、不均衡、不可持续的。故而我们必须以习近平生态文明思想为指引，坚持节约资源和保护环境的基本国策，把社会主义生态文明建设融入乡村振兴的各方面和全过程，以生态宜居作为乡村振兴的最终落脚点之一，加大乡村生态环境保护力度，推动社会主义生态文明建设在乡村振兴战略中实现整体推进，从而在实现乡村经济发展的同时，推进乡村社会治理、乡风文明和乡村生态文明整体提升。

第二节　国际生态环境指标与评价

一般认为，国际上对生态问题的警醒与重视肇始于 20 世纪 60 年代

---

① 见陶渊明《饮酒·其五》。
② 见孟浩然《过故人庄》。
③ 见王安石《书湖阴先生壁》。

《寂静的春天》这本书籍的出版发行。从《寂静的春天》到《增长的极限》，从《我们共同的未来》到《21世纪议程》，这些是当时西方社会从下至上掀起的对人居环境重新认识和深刻反思地球环境危机的标志性文本。与此同时，在人类造成的环境破坏现实面前，国际上掀起了一股反思生态危机的浪潮，提出了许多环境保护的学说主张，这些学理研究对国际组织的环境保护政策提供了理论基础。

德国学者约瑟夫·胡伯（Joseph Huber）在20世纪80年代针对生态危机论观点提出了生态现代化（Ecological Modernization Theory）的概念。不同于生态危机论中的经济增长与环境保护不能兼容的悲观论调，生态现代化认为可以通过技术创新、市场竞争来纠正现有严重破坏生态平衡的社会缺陷，其主张是发挥生态优势推进现代化进程，实现经济发展和环境保护的双赢，体现了一种新的发展理念。建设生态现代化，必须把经济增长与环境保护综合起来考虑，推进人类社会的整体生态文明程度，把生态建设看成是社会的发展之义、发展之举，走可持续发展之路，加快推进发展模式由"先污染后治理型"向"生态亲和型"转变，不能以牺牲环境为代价来换取一时、一地的发展。生态现代化理论的核心观点是，环境保护与经济发展不是彼此对立的，环境保护不应被视为经济活动过程中的一种负担，而应被视为未来可持续增长的前提，如绿色消费、绿色科技、绿色生产力等都能在有效增加社会财富的同时实现环境保护的现代化发展。

20世纪90年代初，加拿大学者威廉姆·里斯（William E. Rees）提出了生态足迹概念（Ecological Footprint，EF）。这个概念是指在现有技术条件下，在指定的人口单位内（一个社区、一个城市、一个国家或全人类）需要具备多少生物生产力的土地（biological productive land）和水域等客观条件，来生产这个单位内所有人类生存、发展所需的资源和吸纳、接受、分解所衍生的废物。生态足迹通过测定现今人类为了维持自身生存而需用的大自然总量来评估人类对生态系统的影响。该方法的原理是通过比较人类活动消耗的自然资源与自然生态系统所提供的生态承载力，定量判断区域的可持续发展状态。[①] 一般来说，一个地区或国家生态足迹越重，说明该地域内每一人口占用资源越多，生态足迹的计算方式明确地指出某个国家或地区使用了多少自然资源。计算生态足迹基于两个最基本的前提或假设：第一，人类应该将已消耗的大部分资源或废弃物予以保留，而不是丢弃。第二，将这些资源以及废弃物转换为可以二次或多次循环使用的资源。还有一个因素也需要在计算生态足迹时进行考量，那就是国际贸易关系中出口方与进口方的生态足迹如何进行比例划分，这还需要更多的量化研究才能确定生态足迹的最终位置。下面分别介绍几种国际上的生态环境指数。

一 联合国可持续发展委员会可持续发展指标

联合国可持续发展委员会（Unite Nations of Commission on Sustainable Development，UNCSD）在 2001 年重新设计了可持续发展指标体系。由于可持续发展是我国乡村振兴的题中之意，故而我们可以学习和借鉴这一指标。该指标由社会、环境、经济和机制四个方面构成，其中社会和环境这两个指标涉及的项和子项最多，包含了公平、健康、教育、住房、安全、人口、大气、土地、海洋和海岸线等方面。但是，联合国可持续发展委员会的这个指标没有提供各指标之间的权重因子，所以不能简单加总或加权汇总，从而不能以总分形式对一个地区形成整体性的评价。

虽然联合国可持续发展委员会每项指标分值的具体操作没有统一范式，但也不能完全否定这一指标的意义。这一指标中的具体指数和标准对衡量当地的某一领域总体水平还是具有指导性作用的。如果在具体操作中，根据不同国家、不同区域、不同产业来因地制宜地区分权重，也可以最后得到一个总体评价和分值。从表 3-1 可知，按照联合国可持续发展委员会的指标，我国农村在社会、经

[①] 陈永红等：《生态文明视角下新型城镇化与乡村振兴战略研究：东南沿海村镇可持续发展机制的实践探讨》，中国财政经济出版社 2019 年版，第 347 页。

济、体制这三个方面的许多子项指标中已经达到或超过全球平均水平，但在环境领域的子项指标中可能还有更多努力需要付出。例如，我国农村在精准扶贫战略的帮扶下，贫困人口比重和绝对数量实现了大幅度减少。2020年是全面建成小康社会目标实现之年，是全面打赢脱贫攻坚战收官之年。我们一定会在2020年年底实现上述两个目标任务。在我国的就业政策和实践中，除了一些重体力工种外，农村女性与男性的平均工资差距不大。我国农村居民中儿童的营养状况自改革开放以后就普遍得到了根本改善和提升。也就是说，在社会领域里的公平、健康、教育、住房、安全和人口等项目里，我国乡村的许多子项中的指标都是符合联合国可持续发展委员会指标中描述的良好发展趋势。

表3-1　联合国可持续发展委员会（UNCSD）指标体系框架

领域	项	子项	指标
社会	公平	贫困	贫困人口百分比、基尼系数、失业率
		性别平等	女性与男性平均工资比
	健康	营养状况	儿童的营养状况
		死亡率	5岁以下儿童死亡率、出生时的预期寿命
		卫生	污水设施受益人口
		饮用水	获得安全饮用水的人口
		保健	获得初级保健人口的比例、儿童预防传染免疫率、避孕普及率
	教育	教育水平	儿童小学5年级达到率、成人二次教育水平
		识字	成人识字率
	住房	居住条件	人均住房面积
	安全	犯罪	每10万人犯罪次数
	人口	人口变化	人口增长率、城市常住与流动人口

续表

领域	项	子项	指标
二 环境	大气	气候变化	温室气体的排放
		臭氧层	破坏臭氧层物质的消费
		空气质量	城区空气污染物环境浓度
	土地	农业	可耕地与永久耕地面积、肥料使用情况、农药使用情况
		林业	森林面积占土地面积比例、木材采伐强度
		荒漠化	受荒漠化影响的土地
		城市化	城市常住人口与流动人口的居住面积
	海洋与海岸线	海岸带	海岸带水域的藻类浓度、海岸带居民百分比
		渔业	主要水产每年捕捞量
	淡水	水量	地下地表年取水占可取水比
		水质	水体中的生化需氧量BOD、淡水中的粪便大肠杆菌浓度
	生物多样性	生态系统	选定的关键生态系统面积、保护面积占总面积的百分比
		物种	选定的关键物种的丰富程度
三 经济	经济结构	经济运行	人均GDP、GDP中的投资份额
		贸易	商品与服务的贸易平衡
		财政	债务占GNP的比例、政府发展援助占GNP比例
	消费与生产方式	原料消费	原材料利用强度
		能源利用	人均年能源消耗量、可再生能源消费所占份额、能源利用强度
		废物的生产与管理	工业与城市固体废弃物的产生、危险废物的产生、放射性废物的产生、废物的再循环与再利用
		交通运输	通过运输方式的人均旅行里程
四 机制	机制框架	战略实施	国家的可持续发展战略
		国际合作	已批准的全球协议的履行
	机制能力	信息获取	每千人因特网上网人数
		通信设施	每千人电话线路数
		科学技术	研发费用占GDP的百分比
		防灾减灾	天灾造成的生命财产损失

资料来源：陈永红等：《生态文明视角下新型城镇化与乡村振兴战略研究：东南沿海村镇可持续发展机制的实践探讨》，中国财政经济出版社2019年版，第353—354页。

在环境领域，联合国可持续发展委员会的指标从大气、土地、海洋与海岸线、淡水、生物多样性五个项目中明确了最核心的子项及其指标。乡村振兴视域下的生态宜居建设也可以参考这五个领域。当前社会主义生态文明建设，要坚决打好污染防治攻坚战，而"坚决打赢蓝天保卫战是重中之重"[①]，让蓝天白云成为老百姓生活中的常态。这也契合了联合国可持续发展委员会的指标中对减少温室气体排放、降低破坏臭氧层物质的消费、降低空气污染物环境浓度等要求。我国农村大力倡导的绿色低碳循环生态农业亦符合这一指标体系。

二 联合国2018年可持续发展目标

2016年，联合国大会第七十次会议通过了《2030年可持续发展议程》，新议程涉及社会、经济、环境三个层面，还包括了与和平、正义和高效机构相关的重要方面。随后不久，联合国又发布了《2018年可持续发展目标报告》，该报告突出展现了2030年议程涵盖的众多领域中的发展目标。

《2018年可持续发展目标报告》回顾了2030年可持续发展议程实施第三年的进展情况。发展目标根据最新的可用数据，重点介绍了17项目标（见表3-2）的进展情况和存在的差距，并分析了不同目标间的相互关联。该报告指出，尽管总体而言，全球的生活水平高于十年之前，但在确保无人掉队方面的进展尚不够迅速，不足以实现2030年议程的各项目标。事实上，全球进展速度并未实现与议程目标的同步，需要各个国家和各级利益攸关方立即加速行动起来，加快转变全球极度贫困地区的生活现状。

表3-2　　　　联合国《2018年可持续发展目标报告》

序号	具体内容
目标1	在全世界消除一切形式的贫困

---

① 《习近平谈治国理政》（第3卷），外文出版社2020年版，第368页。

续表

序号	具体内容
目标 2	消除饥饿,实现粮食安全,改善营养状况和促进可持续农业
目标 3	确保健康的生活,促进各年龄段人群的福祉
目标 4	确保包容和公平的优质教育,让全民终身享有学习机会
目标 5	实现性别平等,增强所有妇女和女童的权能
目标 6	为所有人提供水和环境卫生,并对其进行可持续管理
目标 7	确保人人获得负担得起的、可靠和可持续的现代能源
目标 8	促进持久、包容和可持续经济增长,促进充分的生产性就业和人人获得体面工作
目标 9	建设具备应变能力的基础设施,促进具有包容性的可持续工业化,推动创新
目标 10	减少国家内部和国家之间的不平等
目标 11	建设包容、安全、有应变能力和可持续的城市和人类住区
目标 12	确保采用可持续的消费和生产模式
目标 13	采取紧急行动应对气候变化及其影响
目标 14	保护和可持续利用海洋和海洋资源,以促进可持续发展
目标 15	保护、恢复和促进可持续利用陆地生态系统,可持续管理森林,防治荒漠化,制止和扭转土地退化,遏制生物多样性的丧失
目标 16	倡建和平、包容的社会以促进可持续发展,让所有人都能诉诸司法,在各级建立有效、负责和包容的机构
目标 17	加强执行手段,重振可持续发展全球伙伴关系

资料来源:《2018年可持续发展目标报告》,联合国网站(https://unstats.un.org/sdgs/files/report/2018/TheSustainableDevelopmentGoalsReport2018-ZN.pdf),2019年7月20日访问。

值得欣慰的是,《2018年可持续发展目标报告》站在了发展中国家的视野上进行目标设定,不再以发达国家的单一视线作为目标展望。我国已经进入中国特色社会主义新时代,我国少数农村地区仍然处于精准扶贫、精准脱贫的最后冲刺阶段,乡村和城市中摆脱相对贫困的任务依然繁重,我国是最大的发展中国家这个根本国情没有改变。在乡村振兴的历史进程中,尤其是关于民生保障、生态环境保护、社会治理等方面，联合国《2018年可持续发展目标报告》中的发展目标可以借鉴，作为定性指标进行参考，即作为大的宏观角度可以在我国经济、政治、文化、社会、生态五位一体总体布局中引入。因为这些方面是一个有机的统一整体，需要多管齐下、齐驱并进，不能一条腿走路，需要统筹推进。例如，我国乡村振兴战略的内涵中既包括了上述联合国报告中提及的为农村居民"提供安全、包容、有应变能力"的治理有效的乡村，也囊括了联合国报告中涉及的"持续管理森林，防治荒漠化，制止和扭转土地退化"的生态宜居。并且，新时代社会主义生态文明建设要求"把解决突出生态环境问题作为民生优先领域"[①]，"要调整能源结构，减少煤炭消费比重，加快清洁能源发展。要坚持因地制宜、多措并举，宜电则电、宜气则气，坚定不移推进北方地区冬季清洁取暖……要提供补贴政策和价格支持，确保'煤改气'、'煤改电'后老百姓用得上、用得起"[②]。故而我国乡村振兴视野下的生态宜居不仅与联合国《2018年可持续发展目标报告》讨论的议程内容契合度较高，而且还是一个涵盖了民生保障、能源结构调整与保障、经济发展以及生态保障和乡村社会治理在内的综合性工程。

三 环境可持续发展指数

在绿色国内生产总值（Gross Domestic Product，GDP）指标的影响下，越来越多的人意识到GDP只是体现了在一国或地区的经济财富或实现的产业总值，它没有将经济增长所消耗的资源要素统计进去。尤其一些经济增长率的取得主要是依靠消耗不可再生能源实现的，例如对稀有贵金属、石油的开采，甚至还有一些经济增长是靠采用对环境生态不可逆的破坏式攫取来获得的，例如焚烧热带雨林或森林来进行农业种植。有学者提出了绿色GDP理念，该理念认为发展国民经济，还应该把社会可以承载的限度和人类的下一代、再下一代等都考虑进去。在这样一种全新的观念提出来以后，耶鲁大学和哥伦比亚大学合作开发设计

---

① 《习近平谈治国理政》（第3卷），外文出版社2020年版，第368页。
② 《习近平谈治国理政》（第3卷），外文出版社2020年版，第368—369页。

出了环境可持续发展指数（Environmental Sustainable Index，ESI），这一指数包括20余个核心指标，这些核心指标涉及环境生态、如何保护环境、如何提升人类的适应性、社会治理和全球合作五个方面（见表3-3）。

表3-3　　　　　　　　　ESI指标体系核心内容

内容	指标	指标说明
环境系统	大气质量、水的数量及质量、生物多样性、陆地系统	一个国家环境如果是可以持续的，那么环境系统应保持健康水平，而不是恶化状态
降低环境压力	减少空气污染、缺水压力、生态环境压力、废物和消费压力、人口压力	人口造成的压力没有对环境系统造成明显的损害
降低人类的脆弱性	基本营养、环境健康	脆弱性的减少是可持续发展方向的标志
社会和法制能力	科学技术、辩论能力、法律与管理、环境信息、生态有效性、减少公众选择的混乱	拥有适当的法制以及技能和网络手段等基本的社会体制
全球合作	承担的国际义务、全球规模的基金/参与、保护国际公共权	能与其他国家一起合作，共同应对环境问题

资料来源：根据陈永红等《生态文明视角下新型城镇化与乡村振兴战略研究：东南沿海村镇可持续发展机制的实践探讨》整理，中国财经出版传媒集团、中国财政经济出版社2018年版，第357页。

我们在实施乡村振兴的战略评估和实施效果考评中，根据我国自身在环境进展方面的特殊情况，对ESI指标进行定量化对比，以此来确定我国不同乡村的生态文明实践成果是在预期目标之上或是否达到，美丽乡村是否成功，从而为环境保护与经济发展的精准决策提供分析基础。我国乡村宜居建设中非常重视农村生态系统的良性运行和环境可持续发展对经济社会的托底功能，从农村生活垃圾收运处置入手，在源头上对农村生活垃圾进行有效处理，有条件的村民小组还配备了保洁员、污水处理厂。在农村推行"厕所革命"后，农村户用卫生厕所普及率大幅提高，并且有条件的村民小组还有独立的、管理良好、干净整洁、粪污得到有效处理的农村公共厕所。我国农村在减轻环境压力方面也成就不少，例如化肥农药施用量大幅减少，农业废弃物资源化利用及回收处置率显著提高。环境可持续发展指数中的这些指标，都可以作为我们在乡村振兴的生态宜居考核中可以量化和评价的指标目录。

第三节　我国乡村振兴中的生态宜居指标与评价

乡村振兴战略中排在第二位的是生态宜居，只有有了适宜居住的环境和相应的基础配套设施，乡村才能留得住人，吸引人才，留得住乡愁，有了人气，才有乡村振兴。国家生态环境部制定了国家生态文明建设示范村指标、国家级生态城镇的创建标准、生态文明示范县市和生态村镇创建指标，农业农村部制定了《农业绿色发展技术导则（2018—2030年）》，质检总局和国家标准委制定了《美丽乡村建设指南》等指标体系，为我国乡村振兴中的生态宜居考量确定了目标限值，为地方各级人民政府建立美丽宜居的乡村提供了可量化的数值导向。

一　国家生态环境部：国家级生态村创建标准

国家级生态村创建标准的基本条件包括经济水平、环境卫生、污染控制、资源保护与利用、可持续发展与公众参与。该标准把经济水平放在了考核的第一位，并且区分东部、中部、西部不同区位。这样的分地区考核充分考虑到了在乡村振兴中经济的决定性因素，因为没有经济发展进行托底，没有相关经济实力进行兜底，村落的环境保护就只是纸上谈兵。只有经济水平上去了，生态环境意识才有可能提升，否则就是脱离生产发展，停留在"日出而作，日入而息"的小农经济的田园牧歌式幻想。

国家级生态村的创建旨在改善农村生产与生活环境，为全面建成小康社会和乡村振兴提供安全的环境保障。国家级生态村创建标准主要包含了建制村应制订符合该村区域环境规划总体要求的生态村建设规划，并报省、自治区、直辖市或计划单列市环保部门备案；创建村应布局合理，即生产区（包括工业和畜禽养殖区）与生活区分离，村庄建设与当地自然景观、历史文化景观相协调,有古树、古迹的村庄,无破坏林地、古树名木、自然景观和古迹的事件;村容整洁,即村域范围无乱搭乱建及随地乱扔垃圾现象,道路旁适宜树木生长的地方应当植树;水清气洁指村域内地表水体(包括排灌沟、渠、河、湖、水塘等)满足环境功能要求,无异味、臭味,空气质量好,无违法焚烧秸秆垃圾等现象;村民能自觉遵守环保法律法规,具有自觉保护环境的意识;申报村经济发展符合国家的产业政策和环保政策;有村规民约和环保宣传设施,倡导生态文明。具体指标和要求见表3-4。

表3-4　《国家级生态村创建标准(试行)》

	指标名称	东部	中部	西部
经济水平	1. 村民人均年纯收入(元/人/年)	≥8000	≥6000	≥4000
环境卫生	2. 饮用水卫生合格率(%)	≥95	≥95	≥95
	3. 户用卫生厕所普及率(%)	100	≥90	≥80
污染控制	4. 生活垃圾定点存放清运率(%)	100	100	100
	生活垃圾无害化处理率(%)	100	≥90	≥80
	5. 生活污水处理率(%)	≥90	≥80	≥70
	6. 工业污染物排放达标率(%)	100	100	100
资源保护与利用	7. 清洁能源普及率(%)	≥90	≥80	≥70
	8. 农膜回收率(%)	≥90	≥85	≥80
	9. 农作物秸秆综合利用率(%)	≥90	≥80	≥70
	10. 规模化畜禽养殖废弃物综合利用率(%)	100	≥90	≥80
可持续发展	11. 绿化覆盖率(%)	高于全县平均水平	高于全县平均水平	高于全县平均水平
	12. 无公害、绿色、有机农产品基地比例(%)	≥50	≥50	≥50
	13. 农药化肥平均施用量	低于全县平均水平	低于全县平均水平	低于全县平均水平
	14. 农田土壤有机质含量	逐年上升	逐年上升	逐年上升
公众参与	15. 村民对环境状况满意率(%)	≥95	≥95	≥95

资料来源:根据《国家级生态村创建标准(试行)》整理,中华人民共和国生态环境部(http://www.mee.gov.cn/gkml/zj/wj/200910/t20091022_172434.htm)。

对于国家级生态村的创建，该标准在经济水平、环境卫生、污染控制、资源保护与利用这几个指标上都考虑了东中西部地区的实际情况，没有一刀切地采用一个衡量标准，而是在综合各个地区经济发展水平等方面，分别在村民人均年纯收入、户用卫生厕所普及率、（垃圾）无害化处理率、生活污水处理率、清洁能源普及率、农膜回收率、农作物秸秆综合利用率、规模化畜禽养殖废弃物综合利用率制定了依次递减、有梯度的量化标准。在另外一些不涉及经济实力、技术水平等因素，都关乎农村居民基本生命健康保障领域时，则一把尺子量到底，不区分东中西部地区，例如饮用水卫生合格率、生活垃圾定点存放清运率、工业污染物排放达标率、绿化覆盖率、农药化肥平均施用量、村民对环境状况满意率等指标就采用了统一标准。因为这些指标关系到当地村民的基本环境福祉，是创建生态村的最低硬性指标。国家生态环境部制定的国家级生态村创建标准虽然制定的时间在 21 世纪初，但涵盖面较广，基本覆盖了当时农村生产生活的各方面，并且还明确区分了东、中、西三个不同区域的适用标准。该标准尤其还注重公众的广泛参与和评价，在实践中，能够较好地起到分类指导的具体效果。

二 国家生态环境部：国家级生态乡镇创建标准

创建国家级生态乡镇的指标数量与国家级生态村一样，都是 15 个指标，但生态镇仅仅从环境质量、环境污染防治和生态保护与建设三个纯粹的生态环境类定性考量，与生态村考核不同的是，不再把经济水平放在生态镇的指标目录下，究其原因，应该是生态村的创建是生态镇的前提，这里面有前因后果的关系，而之前已经考量的因素不需要重新量化了。生态镇是由许多个生态村构成的，不同村的经济水平是不需要再次考核的，但不同村汇聚起来的这个镇的生态水平还需要再次细化，故而国家级生态乡镇标准与国家级生态村的创建标准有所不同。

国家级生态乡镇原名全国环境优美乡镇，更名是为了更好顺应社会主义生态文明建设的需要，其创建工作是建设美丽中国的重要基础，是推动乡村振兴视域下农村生态宜居建设工作的重要抓手。国家级生态乡镇建设的基本条件包括了机制健全、基础扎实、政策落实、环境整洁和公众满意等方面。机制健全是指该镇建立了乡镇环境保护工作机制，成立了以乡镇政府领导为组长、相关部门负责人为成员的乡镇环境保护工作领导小组；还设置了专门的环境保护机构或配备了专职环境保护工作人员，乡镇生态建设工作制度健全、措施得力；乡镇党委、政府应将环境保护工作纳入重要议事日程，每年研究环保工作不少于两次。"基础扎实"要求申报乡镇达到本省（区、市）生态乡镇建设中的各项指标年限在一年以上，并获省（区、市）生态保护职能部门命名或公告；80%以上行政村达到市（地）级以上生态村建设标准，并获命名或公告；编制或修订了乡镇环境保护规划，并经县级人大或政府批准后组织实施两年以上。"政策落实"是指乡镇需要完成上级政府下达的主要污染物减排任务，乡镇辖区无滥垦、滥伐、滥采、滥挖现象，无捕杀、销售和食用珍稀野生动物现象，近三年内未发生较大（Ⅲ级）以上级别环境污染事件；基本农田得到有效保护；草原地区无超载过牧现象。"环境整洁"则是指乡镇建成区布局合理，有良好的居住小区和基本完善的工业区；公共设施完善，城镇建成自来水、排水管网、道路、卫生厕所、通信设施、文化体育活动场所、医疗机构、防洪等符合国家要求；环境状况良好，街道路面平整、排水通畅，无污水溢流、无垃圾暴露，无冒黑烟、水体黑臭现象；村庄环境无"脏乱差"现象，乡镇所辖村庄主要道路平整，两侧无暴露垃圾，无乱搭乱建，无露天粪坑，无污水横流，有良好的感官和视觉效果；秸秆焚烧和"白色污染"基本得到控制，主要是无秸秆焚烧和一次性餐盒、塑料包装袋、废弃农膜随意丢弃现象。"公众满意"是指在国家级生态乡镇创建标准中要求公众对环境保护工作及环境状况的满意率要大于等于95%，乡镇环境保护社会氛围浓厚，乡镇所辖街道和各村有环保宣传标语或橱窗，群众反映的各类环境问题得到有效解决。主要具体指标内容如表3-5所示。

表 3-5　　　　　国家级生态乡镇（环境优美乡镇）标准

类别	序号	指标名称	指标要求 东部	指标要求 中部	指标要求 西部
环境质量	1	集中式饮用水水源地水质达标率（%）	100	100	100
		农村饮用水卫生合格率（%）	100	100	100
	2	地表水环境质量	达到环境功能区或环境规划要求	达到环境功能区或环境规划要求	达到环境功能区或环境规划要求
		空气环境质量			
		声环境质量			
环境污染防治	3	建成区生活污水处理率（%）	80	75	70
		开展生活污水处理的行政村比例（%）	70	60	50
	4	建成区生活垃圾无害化处理率（%）	≥95	≥95	≥95
		开展生活垃圾资源利用的行政村比例（%）	90	80	70
	5	重点工业污染源达标排放率（%）	100	100	100
	6	饮食业油烟达标排放率（%）	≥95	≥95	≥95
	7	规模化畜禽养殖场粪便综合利用率（%）	95	90	85
	8	农作物秸秆综合利用率（%）	≥95	≥95	≥95
	9	农村卫生厕所普及率（%）	≥95	≥95	≥95
	10	农用化肥施用强度（折纯，公斤/公顷·年）	<250	<250	<250
		农药施用强度（折纯，公斤/公顷·年）	<3.0	<3.0	<3.0
生态保护与建设	11	使用清洁能源的居民户数比例（%）	≥50	≥50	≥50
	12	人均公共绿地面积（平方米/人）	≥12	≥12	≥12
	13	主要道路绿化普及率（%）	≥95	≥95	≥95
	14	森林覆盖率（%，高寒区或草原区考核林草覆盖率）草原、高寒区或山区	≥75	≥75	≥75
		丘陵区	≥45	≥45	≥45
		平原区	≥18	≥18	≥18
	15	主要农产品中有机、绿色及无公害产品种植（养殖）面积的比重（%）	≥60	≥60	≥60

资料来源：根据《国家级生态乡镇申报及管理规定（试行）（环发〔2010〕75号）》整理，陈永红等：《生态文明视角下新型城镇化与乡村振兴战略研究：东南沿海村镇可持续发展机制的实践探讨》，中国财政经济出版社2019年版，第367页。

从以上两个关于国家级生态村和生态乡镇的指标表格可以看出，生态村更加注重个体的环境获得感考核，而生态乡镇相较之下更多的是在环境质量整体上考核，例如这个镇的地表水、空气质量、噪音污染。比起生态村，生态镇在绿化覆盖率方面，还考察了人均公共绿地面积和主要道路绿化普及率、森林覆盖率等几个涉及较大区域的新指标。除此以外，《国家级生态乡镇（环境优美乡镇）标准》在《国家级生态村创建标准（试行）》的基础上，更为细化。例如森林覆盖率不仅区分东中西三个大的地理区位，还细分为平原、丘陵或山区等地貌，这样的分门别类能够全面得知我国农村地区的所有阶梯、所有地形、所有地貌的森林覆盖率。还有的指标要求明显提高，如饮用水卫生合格率由之前的95%提高到了100%，这一指标标准的上升充分反映出国家在保障农村居民生活安全上的高投入和高标准。此外，这一标准还注意整合生态乡镇环境标准与地方政府制定的功能区区划要求的一致性，例如在地表水环境质量、空气环境质量和声环境质量这三个指标要求上，国家级的这一标准中没有标注具体数字，而是写上了"达到环境功能区或环境规划要求"字样，大抵因为各省、自治区、直辖市在制定各自的环境功能区划时，会依据自身的环境底数、基数等来确定各自的目标、容量。为了使不同功能区的环境设置发挥到最佳效果，给予各地一定的自主权是必要的，同时也不至于产生不同标准之间的数字分歧。

三　国家生态环境部：国家生态文明建设示范村指标

在制定了我国生态村、生态乡镇的试行创建标准后，2014 年国家生态环境部又从基础扎实、生产发展、生态良好、生活富裕和村风文明五个方面建构了国家生态文明建设示范村指标。国家生态文明建设示范村中的基础扎实是指该村制定了国家生态文明建设示范村规划或方案，并积极组织实施；该村环境综合整治长效管理机制健全，配备人员，落实经费；村庄配备环保与卫生保洁人员，协助开展生态环境监管工作，比例不低于常住人口的 2‰。国家生态文明建设示范村中的生产发展主要内容是主导产业明晰，无农产品质量安全事故；示范村辖区内的资源开发符合生态文明要求；农业基础设施完善，基本农田得到有效保护，林地无滥砍、滥伐现象，草原无乱垦、乱牧和超载过牧现象；有机农业、循环农业和生态农业发展成效显著；村内工业企业建设项目严格执行环境管理有关规定，污染物稳定达标排放，工业固体废物和医疗废物得到妥当处置；农家乐等乡村旅游健康发展。国家生态文明建设示范村中的生态良好主要包含了村域内水源、田园、家园清洁，水体、大气、噪声、土壤环境质量符合相关标准并持续改善；村容村貌整洁有序，生产生活合理分区，河塘沟渠得到综合治理，庭院绿化美化；近三年无较大以上环境污染事件，无露天焚烧农作物秸秆现象，环境投诉案件得到有效处理；如果该村属国家重点生态功能区，那么还要求所在县域在国家重点生态功能区县域生态环境质量考核中生态环境质量不变差。国家生态文明建设示范村中的生活富裕则是农民人均纯收入逐年增加，住安全房、喝干净水、走平坦路，用水、用电、用气、通信等生活服务设施齐全；城乡基本医疗和养老保险全覆盖。国家生态文明建设示范村中村风文明的要求则是节约资源和保护环境的村规民约深入人心；邻里和睦，勤俭节约，反对迷信，社会治安良好，无重大刑事案件和群体性事件；历史文化名村、古街区、古建筑、古树名木得到有效保护，优秀的传统农耕文化得到传承；村级组织健全、领导有力、村务公开、管理民主。具体主要指标见表3-6。

表3-6　　　　　　　　国家生态文明建设示范村指标

类别	序号	指标	单位	指标值	指标属性
生产发展	1	主要农产品中有机、绿色食品种植面积的比重	%	≥60	约束性指标
	2	农用化肥施用强度	折纯，千克/公顷	<220	约束性指标
	3	农药施用强度	折纯，千克/公顷	<2.5	约束性指标
	4	农作物秸秆综合利用率	%	≥98	约束性指标
	5	农膜回收率	%	≥90	约束性指标
	6	畜禽养殖场（小区）粪便综合利用率	%	100	约束性指标

续表

类别	序号	指标	单位	指标值	指标属性
生态良好	7	集中式饮用水水源地水质达标率	%	100	约束性指标
	8	生活污水处理率	%	≥90	约束性指标
	9	生活垃圾无害化处理率	%	100	约束性指标
	10	林草覆盖率 山区	%	≥80	约束性指标
		丘陵区		≥50	
		平原区		≥20	
	11	河塘沟渠整治率	%	≥90	约束性指标
	12	村民对环境状况满意度	%	≥95	参考性指标
生活富裕	13	农民人均纯收入	元/年	高于所在地市平均值	约束性指标
	14	使用清洁能源的农户比例	%	≥80	约束性指标
	15	农村卫生厕所普及率	%	100	约束性指标
村风文明	16	开展生活垃圾分类收集的农户比例	%	≥80	约束性指标
	17	遵守节约资源和保护环境村规民约的农户比例	%	≥95	参考性指标
	18	村务公开制度执行率	%	100	参考性指标

资料来源：根据国家生态环境部《国家生态文明建设示范村镇指标》（2014）整理，陈永红等：《生态文明视角下新型城镇化与乡村振兴战略研究：东南沿海村镇可持续发展机制的实践探讨》，中国财政经济出版社2019年版，第368页。

相较于《国家级生态村创建标准（试行）》（环发〔2006〕192号）中明确划定了农民人均年纯收入的量级标准，2014年公布的《国家生态文明建设示范村镇指标》中，对这一项指标没有划定数值，而是采用"高于所在地市平均值"这一定性与定量相结合的方法，不再给出一个具体的数量标准，而是结合东、中、西不同地区、不同地市的收入情况。再结合我国当下正在进行的精准扶贫、精准脱贫攻坚战，某些地方的脱贫成就已经超过《国家级生态村创建标准（试行）》（环发

〔2006〕192号）中划定示范地区的农民人均年纯收入。例如作为西部地区四川的省会城市，成都的农村居民人均可支配收入22135元；2018年，全市建档立卡贫困户人均收入突破8000元。[①] 所以，在生态文明建设示范村镇指标中将农村居民纯收入这一栏，与所在地市进行横向对比，更加具有指导价值。

四 国家生态环境部：国家生态文明建设示范市县指标

国家生态文明建设示范区包括示范省、示范市、示范县、示范乡镇和示范园区五个层级。在习近平新时代中国特色社会主义乡村振兴战略指导下，2018年我国公布《国家生态文明建设示范县、市指标（试行）》，从定性方面看，该指标评价遵循创新、协调、绿色、开放、共享的新发展理念，涵盖生态制度、生态环境、生态空间、生态经济、生态生活、生态文化六个领域，明确规定了各领域的任务、细化的指标名称、指标值、指标属性和相关解释说明。为深入践行习近平生态文明思想，贯彻落实党中央、国务院关于加快推进生态文明建设有关决策部署和全国生态环境保护大会有关要求，充分发挥生态文明建设示范市县和"绿水青山就是金山银山"实践创新基地的平台载体和典型引领作用，2019年9月，生态环境部修订了《国家生态文明建设示范市县建设指标》。

在2018年六个领域大指标的基础上，2019年指标修改成了"生态制度、生态安全、生态空间、生态经济、生态生活、生态文化"这六个领域；把之前的一些指标进行了合并简化，由之前的41个小项变成了40个小项。虽然具体小项指标的数量减少了一个，但2019年的新指标中还新增了序号为13的"海岸生态修复"这一指标名称，把近岸海域也纳入生态文明建设示范市县的指标考核。2019年的新指标还将原有的序号为40的"公众对生态文明知识知晓度"变更为"公众对生态

[①] 李艳玲：《2018年成都市居民人均可支配收入36142元连续4年增长》，《成都日报》2019年2月2日第1版。

文明建设的参与度";这样的变更符合我们要依靠广大人民群众才能进行生态文明建设的主体依赖,克服了在广大农民群众中进行生态文明建设的形式主义倾向。

同时2019年的《国家生态文明建设示范市县指标》中新增了"适用范围",即有的指标如"生态文明建设工作占党政实绩考核的比例"明确规定适用范围是"市县",相较于2018年《国家生态文明建设示范县、市指标(试行)》中只是在"备注"栏中进行泛泛规定来说,更加具有示范意义,明确了哪几级人民政府有责任对相关指标进行量化考核。还有就是2018年、2019年两个指标中都有对于"指标值"中"指标属性""约束性指标"[①]或"参考性指标"[②]的说明,但相较于2018年的指标属性来说,2019年中的指标属性更趋于严格,一些2018年中的"参考性"指标在2019年中被调整为"约束性",例如生态环境信息"公开率"就提高为"约束性"指标(表中由于篇幅所限,没有对指标值的相关指标属性进行说明)。换言之,2019年的指标只会比2018年的指标要求更高、更严,不会出现生态文明建设目标越来越低的情况。

为便于将这两年关于国家生态文明建设示范市和县的具体指标进行比较,特将2019年《国家生态文明建设示范市县指标》和2018年《国家生态文明建设示范县、市指标(试行)》具体指标列举如下(见表3-7和表3-8)。从大多数指标来看,都没有大的修改或数值变更,只是对2018年的空白之处进行了补充,对2018年的个别指标表述进行了修正。这充分反映出我国对市县生态文明建设的要求日臻细化,不再局限于陆地,把视角向海岸展开;不再拘泥于生态文明知识的普及,而是追求实实在在的公众参与度和改善状况。

---

① 约束性指标是强化政府责任的指标,是中央政府在公共服务和涉及公众利益领域对地方政府和中央政府有关部门提出的工作要求。即应该要实现的目标。

② 参考性指标虽不具有强制考核性,但可以作为努力要达到的预期目标。

表 3-7　　2019 年公布的《国家生态文明建设示范市县指标》

领域	任务	指标名称	单位	指标值
生态制度	（一）目标责任体系与制度建设	生态文明建设规划	—	制定实施
		党委政府对生态文明建设重大目标任务部署情况	—	有效开展
		生态文明建设工作占党政实绩考核的比例	%	≥20
		河长制	—	全面实施
		生态环境信息公开率	%	100
		依法开展规划环境影响评价	%	市：100 县：开展
生态安全	（二）生态环境质量改善	环境空气质量 　优良天数比例 　PM2.5 浓度下降幅度	%	开展上级规定的考核任务；保持稳定或持续改善
		水环境质量 　水质达到或优于Ⅲ类比例提高幅度 　劣Ⅴ类水体比例下降幅度 　黑臭水体消除比例	%	完成上级规定的考核任务；保持稳定或持续改善
		近岸海域水质优良（一、二类比例）	%	完成上级规定的考核任务；保持稳定或持续改善
	（三）生态系统维护	生态环境状况指数	%	
		干旱半干旱地区		≥35
		其他地区		≥60
		林草覆盖率　其中，山区	%	≥60
		丘陵地区		≥40
		平原地区		≥18
		干旱半干旱地区		≥35
		青藏高原地区		≥70
		生物多样性保护 国家重点保护野生动植物保护率	%	≥95
		外来物种入侵	—	不明显
		特有性或指示性水生物种保持率		不降低
		海岸生态修复 　自然岸线修复长度 　滨海湿地修复面积	公里 公顷	完成上级管控目标

续表

领域	任务	指标名称	单位	指标值
生态安全	（四）生态环境风险防范	危险废物利用处置率	%	100
		建设用地土壤污染风险管控和修复名录制度	—	建立
		突发生态环境事件应急管理机制	—	建立
生态空间	（五）空间格局优化	自然生态空间 生态保护红地 自然保护地	—	面积不减少，性质不改变，功能不降低
		自然岸线保有率	%	完成上级管控目标
		河湖岸线保有率	%	完成上级管控目标
生态经济	（六）资源节约与利用	单位地区生产总值耗能	吨标准煤/万元	完成上级规定的目标任务；保持稳定或持续改善
		单位地区生产总值用水量	立方米/万元	完成上级规定的目标任务；保持稳定或持续改善
生态经济	（七）产业循环发展	农业废弃物综合利用率	%	
		秸秆综合利用率		≥90
		畜禽粪便综合利用率		≥75
		农膜回收利用率		≥80
生态宜居	（八）人居环境改善	集中式饮用水水源地水质优良比例	%	100
		村镇饮用水卫生合格率	%	100
	（九）生活方式绿色化	生活废弃物综合利用 城镇生活垃圾分类减量化行动 农村生活垃圾集中收集储运	—	实施
生态文化	（十）观念普及意识	党政领导干部参加生态文明培训的人数比例	%	100
		公众对生态文明建设的满意度	%	≥80
		公众对生态文明建设的参与度	%	≥80

资料来源：整理自《国家生态文明建设示范市县指标》，中华人民共和国生态环境部（http：//www.mee.gov.cn/xxgk2018/xxgk/xxgk03/201909/W020190919344653241273.pdf）。

表3-8　　2018年公布的《国家生态文明建设示范县、市指标（试行）》

领域	任务	指标名称	单位	指标值
生态制度	（一）制度与保障机制完善	生态文明建设规划	—	制定实施
		生态文明建设工作占党政实绩考核的比例	%	≥20
		自然资源资产负债表	—	编制
		自然资源资产离任审计	—	开展
		生态环境损害责任追究	—	开展
		河长制	—	全面推行
		湖长制	—	建立
		固定源排污许可证核发	—	开展
		环境信息公开率	%	100
生态环境	（二）环境质量改善	环境空气质量：优良天数比例提高幅度与重污染天数比例下降幅度	%	省级生态环境部门根据实际情况自行确定本省改善幅度
		地表水环境质量：达到或优于Ⅲ类水质比例提高幅度与劣Ⅴ类水体比例下降幅度	%	省级生态环境部门根据实际情况自行确定本省改善幅度
	（三）生态系统保护	生态环境状况指数（EI）	—	≥55，且不降低
		森林覆盖率　其中，山区	%	≥60
		丘陵区		≥40
		平原地区		市：≥16，县≥18
		高寒区或草原区林草覆盖率		≥70
		生物物种资源保护		执行
		重点保护物种受到严格保护		执行
		外来物种入侵	—	不明显
	（四）环境风险防范	危险废物安全处置率	%	100
		污染场地环境监管体系	—	建立
		重、特大突发环境事件	—	未发生

续表

领域	任务	指标名称	单位	指标值
生态生活	（五）空间格局优化	生态保护红线	—	开展划定
		耕地红线	—	遵守
		受保护地区占国土面积比例	%	
		山区		≥33
		丘陵地区		≥22
		平原地区		≥16
		空间规划	—	编制
	（六）资源节约与利用	应当实施强制性清洁生产企业通过审核的比例	%	100
	（七）产业循环发展	农业废弃物综合利用率	%	
		秸秆综合利用率		≥95
		畜禽养殖场粪便综合利用率		≥95
	（八）人居环境改善	集中式饮用水水源地水质优良比例	%	100
		村镇饮用水卫生合格率	%	100
		农村卫生厕所普及率	%	≥95
		村镇环境综合整治率	%	达到省级考核要求，且在省内名列前茅
	（十）观念意识普及	党政领导干部参加生态文明培训的人数比例	%	100
		公众对生态文明知识知晓度	%	≥80
		公众对生态文明建设的满意度	%	≥80

资料来源：整理自《国家生态文明建设示范县、市指标（2018年修订）》，四川省生态环境厅（http：//sthjt.sc.gov.cn/sthjt/c104116/2019/3/12/b968e99505204378a89bce69zb3dof57.shtml）。

五 农业农村部：农业绿色发展技术导则（2018—2030 年）

为深入贯彻落实党的十九大精神，坚定不移地贯彻创新、协调、绿色、开放、共享的新发展理念，落实创新驱动发展战略、乡村振兴战略和可持续发展战略，根据中共中央办公厅、国务院办公厅《关于创新体制机制推进农业绿色发展的意见》有关部署，着力构建支撑农业绿色发展的技术体系，大力推动生态文明建设和农业绿色发展，农业农村部制定了《农业绿色发展技术导则（2018—2030 年）》。该导则由四个部分构成，具体有重要意义、思路和目标、主要任务、保障措施组成（见表 3-9）。

表 3-9　　农业绿色发展技术导则（2018—2030 年）

一　重要意义	（一）构建农业绿色发展技术体系是推进农业供给侧结构性改革，提高我国农业质量效益竞争力的必由之路	
	（二）构建农业绿色发展技术体系是实施可持续发展战略，破解我国农业农村资源环境突出问题的根本途径	
	（三）构建农业绿色发展技术体系是实施乡村振兴战略，实现我国农业农村"三生"协调发展的必然选择	
	（四）构建农业绿色发展技术体系是实施创新驱动发展战略，培育壮大农业绿色发展新动能的迫切需要	
二　思路和目标	（一）总体思路：全面构建高效、安全、低碳、循环、智能、集成的农业绿色发展技术体系，推动农业科技创新方向和重点实现"三个转变"，即：从注重数量为主向数量质量效益并重转变，从注重生产功能为主向生产生态功能并重转变，从注重单要素生产率提高为主向全要素生产率提高为主转变	
	（二）基本原则	1. 坚持目标导向、系统布局
		2. 坚持问题导向、集成创新
		3. 坚持政府引导、市场驱动
		4. 坚持科学评价、强化激励
	（三）发展目标	1. 绿色投入品创制步伐加快
		2. 绿色技术供给能力显著提升
		3. 绿色发展制度与低碳模式基本建立
		4. 绿色标准体系建立健全
		5. 农业资源环境生态监测预警机制基本健全

续表

三 主要任务	(一) 研制绿色投入品	1. 高效优质多抗*新品种
		2. 环保高效肥料、农业药物与生物制剂
		3. 节能低耗智能化农业装备
	(二) 研发绿色生产技术	4. 耕地质量提升与保育技术
		5. 农业控水与雨养旱作技术
		6. 化肥农药减施增效技术
		7. 农业废弃物循环利用技术
		8. 农业面源污染治理技术
		9. 重金属污染控制与治理技术
		10. 畜禽水产品安全绿色生产技术
		11. 水生生态保护修复技术
		12. 草畜配套绿色高效生产技术
	(三) 发展绿色产后增值技术***	13. 农产品低碳减污加工贮运技术
		14. 农产品智能化精深加工技术
	(四) 创新绿色低碳种养结构与技术模式	15. 作物绿色增产增效技术模式
		16. 种养加一体化循环技术模式
	(五) 绿色乡村综合发展技术与模式	17. 智慧型农业技术模式
		18. 乡村人居环境治理技术模式
	(六) 加强农业绿色发展基础研究	19. 重大基础科学问题研究
		20. 颠覆性前沿技术研究
	(七) 完善绿色标准体系	21. 农业资源核算与生态功能评估技术标准
		22. 农业投入品质量安全技术标准
		23. 农业绿色生产技术标准
		24. 农产品质量安全评价与检测技术标准
		25. 农业资源与产地环境技术标准
四 保障措施	(一) 强化科技资金项目支撑	1. 加大科技投入,完善支持政策
		2. 依托现有项目,加快集成创新
		3. 强化基础性长期性工作,夯实科技创新基础
		4. 加强国际合作,统筹利用好两个市场两种资源
	(二) 强化科技体制机制创新	1. 建立以调动积极性为导向的研推用主体***激励机制
		2. 建立以绿色为导向的科研评价机制
		3. 建立以互利共赢为导向的产学研用深度融合机制

续表

四 保障措施	（三）强化科技政策制度保障	1. 建立绿色发展技术任务清单制度
		2. 建立绿色发展技术风险评估和市场准入制度
		3. 建立绿色发展技术和良种用户奖励制度
	（四）强化绿色科技成果转化应用	1. 充分发挥市场主体的作用
		2. 充分发挥基层农技推广体系作用
		3. 充分发挥新型经营主体的作用
		4. 加快绿色科技成果示范推广

资料来源：根据以下内容整理：农业农村部关于印发《农业绿色发展技术导则（2018—2030年）》的通知，中华人民共和国中央人民政府网站（http：//www.gov.cn/gongbao/content/2018/content_5350058.htm）。

＊抵抗病变，抗干旱、倒伏等。

＊＊农产品在生产出来以后通过绿色低碳加工或智能环保化深加工提升附加值。

＊＊＊农业绿色发展技术研究者、推广者、使用者。

乡村振兴中，农业发展是立足之本，而农业的绿色生态发展是创建生态宜居乡村的必然选择。农业农村部印发的《农业绿色发展技术导则（2018—2030年）》的通知，首先肯定了构建农业绿色发展技术体系是推进农业供给侧结构性改革、提高我国农业质量效益竞争力的必由之路，是继叶谦吉提出"生态农业"理论，2017年中央一号文件提到农业供给侧改革要"推行绿色生产方式"、"增强农业可持续发展能力"后，国家再次对生态农业、绿色农业发布的导向性文件，对破解当前农业资源趋紧、环境问题突出、生态系统退化等重大瓶颈问题，实现农业生产生活生态协调统一、永续发展，有重大技术意义。

六 质检总局和国家标准委：《美丽乡村建设指南》

《美丽乡村建设指南》是推荐性国家标准，由质检总局和国家标准委于2015年4月29日发布，2015年6月1日起实施。该指南由12个章节组成，基本框架分为总则、村庄规划、村庄建设、生态环境、经济发展、公共服务、乡风文明、基层组织、长效管理等9个部分。指南采取定性和定量相结合的方法，汇集了财政、环保、住建、农业等行业部委的相关工作要求,明确了美丽乡村建设在总体方向和基本要求上的"最大公约数",在村庄建设、生态环境、经济发展、公共服务等领域规定了21项量化指标(见表3-10)。

表3-10 《美丽乡村建设指南》中可以量化的指标

序号	指标项	量化标准值
1	路面硬化率	100%
2	村域内工业污染源达标排放率	100%
3	农膜回收率	80%以上
4	农作物秸秆综合利用率	70%以上
5	病死畜禽无害化处理率	100%
6	畜禽粪便综合利用率	80%以上
7	生活垃圾无害化处理率	80%以上
8	生活污水处理农户覆盖率	70%以上
9	使用清洁能源的农户数比例	70%以上
10	林草覆盖率	平原20%,山区80%,丘陵50%以上
11	卫生公厕拥有率	高于1座/600户
12	户用卫生厕所普及率	80%以上
13	村卫生室建筑面积	大于60平方米
14	学前一年毛入学率	85%以上
15	九年义务教育目标人群覆盖率	100%
16	九年义务教育巩固率	93%以上
17	农村五保供养目标人群覆盖率	100%
18	农村五保集中供养能力	50%以上
19	管护人员与常住人口比例	0.2%
20	基本养老服务补贴目标人群覆盖率	50%以上
21	村民享有城乡居民基本医疗保险参保率	≥90%

资料来源:内容根据国家标准委《美丽乡村建设指南(GB/T 32000—2015)》整理。

《美丽乡村建设指南》坚持政府引导、村民主体、以人为本、因地制宜的原则,以持续改善农村人居环境和乡村振兴为目标。在涉及村庄建设方面,除了表3-10中列举的指标外,还包含了需要根据乡村资源禀赋,因地制宜编制村庄规划,注重传统文化的保护和传承,维护乡村风貌,突出乡村地域特色,村内道路应以现有道路为基础,顺应现有村庄格局,保留原始形态走向,就地取材;当村庄规模较大、情况较复杂时,宜编制经济可行的村庄整治等专项规划;历史文化名村和传统村落应编制历史文化名村保护规划和传统村落保护发展规划,保持和延续传统格局和历史风貌,维护历史文化遗产的完整性、真实性、延续性;道路、桥梁、饮水、供电、农业生产设施等规划编制和村庄建设时,还需要动员村民们参与,体现农民的意见。

《美丽乡村建设指南》中的生态环境要求较多,主要有环境质量、污染防治、生态保护与治理、村容整治等几个方面。环境质量又涵盖了大气、声、土壤环境质量要求;村域内主要河流、湖泊、水库等地表水体水质,沿海村庄的近岸海域海水水质要求。污染防治则有农业、工业和生活污染防治三个主要领域,要求推广植物病虫害统防统治,采用农业、物理、生物、化学等综合防治措施,不得使用明令禁止的高毒高残留农药;推广测土配方施肥技术,施用有机肥、缓释肥;农膜回收率、农作物秸秆综合利用率、畜禽粪便综合利用率、病死畜禽无害化处理率、工业污染源达标排放率、生活垃圾无害化处理率、生活污水处理农户覆盖率、使用清洁能源的农户数比例等都作出了明确的比例要求。

《美丽乡村建设指南》中经济发展的基本要求主要是建制村应该制定产业发展规划,创新产业发展模式,培育特色村、专业村,带动经济发展,促进农民增收致富,村级集体经济有稳定的收入来源,能够满足开展村务活动和自身发展的需要。在农业产业领域,应该发展种养大户、家庭农场、农民专业合作社等新型经营主体;发展现代农业,促进农业科技成果转化;发展现代林业、现代畜牧业,推广畜禽生态化、规模化养殖;沿海或水资源丰富的村庄,发展现代渔业,推广生态养殖、水产良种和渔业科技,落实休渔制度,促进捕捞业可持续发展。在工业产业方面,各地乡村可以发展农副产品加工、林产品加工、手工制作等产业,提高农产品附加值;还可以依托乡村自然资源、人文禀赋、乡土风情及产业特色，发展形式多样、特色鲜明的乡村传统文化、餐饮、旅游休闲产业，配备适当的基础设施；发展家政、商贸、美容美发、养老托幼等生活性服务业；还应鼓励发展农技推广、动植物疫病防控、农资供应、农业信息化、农业机械化、农产品流通、农业金融、保险服务等农业社会化服务业。

《美丽乡村建设指南》中公共服务领域包括医疗卫生、公共教育、文化体育、社会保障、劳动就业、公共安全、便民服务等。《美丽乡村建设指南》为开展美丽乡村建设提供了框架性、方向性技术指导，使美丽乡村建设有标可依，使乡村资源配置和公共服务有章可循，使美丽乡村建设有据可考。同时，标准对乡村个性化发展预留了自由空间，鼓励各地根据乡村资源禀赋，因地制宜、创新发展。

第四章 乡村振兴与生态宜居的地方实践

全国各地积极实施乡村振兴战略，全面贯彻党的十九大、十九届四中、五中全会和中央农村工作会议精神，统筹推进农村稳增长、促改革、调结构、惠民生、防风险、保稳定和党的建设等各方面工作，扎实推进全面深化改革，持续用力保障和改善农业农村现代化条件和农村民生。各地乡村农民收入和消费生活水平不断提高，城乡差距显著缩小，各地乡村新型主体大量涌现，现代农业"人"的活力增强。各地乡村基础设施水平显著增强，由传统农业向农林牧渔业全面发展的现代农业转变，各地农业"物"的现代化迈上新台阶。全国各地农村土地流转规范有序，集约化经营初具规模，产业融合发展步伐加快，农业现代化进程不断加快。各地在习近平生态文明思想指引下推进乡村振兴视野中的生态宜居建设，牢固树立"绿水青山就是金山银山"的发展理念，通过国土资源保护、主体功能区划定、林草生态建设、农村垃圾全面收处和生态循环农业等方面的建设，加强各地生态省、生态市、生态县、生态村的建设，为美丽中国建设贡献地方力量。

第一节 农村居民生活水平提高，现代农业"人"的活力增强

一 农村居民收入和消费持续较快增长，城乡差距显著缩小

（一）农村居民收支情况及分析

新中国成立后，在党的带领下，各地农民人均可支配收入逐年

增长，尤其是改革开放后，在土地经营方式实现灵活情况下，农民收入快速增长。进入 21 世纪以后，随着农业税的取消，农民不再缴纳几千年的"皇粮国税"。各地又进一步加大农业扶持力度，各地农民人均纯收入犹如"芝麻开花节节高"，以四川为例，具体数据如表 4－1 所示。

表 4－1　　　　　　　　四川农民人均纯收入情况　　　　　　单位：元/人

年份	1957	1965	1978	1995	2002	2010	2014
人均纯收入	67.5	105.8	127.1	1100.0	2107.7	5086.9*	8803.0**

资料来源：数据来自《70 年巨变，四川农业农村铸造辉煌——新中国成立 70 周年四川经济社会发展成就系列之三》，四川省统计局网站（http://tjj.sc.gov.cn/tjxx/zxfb/201908/t20190806_285612.html）。

* 这一数据根据《四川农民人均纯收入"跳跃式"增长跃上 6000 元》得到，载于《四川日报》2012 年 2 月 17 日第 3 版。

** 这一数据根据《"十二五"四川不断完善惠农强农政策农民人均纯收入增长超 7 成》得到，载于四川省人民政府网站（http://www.sc.gov.cn/10462/10778/10876/2016/1/11/10364757.shtml）。

由表 4－1 可知，1978 年四川各地农民人均纯收入仅仅比 1965 年增加 21.3 元，这 13 年间平均每年增加 1.64 元。而对比 1957 年到 1965 年农民人均纯收入增加 38.3 元，那 8 年间平均每年增加 4.79 元。造成这种悬殊差距主要是因为社会主义改造完成以后极大地提高了农村生产力水平，但由于"文化大革命"对生产的破坏影响，故而造成了那段时期各地农民收入徘徊不前的状态。改革开放的春风终于吹到了巴蜀大地，1978 年至 2000 年，四川全省农民人均纯收入年均增长 13.1%，是农民收入增长幅度最快的时期。①

党的十八大以后，各地农业进入了供给侧结构性改革的高质量发展阶段，各地农业农村面貌发生重大改变，农民收入增长更加具有产业支

---

① 赵颖文、吕火明、卢波：《建国 70 年四川农业农村经济发展：成就、经验与愿景》，《农业经济》2020 年第 12 期。

撑和多样化渠道。2018年,全国农村居民人均可支配收入14617元,较上年增长1185元。[①] 2019年全国农民人均可支配收入达到16021元,增长9.6%。[②]

各地农民收入不仅节节攀升,而且收入构成越来越多元化,摆脱了改革开放前单纯依靠种田、放牧等经营性收入为单一来源。现今各地农民收入来源日益多样化,例如农林牧渔的经营性收入,外出务工的工资性收入,经商等经营性收入,惠农富农补贴的转移性收入,土地流转、房屋出租的财产性收入等构成了各地农民鼓起来的钱袋子。

1978年前,各地农民近80%的可支配收入依赖于种田、放牧等集体劳动中结算的工分,农民需要在集体经济中参与共同劳作,获得工资才能解决温饱。家庭联产承包责任制实施以后,农民开始自主经营土地,以前的绝大部分的工资性收入改为农民的经营性收入。1990年,各地农民的经营性收入占到人均可支配收入的近八成左右。到了2018年,在1978年的基础上,各地农民的可支配收入增长了95倍左右。并且在收入底数越来越大的基础上,工资性收入的比例只占到人均可支配收入的三成左右,经营性收入占到四成左右,这表明,各地农民收入结构发生了深刻变化,在突破了"靠天吃饭"的落后农业生产状态的局限后,因土地直接产生的基础性收益有了保障,再加上收入结构的多元化,使得各地农民的可支配收入日益增高。以四川为例,具体数据如下:

表4-2　　　　　　　　四川农民收入构成比例情况

年份	农民人均可支配收入（元）	工资性收入占比（%）	经营性收入占比（%）	转移性收入占比（%）	财产净收入占比（%）
1978	127.1	79.3	11.0	8.7	0.9
1990	557.8	15.3	79.4	4.4	0.8

---

① 郑莉、吴迪等:《居民收入如何"水涨船高"》,《工人日报》2019年3月24日第2版。
② 邱海峰、方紫薇:《拓渠道,农民增收有后劲》,《人民日报》(海外版)2020年2月27日第3版。

续表

年份	农民人均可支配收入（元）	工资性收入占比（%）	经营性收入占比（%）	转移性收入占比（%）	财产净收入占比（%）
2010	5086.9	44.2	44.5	2.8	8.5
2015	10247.4	33.8	41.0	23.1	2.2
2018	13331.0	32.3	38.4	26.4	2.8
2018年与1978年占比变化		-47	27.4	17.7	1.9

资料来源：数据来自《70年巨变，四川农业农村铸造辉煌——新中国成立70周年四川经济社会发展成就系列之三》，四川省统计局网站（http：//tjj.sc.gov.cn/tjxx/zxfb/201908/t20190806_285612.html）。

全国各地农民收入来源的多样化和基数的不断扩大，使得城乡居民收入差距在改革开放后逐渐缩小。特别是十八大以后，在党中央统筹城乡发展、脱贫攻坚、农业供给侧结构性改革、实施乡村振兴战略等政策措施的引导下，农民增收持续保持了高于全国平均增速、高于城镇居民收入增速的良好态势。截至2018年，浙江城乡居民收入差距再度缩小至2.04∶1[1]，而同一时期全国城乡居民收入差距为2.78∶1[2]。

同时，各地农村居民生活消费能力与消费水平提升，消费结构也不断优化，生活质量不断提高：由解放初期的寻求温饱到改革开放后的饮食多元，再到新时代下更加注重生活品质的转变；由早期的病靠扛，到新农合医疗，又进一步整合城乡居民基本医疗保险制度，在全国范围内建立起了统一的城乡居民医保制度，再到新时代下保健医疗的基本普及；由早期的家徒四壁，到改革开放后的电视、冰箱、洗衣机，再到新时代下的空调、电脑、手机等智能家电。各地农民的消费支出伴随自己鼓起来的钱袋子日益增长，并且不再局限于吃穿住用行，还向旅游、教育、健康等领域延伸，越来越接近城镇居民生活消费支出结构。值得一

---

[1] 根据浙江省统计局网站数据整理（http：//tjj.zj.gov.cn/col/col1525563/index.html）。
[2] 根据中华人民共和国国家统计局网站数据整理（http：//data.stats.gov.cn/easyquery.htm？cn＝B01）。

提的是，各地农民用于食品类的消费支出占其总支出的比例越来越低，各地农民恩格尔系数呈逐年递减态势，这正是各地乡村发展呈现的喜人趋势。以四川为例，具体数据如表4-3所示。

表4-3　　四川农村居民生活消费支出构成情况及恩格尔系数　　单位：元/人

年份	生活消费总支出	食品烟酒	衣着	居住	生活用品及服务	医疗保健	交通通信	教育文化娱乐	其他商品及服务	恩格尔系数%*
1954	5.1	3.6	0.6	0.2	0.3	—	—	0.1	0.4	70.5%
1978	120.3	88.5	13.9	9.8	5.2	0.1	0.2	1.7	0.9	73.6%
1990	509.2	330.0	35.5	72.3	24.4	13.9	4.2	24.5	4.4	64.8%
2010	4550.1	2107.2	246.6	825.4	284.9	416.6	290.1	318.6	60.7	46.3%
2015	9251.0	3618.0	580.0	1675.0	660.0	840.0	1020.0	699.0	840.0	39.1%
2018	12723.2	4482.7	716.4	2500.0	859.6	1578.2	934.0	1413.7	237.5	35.2%

资料来源：数据（恩格尔系数除外）来自《70年巨变，四川农业农村铸造辉煌——新中国成立70周年四川经济社会发展成就系列之三》，四川省统计局网站（http://tjj.sc.gov.cn/tjxx/zxfb/201908/t20190806_285612.html）。

*恩格尔系数由笔者根据食品烟酒支出与生活消费总支出计算得出，由于烟酒相较于食品并不是必需项，会随农民收入丰歉情况而改变，在此一起列入食品类支出。

表4-3的数据不仅是四川一地的变化，也是全国各地的普遍现实。各地农民生活消费支出逐年增长，交通通信、教育文化娱乐这两项由新中国成立初期的几乎为零，向百元、千元递进，交通不再靠吼、靠脚力，手机通信、移动网络的日益普及使得农民可以足不出户与外界畅通联系。再加上国家加大对农村移动互联网的建设，广大农户在家就能让农副产品通过网络电商走出乡村。更得益于移动资讯互联网提速降费和农村公共交通的大力发展，使得各地农民交通通信支出在十八大后有所减少。各地农民在教育文化娱乐上的支出在很长一段时间主要集中在教育上，聚焦于家里未成年子女的学费支出上，尤其是我国高校教育制度改革以后，农村家庭供养大学生的支出占到人均可支配收入的大头。但

随着农民收入的增加和各项对贫困大学生的助学奖励，这项支出中的教育部分成为农民"甜蜜的负担"，越来越多的农村家庭愿意让子女接受高等教育，越来越多的农村家庭子女能够接受高等教育，这会成为各地乡村振兴中人才储备的重要来源。

各地农民恩格尔系数的逐年降低表明食品支出占生活消费总支出比重的降低，意味着各地农村居民有了更多的收入基数，能够把更多的纯收入用于食品以外的消费，能够有更多的时间精力用于满足衣着、住房、保健、文娱等方面的消费需求。这里还需要对1978年相较于1954年恩格尔系数变化情况进行解释，由于1978年12月我国才召开十一届三中全会决定改革开放，故而1978年的数据更多是对1966年以后的沉积。而由于众所周知的原因，1978年之前的部分时段，农村生产力水平没有提升，甚至部分地区还出现了倒退。再加上我国从新中国成立初期开始进行的工业化建设，以工农剪刀差的方式进行的一、二产业再分配，这就使得恩格尔系数在1978年的结果高于1954年。各地农村居民恩格尔系数的降低，充分说明了各地农村居民消费结构的改善和生活水平的提高。可以预见的是，在乡村振兴战略的深入推进下，农村居民的恩格尔系数还会继续下降，各地农村居民的生活水平会有进一步提升。

（二）农村居民住房持续改善

农村居民在改革开放以前，一般都住在土坯房或茅草屋，人均居住面积10平方米左右。房屋内陈设简陋，吃饭的桌子、睡觉的床板是大多数农村家庭的主要家当；姐妹几个挤在一张床上，兄弟几个凑在一个板子上是家常便饭。改革开放以后，随着农村居民收入增加，在解决了温饱和穿着等基本生活问题以后，大家纷纷开始进行住房改造，包括房屋翻新，或把修建砖瓦红墙的新房作为自家住房的"小目标"。进入20世纪90年代以后，各地大部分农村家庭开始把自家住房的标准提高到二层或三层楼房，每层楼差不多2间或3间房屋。21世纪后，尤其是进入新时代以来，农村家庭把新修房屋的标准提高到了洋楼或别墅标准，每层楼或分前中后三出，或以造型隔断，外观内饰与城市建筑毫无差别。

各地农村居民家庭的住房情况得到了越来越明显的改善后，四川人均年内新建住房在2014年达到高峰后趋于饱和,稳步回落;人均自有现住房面积从1998年的接近25平方米逐年递增,到2017年达到48.5平方米。具体数据如表4-4所示。

表4-4　　　　　　　　　　四川农村居民住房情况

年份	平均每户常住人口（人）	人均年内新建房屋面积（平方米）	人均自有现住房面积（平方米）
1998年	4.00	0.78	24.72
1999年	4.00	0.81	25.45
2000年	4.00	0.94	28.03
2014年	3.03	0.96	44.94
2015年	3.03	0.51	47.13
2016年	3.05	0.48	47.85
2017年	3.07	0.65	48.57

资料来源:1998—1999年数据整理自《四川统计年鉴2000》,四川省统计局网站(http://tjj.sc.gov.cn/tjcbw/tjnj/2000/ChineseDisplay1.htm);2000年数据整理自《四川统计年鉴2001》,四川省统计局网站(http://tjj.sc.gov.cn/tjcbw/tjnj/2001/htmlfile/chinesemenu.htm);2014—2017年数据整理自《四川统计年鉴2018》,四川省统计网站(http://tjj.sc.gov.cn/tjcbw/tjnj/2018/zk/indexch.htm)。

二　乡村新型主体大量涌现,带动乡村振兴

各地乡村在改革开放前,农民作为集体经济的成员只能从事村集体安排的劳动或经营活动,一切劳动收入都要归公,所以在改革开放前的中国农村,其经营主体绝大多数只有村集体。在家庭联产承包制实施以后,农村允许以户为单位进行经营性活动,劳动收入归家庭或个人所有。

改革开放以后,有的农村集体为了解决农闲时的多余劳动力,因地制宜地发展了当地特色的农产品加工企业或服装鞋帽等制作企业,这是中国乡村涌现出的第一批新型法人实体——乡镇企业。农民在农闲时可以在乡镇企业上班获取除土地经营性收入外的工资性收入,各地乡村进入了改革开放后第一波红火时期。笔者的母亲在1982年时,在家乡的

书包加工厂这一乡镇企业进行缝纫机作业加工，一个月的收入在150元左右，而当时国有企业的普通工人月工资平均水平是50元左右。

与此同时，各地农村的个体户因为经营灵活、取财有道，大部分都成了万元户，带动了乡村繁荣。笔者所在的乡村，在改革开放初期，一些村民已经开始从事个体运输、个体餐馆等小规模的灵活经营方式。1986年四川成都郫县（今成都市郫都区）友爱镇农科村诞生中国第一家乡村旅游经营主体，即现在流行的"农家乐"，开启了乡村新型经营主体的另一条通道，开辟了乡村旅游的新模式，助力农民增收，带动乡村繁荣发展。进入20世纪90年代以后，各地农民更加放开胆子去市场经济的浪潮闯荡，个体户、家庭农场、乡镇企业等新型主体在各地农村大量涌现，农业产业园区规模扩大。截至2017年末，四川全省累计建成农业主题公园440个；全省有5000个行政村发展乡村旅游，休闲农业经营单位3.1万家；全省实现乡村旅游收入2283亿元。[1]

党的十八大以来，各地新型农业经营主体和服务主体快速发展，除了家庭农场、农民合作社、农业社会化服务组织外，专业大户、新型职业农民（含职业经理人）大量涌现。数据显示：2016年，浙江全省共有农业龙头企业7660家，销售收入3690.4亿元；浙江全省农民专业合作社共4.9万家，其中年销售额500万元以上的达1759家。[2]

2017年5月，中共中央办公厅、国务院办公厅印发了《关于加快构建政策体系培育新型农业经营主体的意见》，这是三农领域关于经营主体的重磅级政策指导性文件。该文件对于农村新型经营主体的培育及发展形成了较为完整的政策扶持体系，分别从财政税收、基础设施、金融信贷服务、保险扶持、市场营销拓展、人才培养等六大方面作了系统规定，解决了农业新型经营主体在发展中所遇到的一系列问题，加强了政策支持力度。

在党的十九大作出乡村振兴的战略规划后，2020年3月，农业农村

---

[1] 四川省统计局：《促改革强生产惠民生　农村经济成就辉煌——改革开放40年四川经济社会发展成就系列报告之三》，四川省人民政府网站（http：//www.sc.gov.cn/10462/10464/10465/10574/2018/9/3/10458183.shtml）。

[2] 《新中国成立70周年浙江农业基本实现现代化》，根据国家统计局浙江调查总队网站数据整理（http：//www.zjso.gov.cn/fxyj/201910/t20191012_94367.html）。

部印发了《新型农业经营主体和服务主体高质量发展规划（2020—2022年)》，指出："按照主体多元、形式多样、服务专业、竞争充分的原则，加快培育各类服务组织，充分发挥不同服务主体各自的优势和功能"，对家庭农场、农民合作社、农业社会化服务组织等新型农业经营主体和服务主体发展作出具体规划，提出了五大支持政策和四大保障措施。

新型农业经营主体在全国各地越来越多，逐渐成为乡村振兴的新生力量。福建泉州茶乡安溪，成立于2010年12月的德茗茶叶专业合作社有茶园面积1300亩，共有社员205户。该合作社按照企业联营、生产联作、质量联控、社务联商、分成联利的运作模式，实行统一农资配送、统一农药喷施、统一技术培训、统一质量管理、统一产品销售，建立茶叶质量可追溯体系，带动社员共同致富，实现茶农、茶商、茶企合作共赢。合作社成立以来，社员人均收入不断增长，2017年人均收入达22500元以上。近年来，泉州市以农民专业合作社、家庭农场为代表的新型农业经营主体，数量快速增长，规模日益扩大，在衔接小农户与现代农业发展、推进农业供给侧结构性改革、推动现代农业发展上发挥了重要作用。截至2017年底，泉州市登记在册的家庭农场有1341家，农民合作社有5512家。[①]

全国各地都在通过农业农村主体发育壮大来激发农业长远发展活力，形成了各类农业生产经营主体专业化、合作化生产的新局面。截至2019年底，全国家庭农场超过70万家，依法注册的农民合作社220.1万家，从事农业生产托管的社会化服务组织数量42万个。[②]

第二节　农业"物"的现代化迈上新台阶

一　由传统农业向农林牧渔业全面发展的现代农业转变

（一）粮食产量逐步稳定在较高水平

一直以来，我国就是一个人口和农业大国。我国18亿亩耕地的红线

[①] 本段数据均引自王雄《福建泉州：新型农业经营主体渐成乡村振兴主力军》，新华网（http://www.xinhuanet.com/politics/2018-12/06/c_1123817981.htm），2018年12月6日。

[②] 乔金亮：《@新型农业经营主体，最新支持措施来了》，《经济日报》2020年3月26日第5版。

决不允许突破，作为产粮大省的地方省（区、市），也义不容辞地肩负起保障耕地面积的责任。故而在面临城镇化、工业化的进程中，这些地方克服了重重困难，尽可能在城镇化发展与耕地保留之间寻求平衡，采取耕地占补平衡、限制城市发展规模等措施保持耕地面积的基本稳定。

例如四川省内的成都平原①，虽然占地面积不到全省的4%，却是全省最大的粮食产地。对于处在成都平原的成都市来说，既要落实"一干多支、五区协同、四向拓展、全域开放"，加快建设全面体现新发展理念的国家中心城市，又要保障粮食安全，这样的任务承担非常艰巨。成都采取各种措施，确保了农作物总播种面积和粮食总产量的大体稳定：成都市农作物总播种面积2010年为823.97千公顷，265.2万吨；2012年为792.89千公顷，251.7万吨；2014年为753.26千公顷，237.1万吨；2016年为728.48千公顷，230.7万吨；2017年为730.99千公顷，231.9万吨。② 由以上数据可知，在播种面积下降的同时，成都市粮食总产量的下降幅度低于其播种面积的减少程度。这一变化态势与四川全省的情况基本吻合，具体情况见表4-5：

表4-5 四川粮田粮食生产情况

年份	粮食播种面积（万亩）	粮食产量（万吨）	粮食亩产（公斤/亩）
1949	10114.4	1090.8	107.8
1958	10327.5	1605.1	155.4
1968	10083.6	1460.8	144.9
1978	11161.5	2381.2	213.4
1988	10197.0	2912.7	285.6
1998	11007.2	3626.3	329.5

---

① 成都平原又称为川西坝子，是位于四川盆地西部的一处冲积平原，包括省会城市成都市各区县及德阳、绵阳、雅安、乐山、眉山等地的部分区域，总面积1.881万平方公里，是西南三省最大的平原。

② 数据整理自《四川统计年鉴2018》，四川省统计局网站（http://tjj.sc.gov.cn/tjcbw/tjnj/2018/zk/indexch.htm）。

续表

年份	粮食播种面积（万亩）	粮食产量（万吨）	粮食亩产（公斤/亩）
2008	9613.2	3111.0	323.6
2018	9398.5	3493.7	371.7

资料来源：数据整理自《70年巨变，四川农业农村铸造辉煌——新中国成立70周年四川经济社会发展成就系列之三》，四川省统计局网站（http://tjj.sc.gov.cn/tjxx/zxfb/201908/t20190806_285612.html）。

由表4-5可以清晰地看到，四川粮食产量在播种面积逐渐减少的情况下实现了稳定增长，粮食总产量、单产水平不断提高。全省粮食播种面积从1949年的10114.4万亩减少到2018年的9398.5万亩，减少了715.9万亩。粮食产量从1949年的1090.8万吨增加至2018年的3493.7万吨，比1949年增加2402.9万吨，增长2.2倍，年均增长1.7%，取得这样的成绩是非常不容易的。因为粮食产量的增加不像工业产值可以在十年内迅速翻番，土地作物的生长必须遵循自然规律，即便进行了种子革命和加入农药化肥等方式保驾护航，其产量也不会像几何数级那样肆无忌惮地增加。

许多地方粮食播种面积减少的同时，粮食总产量增加了，这背后的逻辑就是这些地方粮食单产水平的提高，即粮食亩产量的增加。四川人多地少，再加上甘孜、阿坝、凉山三州地区幅员占据四川大半，又多为生态脆弱区，所以四川虽然面积较大，但耕地却相当稀缺，用地矛盾比较突出，只能通过提高粮食单产水平来确保粮食产量稳定和粮食生产安全。新中国成立70余年来，四川省委、省政府带领全川农村居民稳打稳扎，确保粮食生产安全落实落地，加大科技投入和农业基础设施建设，特别是近年来各地广泛开展标准农田和粮食优质高产创建，粮食单产水平稳步提升。全省粮食单产水平由1949年的107.8公斤/亩提高至2018年的371.7公斤/亩，提高263.9公斤/亩，增长2.4倍，年均增长1.81%。

（二）农业经济总量阶梯式增长，生产结构不断优化

从新中国成立初期到改革开放这一段时间，许多地方的第一产业中

第四章　乡村振兴与生态宜居的地方实践

农业一枝独秀。在1949年农林牧渔业总产值中，四川农业比重达到85.0%，畜牧业和林业分别只占12.9%、2.3%，而渔业和农林牧渔服务业几乎为零；到了1979年，农业比重下降到72.9%，畜牧业和林业分别占到24.0%、2.8%，渔业占比艰难地攀升到0.3%。农业这一家独大的局面再次印证了全国各地在那段时期，人民群众饮食的单一化、肉类制品的奇货可居和林业发展的滞后。

改革开放以后，随着人民生活水平的提高，对粮食的直接需求减少，对肉、蛋、奶、鱼的需求大幅度增加，各地畜牧业、渔业快速发展，占比迅速提高，农业占比明显下降，各地农林牧渔经济开始了全面、多元、协调的发展。例如，到2018年，四川农林牧渔总产值实现7195.6亿元，比1949年增加7176.9亿元，增长383.8倍，按可比价计算，年均增长4.1%；农业占农林牧渔业总产值的比重降至57.7%，比1949年下降27.3个百分点；畜牧业、林业则分别上升至31.2%、5.0%，分别提高18.3个、2.9个百分点，渔业、农林牧渔服务业产值占比则分别从零提高到3.4%、2.6%。具体数据见表4-6：

表4-6　　　　　四川农林牧渔业总产值及占比情况

年份	农林牧渔总产值（亿元）及占比（%）	农业产值（亿元）及占比（%）	林业产值（亿元）及占比（%）	牧业（亿元）及占比（%）	渔业产值（亿元）及占比（%）	农林牧渔专业及辅助性活动产值（亿元）及占比（%）
1949	18.7, 100	15.9, 85	0.4, 2.3	2.4, 12.9	—	—
1963	52.8, 100	39.7, 75.1	3.6, 6.8	9.3, 17.5	0.3, 0.6	—
1979	123.3, 100	89.9, 72.9	3.4, 2.8	29.5, 24	0.4, 0.3	—
1991	513.4, 100	317.4, 61.8	19.4, 3.8	168.4, 32.8	8.2, 1.6	
2000*	1483.5, 100	785.4, 53	49.1, 3	611.8, 41	37.3, 3	
2010	4081.8, 100	2059.3, 50.5	160.1, 3.9	1658.0, 40.6	129.8, 3.2	74.6, 1.8
2018	7195.6, 100	4153.7, 57.7	358.7, 5.0	2246.1, 31.2	247.9, 3.4	189.2, 2.6

资料来源：数据整理自《70年巨变，四川农业农村铸造辉煌——新中国成立70周年四川经济社会发展成就系列之三》，四川省统计局网站（http://tjj.sc.gov.cn/tjxx/zxfb/201908/t2019 0806_ 285612. html）。

*2000年数据整理自《四川统计年鉴2001》，四川省统计局网站（sc.gov.cn/tjcbw/tjnj/2001/htmlfile/chinesemenu. htm）。

这里需要对最后一栏进行说明，农林牧渔专业及辅助性活动产值，顾名思义是指农林牧渔专业及辅助性活动营业收入。2001年以后，多地的农林牧渔专业及辅助性活动开始出现增长。因为农林牧渔专业及辅助性活动主要是指具备一定相关技艺以营利为目的的活动，不包括各种科学技术和专业技术服务，包括但不限于以下类别：能够为农林牧渔业提供种子种苗培育的活动；为农林牧渔业生产提供机械并配备操作人员的活动；对农林牧渔业生产灌溉排水系统的经营与管理；农林牧渔产品初加工活动；从事农林牧渔业重大病虫害防治等活动；代耕代种代收、大田托管等其他农业活动；林地防火等各种辅助性活动；提供牲畜繁殖、圈舍清理、畜产品生产；畜禽粪污处理活动；等等。

当然以上这些，如育种、灌溉、粪池清理等事情不是从2001年以后才开始有人去做的，一直有人在从事这些劳动，例如打扫猪圈、清理猪粪、选取种粮、清理渠道，只是之前从事这些劳动的大部分为农牧民自己的家庭成员，或临时招募劳动力进行劳作，没有把这些活动外包给某一个专业公司或社会组织。随着各地农林牧渔各项行业出现的规模化、产业化经营越来越多，第一产业内部的分工越来越细化，出现了专门从事花卉苗圃种植、畜禽粪便收集处理、病虫害生物防治、森林防火的经营主体，这些主体由于其专业性、效率性的活动，使得农林牧渔经营主体愿意把这些之前由自己承担的风险较高（如育苗、育种）或又累又脏又耗时的事情转移给辅助性活动主体承担。所以全国各地的农林牧渔专业及辅助性活动产值于新千年开始崛起，浙江省从2004年的109.84亿元增加至2018年的315.60亿元。[①] 可以预计的是，未来一段时间，伴随各地智慧农业的发展，符合现代化、规模化、集约化的农林牧渔专业及辅助性活动产值将会稳步提升，这是各地农业农村现代化发展的一个缩影。

---

① 根据浙江省统计局网站数据整理（https：//zjjcmspublic.oss-cn-hangzhou-zwynet-d01-a.internet.cloud.zj.gov.cn/jcms_files/jcms1/web3077/site/flash/tjj/Reports1/2019%E5%B9%B4%E7%BB%9F%E8%AE%A1%E5%B9%B4%E9%89%B4%E5%85%89%E7%9B%9820200706/indexch.htm）。

(三) 特色经济作物蓬勃发展

在粮食安全得到有力保障的前提下，各地种植结构不断改善，特别是改革开放以来，由粮食生产为主转变为以粮、油、菜、果生产为主，茶、中草药材生产为辅，产量稳定增长，产品丰富多样。粮食作物，就是作为主粮的农作物，我国农业部门规定的四大主要粮食作物为水稻、小麦、玉米、马铃薯；其他主粮作物还有红薯、高粱、大麦、藜麦、荞麦等。在改革开放前，民众餐桌上的主食基本上就是大米、小麦加红薯、玉米、马铃薯；并且在一些地区，大米、小麦这些精粮的食用比例远低于红薯、玉米、马铃薯等粗粮。

非粮食作物，即经济作物、技术作物，一般是具有特定用途的农作物。我国的经济作物包括油料、蔬菜、瓜果、花卉、中药材等园艺作物。一些地方经济作物中的油料主要包括油菜籽、花生；蔬菜类包括食用菌、青菜、豇豆、莲藕、青笋、苦瓜、韭菜、辣椒、蒜薹、茄子等；水果产量主要包含苹果、柑橘、梨等园林水果；中药药材包括天麻、桔梗、苍术、赶黄草、黄荆、丹参、党参、甘草等。除了以上品种外，有些地方的特色经济作物还有棉花、生麻、烟叶（未加工烟草）以及包括甘蔗等的糖料、蚕茧、茶叶、水产品等。

在党中央一系列强农惠农支农政策引导下，在各地省委省政府的大力支持下，经过多年发展，各地农村因地制宜，布局打造了茶叶、果蔬、药材等优势产业，促进了具有地方特色的经济作物的迅速健康发展，使得各地民众的餐桌饮食品种日益丰富，菜籽油、花生油、鸡鸭鱼肉、当季蔬菜等应有尽有，不再是新中国成立初期单调的红薯、南瓜、玉米等做主角。

各地经济作物规模逐渐扩大，在丰富群众多元化饮食的同时，还能为农民群众提高经济收益。近年来，由于主要粮食价格出现了国际国内倒挂问题，农民在粮食生产上获得的比较效益降低，故农民如今种植的粮食更多用于自给自足。为了保护农民生产积极性、提高农地利用效率、提高农业生产效益、促进农民增产增收，各地省委省政府出台了一系列鼓励发展效益农业的政策措施，在保障本地粮食基本供应的前提下，推出了"一村一品"、"一乡一色"特色效益农业发展政策。不同地方根据自身优势，有的靠近河流发展养鱼产业；有的在山林发展菌类种植；有的在丘陵进行水果种植。各地主要经济作物产量稳健上升，保证了人民的食用油、瓜果蔬菜、食用菌、茶叶等的有效供应。

二 乡村基础设施水平显著增强，农业现代化条件明显改善

（一）农村基础设施建设得到加强，防灾抗灾能力增强

新中国成立以来，各地党委、政府一直把兴修水利、发展农业生产放在十分重要的地位。改革开放以后，各地根据中央提出的"加强经营管理，提高经济效益"方针，维修、配套、改造和新建了一大批水利工程，基本结束了农业灾害频繁、靠天吃饭的不利局面。浙江从新中国成立以来就一直非常重视农田水利设施建设，农村基础设施改造进行的时间较长，取得的成效明显。特别是进入21世纪以来，浙江推进"千村示范、万村整治"等工程，农村基础设施建设更是取得了显著成效。截至2017年底，浙江全省农田有效灌溉面积2167.1万亩，占播种面积的比重达到67.4%，比1952年提高40.8个百分点，比2000年提高28.0个百分点。①

在全国各地农田灌溉水平得到提升的同时，四川农业基础设施包括道路、水库、高标准农田也加快建设。据第三次全国农业普查的信息显示，2016年末，全省99.3%的村已经通公路，比2006年提高了6.5个百分点；进村主要道路为水泥路面的村占85.0%，比2006年提高了65.1个百分点；村内主要道路为水泥路面的村占82.6%，比2006年提高了71.5个百分点。2017年，全省实施高标准农田建设项目235个，当年建成高标准农田410万亩。实施农机装备发展行动，建设12个全程机械化核心示范区。推进低温绿色储粮项目建设，建成低温绿色储备库58个，低温绿色储粮技术可为企业每吨粮食增加100元以上的收益。加快大中型水利工程建设，新增和恢复蓄引提水能力1亿方。加快推进

---

① 《新中国成立70周年浙江农业基本实现现代化》，根据国家统计局浙江调查总队网站（http://www.zjso.gov.cn/fxyj/201910/t20191012_94367.html）数据整理。

农村公路专项工程建设，截至2017年末，全省新改建农村公路2.7万公里，新增71个乡镇、2547个建制村通硬化路，乡镇和建制村通硬化路比例分别达到98.9%、97.3%，全省农村公路总里程达28.2万公里。[①] 2018年四川在实现村村通公路的基础上，大部分农村实现户户通公路。

（二）农业机械化程度明显提高，科技含量显著提升

全国各地不仅修建农田水利改造农业农村基础设施，还积极发展农用机械化作业，持续优化农业服务装备，持续加大农业生产条件，全国各地的农业机械化程度明显提高。浙江省2017年年底农业机械总动力达到2095.0万千瓦，是1979年的5.3倍，比2000年增长5.3%，农业作业机械动力水平达到80%以上；农业机耕和机收面积分别达到1400.2万亩和1267.3万亩，粮食作物基本实现机械化。[②]

四川由于地处盆地，又处于青藏高原板块东南部，东部是巫山，西部有横断山脉，南有乌蒙山区，北有秦岭、大巴山脉，所以四川大部分地区都是山地，在山地之间才有一小块一小块的平地，地势高低不平，山地面积占总面积的93%，使得四川的农机事业在新中国成立后的很长一段时间近乎一张白纸，很多农机设备都没有用武之地。改革开放以后，四川步入了农业机械化快速发展时期，农业机械从少到多，农业耕种收各类机械进入农民家庭，四川农业机械化水平大幅提高。具体数据见表4-7：

表4-7　　　　　　　四川省主要农用机械拥有量

年份	农业机械总动力（万千瓦）	农用大中型拖拉机数量（台）及动力（万千瓦）	农用小型拖拉机数量（万台）及动力（万千瓦）	农用排灌动力机械数量（万台）及动力（万千瓦）
1978	350.21	14571、42.52	5.22、45.91	14.18、144.27

---

① 本段数据均引自四川省统计局《促改革强生产惠民生　农村经济成就辉煌——改革开放40年四川经济社会发展成就系列报告之三》，四川省人民政府网站（http://www.sc.gov.cn/10462/10464/10465/10574/2018/9/3/10458183.shtml）。

② 根据国家统计局浙江调查总队网站数据整理，《新中国成立70周年浙江农业基本实现现代化》，（http://www.zjso.gov.cn/fxyj/201910/t20191012_94367.html）。

续表

年份	农业机械总动力（万千瓦）	农用大中型拖拉机数量（台）及动力（万千瓦）	农用小型拖拉机数量（万台）及动力（万千瓦）	农用排灌动力机械数量（万台）及动力（万千瓦）
1988	887.72	16900、48.36	15.69、160.88	20.52、209.75
2000	1679.65	29645、74.59	13.29、149.22	35.35、313.49
2010	3155.14	91112、206.02	12.03、147.37	57.14、440.45
2017	4420.30	134088、348.24	9.69、104.40	110.58、610.85

资料来源：数据整理自《四川统计年鉴2018》，四川省统计网站（http://tjj.sc.gov.cn/tjcbw/tjnj/2018/zk/indexch.htm）。

从1978年到2017年，各地无论是农业机械总动力、农用排灌动力机械数量及动力，还是农用大中小拖拉机数量及动力，大多数数据都是正增长。只有小型农用拖拉机数量在20世纪90年代开始逐年下降，原因有以下两点：第一，大部分农用小拖拉机从20世纪80年代开始广泛运用，由于改革开放初期资金技术的有限，故而当时各地农村地区大都使用小拖拉机。进入21世纪，随着其使用年限的逼近，绝大多数农用小拖拉机由于技术、产量等瓶颈面临着更新换代或被淘汰。第二，随着改革开放的推进，各地农村的资金实力得到了显著提升，大中型拖拉机由于其效率更高、功率更大，得到了更多使用。到2018年，四川共有拖拉机22.8万台、耕整机93.51万台、旋耕机20.71万台、播种机1.91万台、水稻插秧机0.93万台、联合收获机3.73万台。年末农业机械总动力4658.7万千瓦，比1978年增加4308.5万千瓦，增长12.3倍，年均增长6.7%。主要农作物耕种收综合机械化水平达到59%。[1]

新中国成立以来，各地积极实施农业重大科技专项项目，培育农业科技创新载体，为现代农业发展提供有力支撑。各地建立健全了农业科

---

[1] 四川省统计局：《促改革强生产惠民生 农村经济成就辉煌——改革开放40年四川经济社会发展成就系列报告之三》，四川省人民政府网站（http://www.sc.gov.cn/10462/10464/10465/10574/2018/9/3/10458183.shtml）。

技服务体系、科技教育培训方式和科技推广机构等,在重点农业科技改革、优化整合农村实用技术培训、专业技术人员培训等方面取得了骄人成绩。浙江农业科技入户工程稳步推进,优良品种应用普遍,农作制度不断改良,测土配方施肥、光温水肥智能控制、远程监控等智能农业加速提升。"十二五"期间,浙江省农业科技进步贡献率、成果转化率和主要农作物良种覆盖率分别达到62%、59%和97%;2017年底农业科技进步贡献率达到63%。[1]

第三节 农业农村现代化进程不断加快

一 土地流转规范有序,集约化经营初具规模

1980年,安徽、四川成为全国率先实施家庭联产承包责任制的省份之一,这一举措改变了各地农村原有的单一经营管理体制,为农业发展注入了新的生机活力。随着各地农业生产力水平的不断提高,民间出现了种田大户、水果大户、养鱼能手向乡亲们租用土地的情况,这种趋势是符合农业农村现代化发展方向的。为顺应和引导土地集约化、规模化经营的现代农业发展,2014年,在中共中央、国务院印发的一号文件《关于全面深化农村改革加快推进农业现代化的若干意见》中明确了土地承包流转符合国家规定,拉开了进一步深化农村改革的序幕。特别是伴随着中央乡村振兴战略的全面实施,各地加快了土地规范流转和农业现代化的进程。土地流转包括出租、转包、转让、互换、股份合作和其他形式,使得拥有土地承包经营权的农户将土地经营权(使用权)转让给其他农户或经济组织,既解放了普通农户,又有利于流转土地的经营主体进行连片、规模生产,促进农业由传统向现代化发展。普通农户通过转让土地使用权,获得土地流转收益即财产性收益;还可以在流转土地经营方进行劳务输出,获得工资性收益。

---

[1] 根据国家统计局浙江调查总队网站数据整理,《新中国成立70周年浙江农业基本实现现代化》(http://www.zjso.gov.cn/fxyj/201910/t20191012_94367.html)。

以四川为例，截至2017年末，全省家庭承包耕地经营权流转面积2002.6万亩，耕地流转率达29.6%；其中，43.4%的土地流入农户、24.6%流入农民合作社；出租是最主要的耕地流转方式；56.3%的土地采用出租方式流转，采用转包、转让、互换、股份合作和其他流转形式的分别占27.1%、2.5%、3.0%、7.6%和3.6%。耕地流转主要在集体经济组织内部。在以出租方式流转的耕地中，出租给本乡镇以内人口或单位的占出租耕地总数的76.9%，占流转土地总数的87.0%。[1] 截至2018年底，四川全省家庭承包耕地流转面积为2298.6万亩，流转率达39.5%。[2]

还有的省（区、市）各地级市单独制定了各自的农村土地承包经营权流转管理办法。例如，浙江省的杭州市、温州市等地相继出台了《杭州市农村土地承包经营权流转和规模经营项目及资金管理办法（试行）》《温州市农村土地承包经营权流转管理办法（试行）》等。浙江省嘉兴市针对农村土地流转，还配套了系列文件通知，包括"关于印发《嘉兴市农村土地流转经营权抵押专项贷款实施办法（试行）》的通知"、"关于加强农村土地承包经营权流转管理的意见"、"关于进一步优化土地使用制度推进'两分两换'工作的通知"、"关于加快农村土地承包经营权流转服务组织建设实施意见的通知"、"关于印发《嘉兴市农村土地流转经营权登记管理办法（试行）》的通知"等。浙江是我国东部发达省份，农村土地流转通过建章立制取得了积极成效，土地流转规范性、稳定性进一步增强，克服了流转土地"非粮化"、"非农化"等现象，为推进农业集约化经营和构建新型农业经营体制创造了良好条件，促进了农业增效、农村适度规模产业发展和农民增收，是我国农业农村现代化进程不断加快的先行先试地区。

---

[1] 以上数据均引自《70年巨变，四川农业农村铸造辉煌——新中国成立70周年四川经济社会发展成就系列之三》，四川省统计局网站（http://tjj.sc.gov.cn/tjxx/zxfb/201908/t20190806_285612.html）。

[2] 四川省统计局：《促改革强生产惠民生 农村经济成就辉煌——改革开放40年四川经济社会发展成就系列报告之三》，四川省人民政府网站（http://www.sc.gov.cn/10462/10464/10465/10574/2018/9/3/10458183.shtml）。

第四章 乡村振兴与生态宜居的地方实践

各地非常重视土地流转进程中增加农民的财产性收益和工资性收益，许多地方的农村居民通过土地流转实现了净收入成倍增长，这也有利带动了贫困地区群众的脱贫奔小康，土地流转规范有序助力贫困地区的精准扶贫和精准脱贫。例如，江西省南城县龙湖镇蔡坊村，距县城60余公里，位置偏远、区位优势不明显，还是一座典型的水库移民村，全村近1300人中，70%以上是水库移民。该村2019年以来，通过"村集体+合作社+公司+贫困户"模式，进行了土地流转打赢脱贫攻坚战。该村由村委会牵头，以每亩80元的价格将村里闲散的耕地流转给村集体，村集体再以每亩160元（含原本撂荒的耕地重新开垦费用）的价格流转给生态农业专业合作社。截至2019年6月底，共计流转了1800亩耕地，占全村耕地面积的四分之三，其中800亩用于制种产业，1000亩作为常规水稻种植。村里采取"18户贫困户每户一股、村两委干部及村民小组长每户一股、两个群众代表每人一股、五个村小组每组八股，共七十股，每股一万元"的方式，成立了生态农业专业合作社，进行土地集中开发利用，主要以水稻制种为主。其中，贫困户的入股资金来源于小额信贷免息贷款。合作社目前已投资了68万元，除流转土地外，还购买了挖机、旋耕机、收割机、风干机、无人喷药机等机械设备。2019年3月，成立不久的合作社就与其他公司签订了800亩水稻制种订单，由对方提供制种所需原材料，以及相关技术。合作社严格按规范进行作业。收获时，对方按照一斤种子6元的价格进行收购，并确保每亩最低1700元的收购价。800亩水稻制种，每亩收成350斤稻种，以每斤6元计算，扣除每亩1500元成本，年可得收益约48万元。蔡坊村的土地流转实践，给村里贫困户脱贫致富带来了保证。经过岗前培训，合作社将东风旋耕机交给贫困村民操作，耕一亩地，一遍10元，三遍30元，仅此一项，年收入就有2.4万元。有的贫困村民还承包了村里土地进行水稻制种。土地"活"了，家境好了，乡亲们脱贫致富的梦想越发真实。[1]

---

[1] 本段案例和数据摘选自揭方晓、徐贵根《南城一座小村庄的土地流转实践》，《江西日报》2019年7月24日第7版。

二 产业融合发展步伐加快，现代农业产业逐渐壮大

乡村振兴内涵中放在第一位的是"产业兴旺"，乡村振兴要求的"产业兴旺"绝不仅仅是农业，还包括农业之外的第一产业、第二产业和第三产业的兴旺以及农村的一、二、三产业的融合发展，现代农业产业逐渐发展壮大。第一产业主要包括农业、林业、牧业和渔业；第二产业主要包括装备制造业、采掘勘探业、建筑施工业和公共道路、煤气、自来水、卫生部门等；第三产业主要包括商业、金融、保险、运输、通讯业、服务业及其他非物质生产部门。

乡村振兴的产业兴旺要以农业为基本依托，通过产业链条延伸、产业融合、技术渗透、体制创新等方式，将资金、技术以及资源要素进行产业跨界配置整合，拓宽农民增收渠道、构建现代农业产业体系，加快转变农业发展方式，达到一、二、三产业的全面融合发展。

传统的农业生产产出的农产品价格较低、劳动效率也较为低下。如果从农产品源头端对种子、耕种、收播等过程进行产业现代化管理加工，同时将农业生产、农产品加工、销售组成一个闭环连接，组建完整的产业发展平台，就可以极大增加农产品溢价能力，农民增收致富。例如天津市某学生营养餐配送有限公司是一家将净菜加工、主食加工、仓储保鲜、冷链物流产业有机融为一体，就业渠道方面实现了农产品从采购、初加工到精深制作、包装、入仓、配送、回收洗消等全过程协调发展的现代化农产品加工企业，2016年该企业收购农产品达2.31万吨，实现营业收入5.2亿元，净利润4670万元，税金1100万元，带动农户6070户，农民增收3100万余元。[①] 这是全国农产品加工业发展的典型案例，做到了产业融合，农民还可以参与这种增值的分配，从而增加收入。在我国，农业与其他产业的融合发展，可以实现分散小农户生产与大市场需求的有效对接，使得农产品生产者、加工者和消费者都能够从

---

① 农业部：《农业部办公厅关于宣传推介全国农产品加工业发展典型案例的通知（农办加〔2017〕30号）》，中华人民共和国农业农村部网站（http://www.moa.gov.cn/gk/tzgg_1/tfw/201712/t20171219_6123901.htm）。

产业融合发展中获益。

乡村振兴的产业融合发展，还包括农业观光、乡村餐饮、住宿等依托农村发展的农商文旅体融合发展项目，不仅能够有效吸纳因第一、第二产业劳动效率提升需要转移的劳动力，还是倒逼乡村硬件、软件提质增速发展的有利因素。一般来说，第一产业发展得较好的乡村，有能力和基础来发展第二和第三产业。例如，四川省泸州市江阳区董允坝村人均年收入20000元以上。董允坝村被四川省委省政府命名为首批"四好村"、省级"生态文明村"，市级"农业农村工作先进村"、"农村集体经济发展先行村"；2019年11月13日，入选农业农村部公示的2019年中国美丽休闲乡村名单。董允坝村以建设好现代农业园区为切入点，大力发展现代化农业，建立了村蔬果专业合作社，合作社从刚成立时的200余亩扩展到2019年时的800余亩，并且还建成了现代农业示范园。在这个现代化的农业园区内，实现了节水灌溉、沼液还田、有机肥施用、土壤养护等具有增强现代农业综合竞争力的手段，使得该园区经济作物的效益明显强于之前单个农户家庭自己的经济收益，合作社支付给每亩地的租金大约是800多元一年，这一收益也高于之前农户自己单兵作战的种田收入。除了发展果蔬种植等第一产业外，该村还建立了农产品加工等第二产业，依托该村良好的农业生态和董允祠堂、国家非遗油纸伞等文化资源发展观光农业、体验式生产大棚、油纸伞体验馆、亲子采摘园等第三产业，2018年接待游客20万人以上实现乡村旅游收入37.6亿元。①

我国是一个人口大国，新中国成立后很长一段时间劳动力大量集中在农村。改革开放以后，随着人口流动、交通、通讯、户籍等制度的放宽，农村劳动力开始有序转向当地和沿海地区的第二、三产业。大量农民从第一产业中转移出来，加入到第二、三产业，从就业渠道方面实现了产业融合。以四川为例，具体数据见表4-8：

---

① 王琳：《泸州董允坝入围2019年中国美丽休闲乡村》，泸州市人民政府网站（http://www.luzhou.gov.cn/xw/jrxx/content_651286）。

表4-8　　　　　　　四川三次产业就业人数及比例情况　　　　　　单位：万人

年份	就业人员	第一产业人员及占比	第二产业人员及占比	第三产业人员及占比
1952	2027.92	1753.89，86.5%	89.37，4.4%	184.66，9.1%
1962	2101.58	1810.90，86.2%	117.47，5.6%	173.21，8.2%
1978	3087.02	2524.21，81.8%	279.50，9.1%	283.31，9.1%
1990	4265.20	3108.89，72.9%	578.08，13.5%	578.23，13.6%
2000	4658.40	2643.35，56.7%	871.12，18.7%	1143.93，24.6%
2010	4772.53	2083.20，43.7%	1188.82，24.9%	1500.51，31.4%
2017	4872.00	1792.90，36.8%	1315.40，27.0%	1763.70，36.2%

资料来源：数据整理自《四川统计年鉴2018》，四川省统计局网站（http://tjj.sc.gov.cn/tjcbw/tjnj/2018/zk/indexch.htm）。

由以上数据可知，1952年，四川86.5%的就业人员都集中在第一产业，到1962年达到峰值数据86.2%，随后由于工业化的逐步推进，第一产业从业人员比例缓慢下降，到1978年时仍然维持在八成以上。这样的就业人员比例完全证实了新中国成立后的很长一段时间是一个落后的农业国这一最根本的国情。

改革开放拉响了农村和城市变化的序曲，第二产业从业人员的增加和比例的大幅提升从一个侧面印证着我国城市化、工业化的快速进程，第二产业从业人员占比在2017年时数据达到峰值，为27.0%。后来，随着我国工业现代化进程的推进和技术推广，第二产业由于其大部分行业具有高度的机械化与智能化的特征，很多工作可以由机器来完成，故而第二产业能够接纳的用工需求开始逐步减少，这亦反映出我国第二产业现代化水平的提升。而与此同时，第三产业很多是服务相关类行业，很多工作需要人工完成，从业人员数量及占比均呈上升态势，在2017年时，其占比第一次逼近第一产业从业人员人数及占比。可以预计的是，在未来各地农业现代化进程加深的趋势下，第一产业需要的就业人员会逐步降低，转移到第三产业中去。

现代农业的趋势之一就是就业人员的减少和农产品产量的提升。全国各地历年来的农林牧渔业就业人员总数的情况也契合了这一趋势。除了上文中提及的四川第一产业就业人员的递减情况之外，全国多地亦出现了在就业人员总数大致逐年增加的情况下，第一产业的就业人员总数减少。例如，浙江就业人员总数（年末数）在 2014 年、2015 年、2016 年、2017 年、2018 年分别为 3714.15 万人、3733.65 万人、3760.00 万人、3796.00 万人、3836.00 万人，而其农林牧渔业就业人员总数（年末数）在 2014 年、2015 年、2016 年、2017 年、2018 年分别为 510.73 万人、492.69 万人、466.24 万人、447.90 万人、437.86 万人。[①] 伴随着农林牧渔业从业人员的减少，是农产品产量的逐年增加，农业生产效率不断提高，产业融合步入快车道，各地现代农业产业发展逐步壮大。

第四节 乡村生态宜居

一 国土资源保护，"绿水青山就是金山银山"

土地是农作物生长必备的要素，土地存在于高山上、山谷中、农场里、果园间。很长一段时间我们认为土地是理所当然地就在那里，可以任凭我们使用，是取之不竭、用之不完的。然而土地作为一种资源也是稀缺的，是人类取得食物的重要来源。没有土地，我们无法生存。经过几千年人类的过度利用、过度开发，肆意毁坏，尤其是工业化以来的重度污染现象使得现在全球土壤厚度不及一百年前的一半，土地荒芜化、土地沙化现象越来越严重。土地作为有限的资源，虽然只占到了地球表层薄薄的一层，但就是这薄薄的土壤层养育了万千生物。

我国国土资源总量丰富，而且土地利用类型齐全，有利于因地制宜发展农、林、牧、渔、工矿业生产和城乡建设。但是我国国土资源中耕地少，荒漠、石山、永久积雪等难以利用的土地较多，并且各类土地资源所占比例不合理；耕地资源人均占有量远低于世界平均水平，后备耕地不足，人口与耕地的矛盾尤为突出。我国国土资源保护经历了大面积土地质量退化和土地浪费的阶段，包括水土流失、土地沙漠化、盐碱化

[①] 根据浙江省统计局网站资料整理（https://zjjcmspublic.oss-cn-hangzhou-zwynet-d01-a.internet.cloud.zj.gov.cn/jcms_files/jcms1/web3077/site/flash/tjj/Reports1/2019 年统计年鉴光盘 20200706/indexch.htm）。

及土壤污染等和土地利用不合理、乱占滥用耕地、优良耕地减少等令人痛心的现象。

浙江余村,"绿水青山就是金山银山"理念的发源地,曾经也经历过国土资源恣意开采、盲目开山毁林来取得经济收益的阶段,但肆意挖矿建窑办厂的后果却是黑水横流、废气漫天,村民们虽然物质收入提高了,但该村生态环境迅速恶化,余村经历了用绿水青山换取金山银山的第一阶段,即"只要金山银山,不要绿水青山"。余村人认识到了不能通过涸泽而渔的方式来获取经济的发展,世纪之交,余村开始了关闭污染企业、还余村绿水青山的阶段,这是"既要金山银山,也要绿水青山"的第二阶段。

2005年8月15日,时任浙江省委书记的习近平同志来到余村调研,针对余村主动关停矿山、探寻绿色发展的做法给予高度评价,并且作出了"绿水青山就是金山银山"的科学论断,为余村今后的发展指明了新模式和新道路,即保护生态环境就是发展的第三阶段。现在的余村经过十余年的恢复生态、保护环境,从一个污染严重的村庄,完美蜕变成国家4A级旅游景区,践行着绿水青山就是金山银山的生态宜居路径。

"绿水青山就是金山银山",国土资源是我们发展的底力所在,广大乡村是体现这种转化成果的绝佳窗口。在浙江,经历了"千村示范、万村整治"与"美丽乡村"建设后,截至2019年底,该省建成新时代美丽乡村6155个、A级景区村庄7236家、全国乡村旅游重点村14家、乡村民宿19818家;全年乡村旅游共接待游客4.6亿人次,乡村旅游总收入超400亿元。[①]

现在我国正采取防护林建设、沙源地固化、退耕还林还草、土地占补平衡等各项工程来保护我国的国土资源。其中,库布齐治沙交出了治理面积达6000多平方公里、绿化面积达3200多平方公里的沙漠治理成绩单。[②] 经过多年艰辛努力,库布齐三分之一的沙漠得到治理,生态环

[①] 柴燕菲、王逸飞:《"两山"理念15周年看浙江:本立而道生》,新华网,2020年8月16日(http://www.zj.xinhuanet.com/2020-08/16/c_1126373386.htm)。

[②] 全国干部培训教材编审指导委员会组织编写:《推进生态文明建设美丽中国》,人民出版社、党建读物出版社2019年版,第180页。

境显著改善，当地各类生态资源逐步恢复，当地经济随着治沙而不断发展，实现了从"沙逼人退"到"绿进沙退"的历史性转变。库布齐沙漠披上绿装的同时，也为当地村民带去了实实在在的绿色财富，当地的沙柳、柠条、甘草、沙棘、梭梭等治沙植物还有多种经济价值，为老百姓带来了可观的经济收益，带动了大批农牧民增收致富。同时由于生态环境的改善，当地还发展起了旅游服务行业。库布齐沙漠的治理变化让当地农牧民切身感受到了"绿水青山就是金山银山"。

库布齐治沙成为世界典范，在2017年《联合国防治荒漠化公约》第十三次缔约方大会上，被写入联合国宣言。我国国土资源保护取得明显进展，体现"绿水青山就是金山银山"另一典型案例还有塞罕坝林场。在1962年至1982年的建场20年间，塞罕坝人在这片沙地荒原上共造林96万亩，总计3.2亿余株。[①] 塞罕坝林场用20多年的时间在零下40多度、无霜期仅有60多天的高原坝上，把清末以来的荒漠沙地建成了世界上成方连片面积最大的人工林场，成为首都和华北地区的水源卫士、风沙屏障，荣获了2017年联合国环保最高荣誉——"地球卫士奖"。习近平总书记在视察塞罕坝林场时指出，建设者们"用实际行动诠释了绿水青山就是金山银山的理念，铸就了牢记使命、艰苦创业、绿色发展的塞罕坝精神。他们的事迹感人至深，是推进生态文明建设的一个生动范例"。

各地土地资源非常紧张，主要耕地资源集中在平原和河谷地区，其他农村地区大都为丘陵坡地、高原草地、险峻山区、乌蒙石漠化山区。所以我国在人口基数较大的情形下，人均土地资源相当稀少，切实需要加强耕地保护。为确保各地耕地资源的平衡，各地建立了耕地储备库，确立了占一补一、占优补优、占水田补水田的耕地保护制度，对土地资源实行分类管理、分别使用。各地要求地方各级国土资源主管部门要根据项目管理规定和农用地分等定级等相关技术规程，实事求是地认定新增耕地数量和类型，科学评定耕地质量等别，核算新增粮食产能。

土地占补平衡就是在城市化、工业化进程中如果对土地进行了占

---

① 刘乐艺：《塞罕坝的"绿色接力"》，《人民日报》（海外版）2020年6月20日第1版。

用，那么就要采取补充相应土地的措施来使土地资源总量平衡。21世纪初期，全国土地整治效果开始显现。但在实际情况中，有的省份地区存在虚报新增耕地，主要将养殖水面、林地、园地以及未整治的建设用地等计入新增耕地；少数补充耕地质量偏低的现象。

四川素有"天府之国"的美誉，历史悠久、人文底蕴深厚，幅员广阔，地跨青藏高原、云贵高原、横断山脉、秦巴山地、四川盆地，所以四川生态地位极其重要。这里有土质肥沃的盆地、一望无际的草原、沟壑幽深山川秀美的山脉森林，这里是8000多万四川儿女赖以生存和发展的家园。

2013年《四川省主体功能区规划》（以下简称《规划》）发布，提出到2020年基本形成城镇化、农业和生态安全三大战略格局；限制开发区域占全省面积近八成和探索建立生态环境受益地区对重点生态功能区的横向援助机制三大目标。《规划》从总体上将全省划分为重点开发、限制开发和禁止开发三大类功能区域，其中重点开发和限制开发区域原则上以县级行政区为基本单元，禁止开发区域以自然或法定边界为基本单元，分布在其他类型主体功能区域之中。这是国土资源保护在地方的又一实践。

表4-9　　　　　四川省国土空间开发规划指标相关数据

指标	2010年	2020年
国土开放强度（％）	3.41	3.75
耕地保有量（万平方公里）	5.95	5.89
基本农田保护面积（万平方公里）	5.14	5.14
园地面积（万平方公里）	0.81	0.96
林地面积（万平方公里）	23.20	23.58
牧草地面积（万平方公里）	13.76	13.79
建设用地总规模（万平方公里）	1.65	1.81
城乡建设用地规模（万平方公里）	1.37	1.49

续表

指标	2010年	2020年
城镇工矿用地规模（万平方公里）	0.35	0.47
农村居民点用地规模（万平方公里）	1.03	1.01
交通、水利及其他用地规模（万平方公里）	0.28	0.33
森林覆盖率（%）	34.82	37

资料来源：相关数据根据《四川省主体功能区规划》（川府发〔2013〕16号）整理，四川省人民政府网站（http://www.sc.gov.cn/10462/10464/10927/10928/2013/5/17/10262557.shtml）。

从四川国土空间开发利用规划2010年到2020年的相关指标可以看出，四川的基本农田保护面积没有发生变化，前后均为5.14万平方公里，这样的静态指标再次反映出四川坚决保护耕地红线的决心，对于粮食产出的重要农田面积绝对不允许减少的态度。另外，在基本农田保护面积不变的基础上，四川还适当增加了园地面积、林地面积和牧草地面积，为构建绿色四川奠定了坚实的生态基础。那么在四川土地面积不变的情况下，如何尽可能增加生态用地的同时，保证经济社会的合理发展，这就需要加大四川的国土开发力度，所以四川对不同区域进行了不同角色的功能区域划分。

四川的重点开发区包括成都平原、川南、川东北和攀西地区的89个县（市、区），以及与之相连的50个点状开发城镇，占全省面积的20.7%。

限制开发区域在我国包括两类：一类是指为了我国粮食产品安全和经济社会的可持续发展，对一些农业基础条件较好亦可以进行城镇化开发的区域进行限制开发，在这些区域内限制进行大规模、高强度的工业化和城镇化，这些区域在四川省主要位于丘陵地区和安宁河流域。另一类是对生态环境有重大影响的天然林保护地区、草原退化地区、自然灾害频发地区、石漠化和荒漠化地区、水土流失严重地区等，这些地区生态功能非常重要同时其生态系统又异常脆弱，经不起人类的过度开发和干涉，工业化、城镇化在这些地区是绝对行不通的，在四川省内这些基于其环境生态地位的限制开发地区主要包括若尔盖草原、川滇森林、秦巴山区和大小凉山地区，涉及国家和省级层面的重点生态功能区共计国土面积为31.77万平方公里，占全省面积的65.37%。还有就是禁止开发区域，这是生态保护的红线、底线，划定为禁止开发区域的是绝对不允许以任何理由进行现代化、工业化的生产和新增集中大规模的人类居住，分散于三类主体功能区：国家级自然保护区、世界文化自然遗产和省级及以下各级各类自然文化资源保护区域，这三类主体功能区合计11.5万平方公里，占全省面积的23.6%。限制开发区域面积未扣除其中基本农田和分散的禁止开发区域面积、禁止开发区域面积已扣除点状开发城镇面积，那么这两项大致增减后相互抵销，也就是说，四川至少有近四分之三的国土面积是基于重点生态功能区而划定的限制或禁止开发区域。可以看出四川的生态地位十分重要，其生态脆弱性也不容小觑，否则国家和四川省不会出台如此细化、严苛的功能区域分布。

《规划》提出，到2020年，四川全省粮食产量达到750亿斤以上，森林覆盖率达到37%，比2010年提高2.12个百分点，主要污染物排放总量和排放强度明显下降，大中城市空气质量基本达到Ⅱ级标准，长江出川断面水质达到Ⅲ类以上。四川乡村振兴视野下的生态宜居就必须以这个主体功能区划为依据和指南，各级县级人民政府在制定各自的乡村振兴与生态宜居相关目标时，应积极践行绿水青山就是金山银山理念，参照该生态区划，首先明确所属区域的主体功能区类型、层级，进行国土资源保护，然后再根据各地乡村生态环境实际情况制定乡村振兴的发展规划。

国土资源在得到保护的同时，各地还坚持把土壤治理工作放在重要位置。在土壤环境管理中，各地坚持预防为主、保护优先、风险管控。由于土壤污染治理难度大、周期长、见效慢，预防是最好的管控措施。各地当前重点是对未污染土壤实施优先保护，对已污染的土壤实施风险管控，逐步建立起完备的土壤污染综合治理体系。例如浙江省近年来的土壤污染防治重点围绕土壤污染状况详查、已污染耕地和污染地块的治理与安全利用为核心来展开。2018年底前，浙江全省污染地块安全利用率不低于91%。①

二 林草生态建设惠民利民

林草生态建设是美丽中国的重要内容，我国林业和草原资源丰富。新中国成立初期，我国就制定了林业建设的"普遍护林，重点造林，合理采伐和合理利用"的总方针。1998年9月1日，党中央国务院部署了天然林第一期保护工程，四川、云南、贵州、甘肃等17个省（区、市）开始转变到林业生态修复保护为主的建设。紧接着的1999年，我国又开始在四川省、陕西省、甘肃省试点进行退耕还林还草工程，2000年退耕还林还草扩大到25个省（区、市）。

从1999年到2019年，"20年来，中央财政累计投入5174亿元，我国实施退耕还林还草5.15亿亩，完成造林面积占同期全国林业重点生态工程造林总面积的40.5%，成林面积占全球同期增绿面积的4%以上。工程区森林覆盖率平均提高4个多百分点，生态环境得到显著改善。退耕还林还草工程涉及全国25个省份和新疆生产建设兵团的2435个县（含县级单位）。2016年至2019年，全国共安排贫困地区退耕还林还草任务3923万亩，占4年总任务的75.6%。据监测，截至2017年底，新一轮退耕还林还草对建档立卡贫困户的覆盖率达31.2%，工程扶贫作用显著"②。其中，四川的全省森林覆盖率由1979年的12.0%提高到2018年的38.8%，提高了26.8个百分点。③

在人工造林面积持续增长、林草生态系统得到改善的同时，各地林产品产量随之提高，加上培育的林下种养业使得林业总产值不断增长。在全国林草生态系统改善后，各地因地制宜发展林产品，各地农牧民从林草生态建设中受益颇丰，林草生态建设惠民利民。如，四川主要林产品中没有橡胶、松脂等这类对气候敏感度高的经济作物；四川大部分地

---

① 《浙江省打响土壤污染治理攻坚战》，中华人民共和国农业农村部，2018年1月29日（http://www.moa.gov.cn/xw/qg/202001/t20200115_6335256.htm）。
② 顾仲阳：《我国20年退耕还林还草超5亿亩》，《人民日报》2020年7月2日第14版。
③ 寇敏芳、王成栋：《2020年四川森林覆盖四成面积 草原面积不少于2.13亿亩》，《四川日报》2016年10月10日第3版。

区气候又不适宜板栗的生产,适宜种植区域又单产较低,没有形成集约化规模量产,在全国农产品市场中未能形成品牌效应。所以,四川的主要林产品就是生漆、油桐籽、油茶籽、核桃等。浙江的林产品主要有杨梅、香榧、木材、花卉种苗等。福建主要林产品是纸浆及纸制品、木家具、木制品等。

从新中国成立到改革开放前,各类林产品产量基本都是增长缓慢。改革开放以后,林产品产量、种类增长迅猛,符合人们追求健康、多元化食品结构的需求。生漆、油桐籽由于涂料成为其大部分的替代品,油茶籽由于多样的食用油供给,这些林产品的产量虽然继续增长,但增长幅度不及核桃和竹笋干。由于生漆、油桐籽这类物品是纯天然的家具类保护产品,没有任何化学成分和污染,具有涂料、化工油漆等不可比拟的优势,故而这些农产品现在用于高端、优质家具或建筑。有的农村地方把生漆、油桐籽作为绿色健康涂料加以推广运用,实现了这类农产品用于高端制造产业化的有益探索,增加了这类农产品的生态价值。

伴随天然林保护工程和退耕还林还草工程的实施,各地森林面积逐年增加。草原生态逐步改善,使得野生动植物保护条件不断改善,野生动植物资源日益丰富。如四川95%的国家重点保护野生动植物物种得到有效保护,珍稀濒危物种野外种群数量稳中有升。同时还使得四川90%的陆地自然生态系统和60%的天然湿地生态系统得到有效保护和改善,草原生态恶化的趋势得到控制,重点天然草原平均牲畜超载率下降到9.13%。[①]

改革开放以后到1998年期间,四川林业资源在这段时期曾经遭到了严重破坏,森林覆盖率有所下降,人为造成了由出门见绿到"晴天一身灰、雨天一身泥"的尴尬局面,生态系统的自我调节功能失衡。面对这一情势,四川全省开始了坚持以天然林保护工程和退耕还林还草

---

① 四川省统计局:《促改革强生产惠民生 农村经济成就辉煌——改革开放40年四川经济社会发展成就系列报告之三》,四川省人民政府网站(http://www.sc.gov.cn/10462/10464/10465/10574/2018/9/3/10458183.shtml)。

工程为主体大力开展植树造林的活动，再加上社会各界的植树造林和热心群众的义务植树，全川绿化有了明显改善，生态治理收到实效。2017年，全省共有3470万人次参加义务植树活动，共计植树1.38亿株；森林覆盖率由1978年的12.0%提高到2017年的38.2%，提高了26.2个百分点。[①] 多种措施使得长江上游生态环境不断修复，四川作为生态屏障的作用日益凸显。截至2017年底，四川森林生态系统每年涵养水源量757.2亿吨，约等于700座大型水库库容，每年可减少水土流失1.4亿吨。[②]

各地林草生态系统不断得到修复，自然资源保护的各项成果惠民利民。以四川为例，截至2018年底，四川林业系统已建立森林和野生动植物、湿地等各种类型的自然保护区123个，保护管理面积达1.09亿亩，占四川面积的14.9%，其中国家级自然保护区25个、省级自然保护区49个。自1989年建立第一个森林公园以来，经过30多年的努力，四川已建立森林公园137个（其中：国家级森林公园44个，省级森林公园62个）。[③]

海螺沟国家森林公园以其景区内7556米的蜀山之王——贡嘎雪山和全球纬度最低、最大的现代冰川——海螺沟闻名于世，还有大森林和温泉等资源，每年吸引70多万名游客前往景区。这么多游客再加上旅游从业人员，对于本就处于高原地区、对人类活动异常敏感的冰川是一个不小的挑战，如何在保持自然生态与旅游产业之间找到相对的均衡点是自然资源惠民利民的关键。景区全部选用电动汽车作为景点观光巴士，不允许私家车进入景区；从游客中心到私家车禁行点位之间，沿途约5公里的山路上，当地农村居民修建了规模不一的家庭客栈、酒店等

[①] 四川省统计局：《促改革强生产惠民生　农村经济成就辉煌——改革开放40年四川经济社会发展成就系列报告之三》，四川省人民政府网站（http://www.sc.gov.cn/10462/10464/10465/10574/2018/9/3/10458183.shtml）。

[②] 四川省统计局：《促改革强生产惠民生　农村经济成就辉煌——改革开放40年四川经济社会发展成就系列报告之三》，四川省人民政府网站（http://www.sc.gov.cn/10462/10464/10465/10574/2018/9/3/10458183.shtml）。

[③]《70年巨变，四川农业农村铸造辉煌——新中国成立70周年四川经济社会发展成就系列之三》，四川省统计局网站（http://tjj.sc.gov.cn/tjxx/zxfb/201908/t20190806_285612.html）。

设施，住宿、特色餐饮等服务一应俱全，成为当地村民创收的重要来源。

同时在海螺沟景区厕所的建造过程中，尽量选用本地木材，避免外来物种对景区生态的破坏；景区所需的建筑用砂石等，全部从景区外加工成型后运入，避免在景区内过度加工对环境造成不利影响；厕所屋顶采用透光透气结构，减少了人工照明及通风设施，有效降低能耗。同时从2016年起，景区不再采用塑料袋打包式环保厕所，开始全面修建微生物菌种处理的环保厕所，这种厕所利用生物科技为高海拔地区的废弃物处理找到了解决办法：使污物自然化解、不造成环境污染，内部干燥干净、无异味，有针对性地解决了高原寒冷导致的缺水冲洗厕所难题，真正实现景区提倡的环保为先。

像海螺沟国家森林公园这样践行"绿水青山就是金山银山"的情况在全国各地还有很多，如九寨沟、黄龙、雁荡山、千岛湖、武夷山等国家级森林公园，这些国家级森林公园以其绝美的自然风光、精致的森林景观、较好的基础设施成为这些地方把握生态优势资源，生态建设助力自然资源惠民利民的名片。

三 农村垃圾全面收处，改善农村人居环境

改革开放以后的一段时间，各地农村家庭中喂鸡、鸭、鹅和养猪、牛、羊等，家庭产生的厨余垃圾和泔水都可以被这些家养禽畜消耗；而产生的粪便作为农田肥料施用；日常生活中的菜叶子、果皮、尘土等也可以沤肥。所以在相当长一段时间，农村基本不存在过多生活垃圾处理问题。但是随着家庭散养畜禽风险较高且效益较低，加上化肥使用比较方便，许多农村家庭逐渐放弃了这种传统模式，使得农村地区的餐厨剩余和粪便不再作为可循环利用的资源，而成为污染农村环境的垃圾。再加上农村消费能力的日益提高，大量包装食品和消费品进入农村，包装的塑料垃圾在农村日益堆积，也是农村地区生活垃圾的主要构成之一。与此同时，改革开放以后城市化进程中产生了大量的生活垃圾和建筑垃圾，一些城市在一段时间把这些垃圾纷纷向农村转移，这是造成当时农村垃圾污染最主要的原因之一。故而农村不再是世外桃源，生活垃圾乱

堆乱排，畜禽粪便造成的水、空气污染等农村垃圾问题在过去一段时间集中爆发，严重影响了农村的人居环境和农村居民的身体健康。

面对严峻的农村垃圾治理现状，各地省委省政府积极行动起来，从上而下高度重视农村垃圾治理工作。2008年，四川成立了以省委副书记和分管副省长为组长、38个省直部门为成员单位的省城乡环境综合治理工作领导小组。随后，各地市州也按照这种模式成立了相应的城乡环境综合治理领导小组工作机构，形成了"党政主导、部门协同、整体联动、齐抓共管"的上下联动工作格局。在2011年7月，四川省第十一届人民代表大会常务委员会第二十四次会议通过了《四川省城乡环境综合治理条例》，在条例依据下，召开了全省城乡垃圾分类处理机制现场工作会。2013年，四川省政府开始对改善农村人居环境工作进行专题研究部署。2014年，四川省政府办公厅提出了《关于改善农村人居环境的实施意见》，作出了到2020年，全省农村居民住房、饮水、用电、通讯和出行等基本生活条件明显改善的承诺和目标。

2016年1月四川《全省推进农村垃圾治理实施方案》（以下简称《方案》）公布，该《方案》提出：四川从2016年起将完善"户分类、村收集、镇（乡）转运、县处理"模式，全面治理农村生活垃圾。该《方案》还提出到2020年全面建成小康社会时，全省90%以上村庄的生活垃圾得到有效治理，实现"有齐全的设施设备、有成熟的治理技术、有稳定的保洁队伍、有长效的资金保障、有完善的监管制度"；农村畜禽粪便基本实现资源化利用，农作物秸秆综合利用率达到85%以上，农膜回收率达到80%以上；农村地区工业危险废物无害化利用处置率达到95%以上。

2018年，四川制定了《打好农业农村污染治理攻坚战役实施方案（2018—2020年）》，除进一步明确了2020年《方案》上述任务以外，还提出了农业面源污染有效控制，主要农作物化肥、农药使用量实现零增长；秸秆综合利用率达到90%以上，主要产粮大县、果菜茶主产区农药包装废弃物回收率达到70%以上；畜禽粪污综合利用率达到75%以上，规模养殖场粪污处理设施装备配套率达到95%以上，大型规模养殖场粪污处理设施装备配套率提前1年达到100%；水产标准化健养殖示范比重达到68%以上等具体细化目标。

2019年11月,四川省委办公厅和省政府办公厅又联合印发了《四川省农村人居环境整治三年行动实施方案》,再次深化上述各项目标指标任务,突出四川农村重点领域管理控制污染源,动员各方力量,强化各项举措,加快补齐农业农村生态环境保护突出短板,建设生态宜居、青山绿水、美丽田园的四川新农村,促进四川现代化绿色健康农业的持续发展,为生态宜居乡村奠定坚实基础。

与此同时,为加快四川农村垃圾的有效治理,2019年11月26日,《四川省生活垃圾分类和处置工作方案》公布,这意味着四川农村生活垃圾也要开始分类,全省城乡合力推动生活垃圾分类和处置。《四川省生活垃圾分类和处置工作方案》根据不同地区的社会发展实际情况,确定了三个时间节点。具体来说,到2020年底,成都、德阳、广元三个国家级示范城市生活垃圾分类重点城市要基本建成生活垃圾分类处理系统,生活垃圾回收利用率达到35%以上;攀枝花、泸州、绵阳、遂宁四个生活垃圾分类省级示范城市初步形成有效做法;其他地级城市的公共机构基本实现生活垃圾分类管理主体和收集设施全覆盖,至少有一个街道基本建成生活垃圾分类示范片区。到2022年,上述目标要进一步巩固。到2025年,地级及以上城市基本建成生活垃圾分类处理系统。县级城市、乡镇和农村生活垃圾分类工作取得成效,生活垃圾减量化、资源化、无害化水平显著提高。

各地目前已经形成了对农村生活垃圾的"二次四分法",这个方法充分考虑到了农村生活垃圾的就近处理和相对性原则。具体就是农户按是否腐烂为标准对生活垃圾进行初次分类,分为"易腐烂"和"不易腐烂"两类,分类投放至标准化两格式或两个垃圾桶。村保洁员在农户初次分类的基础上进行二次分拣,对"易腐烂"垃圾采取堆肥还田等方式进行资源化利用,对"不易腐烂"垃圾再细分为"可以卖"垃圾(即可回收物)和"不好卖"垃圾(即有害垃圾和其他垃圾)两类。"可以卖"垃圾可由村保洁员或农户自行售卖,"不好卖"垃圾由乡镇转运至县(市、区)分类处置。

位于东部发达地区的浙江省,其"千村示范、万村整治"工作协调小组办公室印发了《2020年度浙江省农村生活垃圾分类处理实施方案》，《方案》要求到2020年底，全省农村生活垃圾总量基本实现"零增长"，生活垃圾"零填埋"，全省设区市农村生活垃圾分类覆盖面达85%以上，新增省级高标准生活垃圾分类示范村200个，新增农村生活垃圾分类处理项目村536个；全省农村生活垃圾回收利用率达45%以上、资源化利用率达90%以上、无害化处理率达100%。总体来说，各地农村垃圾治理在村庄覆盖面、垃圾有效处理率、分类率等方面都有了显著提高，充分改善了农村人居环境。四川从建立农村生活垃圾收运处理机制、加强环境卫生基础设施建设两个方面入手，只用了一年左右的时间就完成了国家住房和城乡建设部提出的全国在五年内实现90%村庄生活垃圾得到处理的目标。

但由于农村面积较大，不同地区地形地貌间的巨大差异使得不同农村地区的地理环境、社会水平呈现出较大差距。例如在华北平原地区，徒步走完一个行政村可能只需要半天左右；而在大巴山区则会花费2—3天。闽浙赣等地还有一些农村处在山高林密、悬崖峭壁之中，交通仍然不便，这些地方是各地农村垃圾治理的难点地区，这些地方农村生活垃圾收运处理机制还未建立。针对这些偏远地区的农村垃圾，可以分情况进行处理：如五家左右相对集中的居住户，可以由当地村民轮流值守或村民推选出的人员负责垃圾收集与清运工作；零星散落居住村民产生的垃圾，可以自行带到村垃圾清运点。

对于这种位置不利于集中收集和处理垃圾的农村地区，宣传垃圾减量化处理可以从源头上保护农村现有环境和发展节能农业。鼓励农村居民参与到生活垃圾集中放置和分类处理，让村民认识到农村生活垃圾治理的好处，把餐厨剩余、畜禽粪便、烂果蔬等易腐败物进行沤肥，把纸制品、塑料件等可回收物进行循环处理，减少以上类别品种向农村任意排放和丢弃的总量，树立"垃圾是放错地方的资源"的意识，主动进行垃圾分类。同时，对于偏远地区，村民主动进行垃圾分类后将塑料袋等不可回收垃圾放置集中堆放点的，地方财政允许的话可以适当进行物质奖励，可以每公斤0.5元或其他价格，或多少公斤兑换一个塑料盆等方式进行，以此鼓励更多的村民进行垃圾分类和集中堆放处理。这样，还可以节约设置村庄垃圾清洁人员的费用。

四 生态循环农业深入推进

生态循环农业，从字面解释看有两层含义：一是环境友好；二是资源循环再利用。生态循环农业中的环境友好是指对生态环境不会造成污染破坏，农业是可持续的；资源循环再利用包括沼液还田、畜禽粪便等的综合利用，从而实现农业废弃物的多级循环利用，将上一产业链条的废弃物或副产品作为下一产业链条的原材料，将其他领域的所谓垃圾变成农业另一领域的资源。全国各地积极推进生态循环农业，许多省份进行了有益的探索和尝试。

（一）生态循环农业概述

作为一个农业大国，化肥农药的广泛使用确保了我国粮食产量和其他农、林、牧、渔作物的稳步增长，在新中国成立初期由于我国化工化学行业的相对落后，化肥农药一度是农业生产中的稀缺品和宠儿，这种现象一直到改革开放以后才有所缓解。化肥的使用情况与农药大体相似，都经历了新中国成立后一段时间的缓慢增长和改革开放后的迅速增加，化肥施用总量在2010年达到峰值。以四川为例，具体数据如表4-10所示：

表4-10　　　　　　　四川化肥施用量　　　　　　　单位：万吨

年份	化肥施用总量	氮肥	磷肥	钾肥	复合肥
1952	0.4	0.4	—		
1957	1.0	0.7	0.3	—	
1970	11.5	8.5	2.8	0.2	—
1978	62.5	46.4	15.7	0.4	—
1980	80.4	52.6	24.0	1.0	1.1
1990	143.9	101.4	28.2	2.6	11.7
2000	212.6	123.0	42.0	10.0	37.5
2010	248.0	129.6	49.2	16.4	51.1
2017	242.0	117.0	47.1	17.6	60.2

资料来源：数据整理自《四川统计年鉴2018》，四川省统计局网站（http：//tjj. sc. gov. cn/tjcbw/tjnj/2018/zk/indexch. htm）。

第四章　乡村振兴与生态宜居的地方实践

化肥农药的普遍使用在保证各地农业农产品产量的同时，另一个不容忽视的问题却是我国化肥农药一段时间存在的滥用现象。例如低效高毒高残留农药各地在过去曾被大量使用，六六六、滴滴涕、毒杀芬、艾氏剂、狄氏剂等农药毒性相当强，是持久有机污染物，会对当地生态系统造成面源污染，同时还会对农产品质量构成安全隐患，不利于我国农业生产安全。再加上使用过程中由于机械或人为原因形成的跑、冒、滴、漏等现象使得农药有效利用率并不高，大量的高毒性高残留农药并没有真正使用在农作物上，而是在喷洒过程中被浪费了。这些大量浪费的农药又播撒到了空气和土壤中，从而进一步造成农村的土壤、水、空气等面源污染。

2012—2014年，全国农药制剂年均使用量比2009—2011年增9.2%；2014年，全国农药利用率约35%。[1] 面对这一严峻的农药化肥过量使用形势，国家提出了到2020年农药化肥使用零增长的目标。四川作为长江上游重要生态屏障和全国主要农林牧渔作物产区，为保证农产品品质、农业生产安全、整个区域农业环境稳定和全域生态安全，四川积极作为并采取了一系列举措，有效减少农药化肥的施用量，从2014年到2019年，连续四年实现化肥农药使用量负增长。[2] 2014年浙江被列为全国唯一的现代生态循环农业发展试点省，更加深入实施化肥农药减量增效行动，推广有机肥、生物农药、绿色防控病虫害等技术应用；到2016年，浙江建成省级生态循环农业示范县22个、示范区104个（面积达98万亩）、示范企业101个，基本实现农业生产经营主体小循环、生态循环农业示范园区中循环和县域大循环的现代生态农业三级循环体系；2017年，浙江化肥、农药使用量分别为82.6万吨和4.6万吨，比全国提早7年实现了"零增长"；《浙江省现代生态循环农业发展"十三五"规划》，要求到2020年，建成全国现代生态循环农业先行区，为加快推进"双高"农业强省建设和率先实现农业现代化打

---

[1] 李淼：《到2020年全省农药使用量实现负增长》，《四川日报》2015年6月16日第3版。
[2] 刘涛：《上半年四川农产品合格率99.5% 农药化肥使用量连续4年下降》，央广网（http：//www.sohu.com/a/334085509_362042），2019年8月16日。

好扎实基础。①

（二）各地积极推进生态循环农业

全国各地在农药化肥施用、使用方式上大幅度进行减量控制，同时在源头上增加低毒、高效、低残留农药供给，再配合物理防治，在降低病虫害的耐药性的同时，还能减少农药对生产环境的污染；鼓励使用农家肥和有机肥，除了能够增加农产品的口感、营养，从而增加农产品经济效益外，还能提高土壤肥力，增强农业可持续发展的基本动力。

1. 稻鸭共育生态农业模式

所谓稻鸭共育，就是水稻秧苗在水田里播种好以后，把小鸭子放进稻田，让鸭子和稻子共同生长，等到水稻成熟的时节，鸭子也长大了。在这个过程中，它们互相补充，鸭子吃稻田里的草和蛾子等害虫，这样就不需要打除草剂和杀虫剂。同时鸭子的粪便也作为稻田的肥料，减少了化肥的用量。这种稻鸭共育模式结出了丰硕果实：水稻是有机、无公害的农产品，鸭子是放养、全绿色的农田增值品，这是一个绿色、低碳、循环、高效农业的全程效果图。许多地方推行稻鸭、稻鱼生态共育模式，确保农产品品质、产量双提升的同时，农药化肥施用量明显下降。

在传统农业种植中也有这样的稻鸭共育方式，但由于传统的稻鸭模式中，没有有效控制每亩稻田鸭子的数量和品种，很多时候是依靠农户的经验积累和反复试错。要么造成鸭子数量过多，稻田里的野草、害虫等不够鸭子吃转而吃稻谷，稻田里鸭子粪便过多肥力超标的现象；要么就是鸭子数量太少，没有把农田里的害虫和野草吃光，鸭子粪便不够稻田养分的现象；要么就是鸭子品种选成了肉鸭这种一个月速成的品种，没有达到农田除害和放养生态鸭的效果。以上这些因素在科学的稻鸭共育模式中都被重新评估和考核考量，所以现在部分地区推广的稻鸭共育模式是在科学评估的基础上进行的，不需要农户进行前期尝试和摸索，已经是一套行之有效的种养模式。

---

① 根据国家统计局浙江调查总队网站《新中国成立70周年浙江农业基本实现现代化》（http://www.zjso.gov.cn/fxyj/201910/t20191012_94367.html）数据整理。

第四章 乡村振兴与生态宜居的地方实践

四川西部平原和丘陵地区有许多稻田,为推广生态农业,鼓励广大种植户采取科学的种养方式,就必须要有看得见、可复制的示范效果,绵阳市三台县就走出了一条稻鸭共育的生态农业模式。三台县有的地区是按照每2—3亩搭建一个鸭棚,7—10天后每亩稻田按绿色食品标准化生产要求,统一投放13只鸭苗,其中10只花边鸭,3只麻鸭;① 有的地区配比每亩水稻8只扁嘴鸭。这种生态共育模式稻田里全程禁止施用除草剂农药再配合物理防治,鸭子食草性好,大幅降低和节约了农药、化肥等成本,更节省了人工下田除草、施肥、打药的时间。而有的蔬菜产区农药费用为200—500元/亩,高的达700元/亩,农药费用占成本30%以上。② 通过这种稻鸭共育生态模式,不仅能够有效减少农户农药、化肥开支,还减轻了养鸭农户的畜禽粪便处理负担,多渠道增加了种植农户的收入又降低了支出。三台县率先在四川全省实现化肥、农药零增长的目标,2016年一年就减少1600吨化肥农药使用量。

三台县专门出台了《关于实施优质大米工程促进农民增收致富的意见》,把稻鸭共育模式生产出来的大米纳入"优质大米工程"。对于稻种,三台县集中采取已经经过审定、适应三台水土、产量高、口感好的优良品种向种植户进行推荐,许多农户采用这些品种,水稻产量由过去的几百斤突破到上千斤,有的还达到了1700斤/亩。亩产量提高的同时,粮食单价由于生态有机比原来的价格翻了一倍多。有的农户粗略地算了一笔账,稻鸭共育生态农业模式下水稻种植的收入大概一亩是2500元左右,再加上一亩田里养的鸭子额外还可以卖上500元左右,一亩田还能够减少化肥农药支出约200元,这一增一减之间,收入比起之前的种田方式高出1500元还要多。现在这一地区进行稻鸭共育模式的村民们都尝到了科学、生态农业的甜头,大家的生态种植意识普遍提高,种粮积极性显著提升。科学的稻鸭共育模式不仅使得化肥、农药使用零增长,还使得这些地区粮食品质得以改善、产量得以增长,是一个农户增收减支、农村生态改善的多赢生产方式,取得了社会、经济和生

---

① 谢艳:《不打农药不喂饲料稻谷生态稻鸭肥》,《绵阳日报》2016年6月20日第2版。
② 李淼:《到2020年全省农药使用量实现负增长》,《四川日报》2015年6月16日第3版。

态效益。

2. 沼液等农家肥还田模式

四川不仅是产粮大省,还是生猪和鸡鸭鱼等畜禽养殖大省。2017年肉猪出栏头数为6579.10万头,猪年末头数为4376.64万头,肉牛出栏头数为267.26万头,大牲畜出栏头数为947.18万头,肉羊出栏只数为1780.38万只,羊年末只数为1599.26万只,家禽出栏只数为65259.81万只,家禽年末只数为36619.20万只。[①] 如此大体量的牲畜喂养,必然产生大量的畜禽粪便。四川有一段时间对于畜禽粪便的处理态度与全国类似,没有进行专门的规范要求,故而造成大面积的畜禽粪便面源污染,大量畜禽粪便没有经过处理就被直接排放到养殖场周边的水渠、河流、田地,不仅污染了周边水源、土壤,还由于排泄物臭气熏天造成了空气污染。面对这一紧迫形势,四川采取了多种措施来处理畜禽粪便,在规模养殖场建立规范的化粪池,实现粪污还田或有机肥加工。

四川早在2014年就在全省6个县试点PPP模式,推进畜禽粪污资源化利用;同时大力支持社会力量促进沼肥还田社会化、专业化运营,各市州至少1—2个县开展此项试点,到2020年畜禽粪便基本得到资源化利用。[②] 另外,为贯彻落实畜禽规模养殖污染防治相关法律法规,推动四川畜禽养殖污染防治工作规范化管理,结合四川畜牧业发展实际,四川省农业厅和当时的四川省环境保护厅在2017年7月27日公布了《四川省畜禽养殖污染防治技术指南(试行)》,这一指南科学划定了禁养区,明确了禁养区的区域范围,还要求四川各地根据实际情况测算畜禽养殖可承载量,合理布局养殖区域,推动种养业与生态环境保护协同发展。

畜禽粪便及其污水如果处理得当,不仅能够减轻农村生态负担,把清洁的水和空气还给乡村,还能为农作物提供有机肥料,从而改善农作

---

① 数据整理自《四川统计年鉴2018》,四川省统计局网站(http://tjj.sc.gov.cn/tjcbw/tjnj/2018/zk/indexch.htm)。

② 李淼:《到2020年畜禽粪便基本得到资源化利用》,《四川日报》2015年8月30日第3版。

物品质、杀死部分病虫害、为鱼塘提供养分、增加土壤有机质。蒲江县是成都市的西南门户,是全国生猪调出大县,全县生猪养殖户共计28588户,常年存栏生猪45万余头,年出栏生猪100万头,年产粪污约120万立方米;2015年底,蒲江PPP项目实现了10.1万立方米粪污的有效回田,按照文献计算,当年可减少畜禽粪污COD排放5071吨,总氮排放546吨,总磷排放54.9吨。[1]

农田在使用沼气、有机肥后,土壤得到了十分有效的治理,因为畜禽粪便通过沼气池发酵,产生了大量有机、无机盐类,微量元素和多种水解酶等可溶性物质,使土壤供肥能力增强,真正实现在种地的同时还养护了土地。沼液不仅含有作物生长必需的氮、磷、钾大量元素,还含有锌、铁等多种微量元素;并且长期的厌氧发酵环境使沼液中大量的病菌、虫卵和杂草种子均已灭亡,用于农作物比较安全。同时由于沼液的养分可利用率高,有机质含量高、肥效稳定、可持续时间长,其肥力效果远远高于普通化肥,而又不会造成土壤板结或其他二次伤害。

所以蒲江县大力推广使用沼液还田,倡导用农家肥替代化肥。蒲江县的果园在使用沼液配合农家肥以后,果园不仅产品品质得到了提高,还降低了因使用化肥农药而产生的成本。在蒲江,专门从事沼液收集和回收利用的公司企业还提供果树苗圃的浇灌服务,这就是本书前述提及的农林牧渔专业及辅助性活动之一。该公司一般向农户收取25元/立方米的有机肥费用,每亩果园大概需要6立方米的有机肥料。这样算下来,农户为每亩果园只需要支付150元的肥料成本,而且这个费用还包含了沼液还田的人工、运输、灌溉等费用,不但降低了农户在果园上的经济投入,还节省了农户自己劳作的时间和体力。在使用了沼液这样的农家肥以后,果园生产成本不仅降低了,还由于沼液养分高,提高了果园的亩产量,每亩大概提高了50—60公斤的产量。一方面由于使用沼液农家肥降低了生产成本,另一方面还提升了土壤的有机肥力,使得果

---

[1] 谷晓明等:《农村养殖户畜禽粪污综合利用的公共私营合作制(PPP)模式分析》,《生态与农村环境学报》2017年第1期。

园增产、水果品质提升,这两个方面的同时发力,可以为果农每亩至少节约 100 元的成本和增加 100 元的收益,施用沼液等农家肥是农村开源节流和维护优美生态环境的重要渠道之一。

不仅成都市蒲江县注重沼液还田,用农家肥代替化肥来减少农药、化肥的施用量,全国其他地区都在积极响应这一生态绿色的种养趋势,齐心协力共同为当地化肥农药使用量的负增长作出贡献。雅安市洪雅县有多家奶牛牧场,许多还是全国知名乳企的供奶基地,这些大型牧场养殖数量大,牲畜粪便量大,对于这些畜牧粪污,该地均要求进行种养循环生物治理和二级生化工程治理相结合的办法。这样一来,既解决了粪便随意处理的污染问题,又实现了粪污变废为宝、资源利用。就这样,洪雅县在解决本地农牧区畜牧面源污染方面,走出了一条农业循环经济发展之路。

从 2006 年起,洪雅县就开始研究种养循环技术,逐步探索形成了"牛场粪污、沼气发酵、沼液前置处理与储存、低压管灌农作物、牧草养牛"的自动循环体系。牧场粪污经发酵处理后,通过沼液管网密闭输送到田间地头,供农民随取随用。在畜禽粪便集中处理后,类似于水电气管网铺设输送,洪雅县通过辖区内管道铺设,直接把沼液通过管道网络输送到需要沼液的农田。目前,建成的沼液低压灌溉管网总长已达 500 公里,辐射东岳、中保、槽渔滩等乡镇,是四川省循环经济示范区。[①]

各地在减少化肥农药使用方面,大力推广生态绿色种养方式和沼液等农家肥还田,不仅降低了农户生产成本,还提升了农产品品质,也解决了种植地区土壤肥力的可持续问题,是一举多得的好措施,这些成为了各地化肥农药实现负增长的有力推手。

(三)生态循环农业的现状分析与建议

农作物在化学农药的保护下虽然能够免受病虫害,获得产量保证,同时挥撒化肥还比较省事,但化肥农药的过多使用对于农户、农作物、土地、地下水、空气等环境来说是有百害而无一利。现在各地基本上对

---

① 王小玲:《洪雅吃生态饭走绿色路》,《中国环境报》2019 年 5 月 30 日第 3 版。

这一问题已经形成了自上而下的统一认识，各地大部分农村都已认识到种地与养地之间的密切关系，光种不养是一种对土地短视的眼光，而养好地才能种出好品质的农作物。有机肥解决了养殖户的环保困境，也解决了种植户的土壤养护与肥力问题。

由于四川饮食结构的偏好，生猪养殖业在四川非常普遍和壮大，生猪粪便排放量巨大，所以四川全省有机肥干重在1.35亿吨左右，而全年使用量8000万吨左右；秸秆利用率在80%左右，畜禽粪便的利用达到50%—60%。下一步，四川还有50%左右的有机肥资源可以利用，可以替代化肥和部分农药，资源利用提升的空间较大。

虽然化肥农药短期内能够提高农作物和经济作物产量，但它们破坏环境、削弱了土地地力，使得农业发展陷入一种恶性循环、难以为农民提供可持续的劳动成果，是一种"杀敌一千、自损八百"的做法。而通过施用农家肥、沼液等有机肥是一种对土地、水、大气没有负面效应，对环境友好的耕作方法。再加上各地的PPP等模式，减少化肥农药依赖症，减轻农户劳动量和经济支出，使得现代技术、现代管理和传统经验紧密结合起来，既产生了生态效益，也产生了经济效益。为引导更多社会企业参与到各地农业发展与现代化农业产业，各地实施的PPP项目将继续为社会资本留出了合理的利润空间，坚持"公开、公平、公正"原则，按照"事后奖补、据实据效"的要求，科学制定综合补助资金分配方案，财政补贴分配结果及时予以公开。在减少化肥农药使用方面，大力推广生态循环种养方式和沼液等农家肥还田，不仅降低了农户生产成本，还提升了农产品品质，解决了种植地区土壤肥力的可持续问题，是一举多得的好举措。

第五章　乡村振兴与生态宜居的实证研究

我国是一个农业大国，农业农村地区占到了我国陆地面积的一半以上，经过新中国 70 余年的建设，我国农业农村发展取得了历史性进步，尤其是改革开放以后"三农"工作成效显著，城镇化进程加快，乡村人口约占总人口的比例由 20 世纪 80 年代初的 80% 下降到 40%。我国各地乡村的自然地理、社会经济以及风俗状况等差异较大，深入研究富有地域特色，分类运用于不同地形、不同地貌乡村持续发展的振兴策略，具有重大意义。在推进实施乡村振兴战略的大背景下，由于地域宽广、地貌多样、差异悬殊等诸多客观条件，我们必须客观把握各地实施乡村振兴战略的现实基础，准确判断、识别需要高度重视的短板制约因素，并且有针对性地实施重点突破，才能有效实现乡村振兴的战略目标。

本章选取了三个不同地形地貌的乡村进行田野调查和实证研究，这三个乡村分别位于浅部丘陵地区、山顶地区和高原地区，位于浅部丘陵地区的乡村由于地势较好农业生产较为发达，位于山顶地区的乡村地势较高环境条件教好，位于高原地区的乡村文旅融合较好。笔者于 2019 年 10—12 月，近距离观察以上三地乡村当地村民们的生活生产情况，同时就乡村振兴的细节问题如乡土特征、人情风俗、乡风治理、教育支出、医疗保障、村干部与基层治理、村民们对乡村振兴战略的关注侧重点、农村居住意愿度、人情开支、村里环境卫生状况等方面进行问卷调查和单独走访，分析其现状及差异化的原因、存在的不足和今后可能的发展方向，希冀能为乡村振兴与生态宜居提供有益借鉴和参考。

第五章　乡村振兴与生态宜居的实证研究

第一节　丘陵乡村实证研究

四川泸县大部分属于丘陵地形，位于长江、沱江交汇区，处于成渝经济圈和长江经济带（上游）结合部。笔者于2019年10月在泸县境内的一个村庄进行了问卷调查，由于笔者一位熟人的老家在该村，认识一些人，故而笔者没有找当地的村干部进行协助，直接到农户家中或茶铺进行问卷调查。许多村民是第一次接触到问卷调查这种形式，填写时还询问是否要签字和留电话号码，当告知什么信息都不用留，只需要勾选对应选项时，一些村民放下了心中的戒备；另外，还有一些村民对我们发放的问卷，他们的第一感觉是我们在卖商业保险。同时，由于村民习惯在茶馆里聊天聚会，所以，部分问卷在该村乡镇上的一个茶铺里进行。

我们在开始进行问卷调查前，对问卷中的一些选项进行了说明。首先是问卷中第4题"一个孩子每年大概花销是"多少，向村民们进行解释：如果村民的子女已经工作但目前还没有孙子女、外孙子女的话，那么请勾选一个子女原来的教育费用和吃穿住用等的费用；如果子女已经成年并养育了下一代，那么以下一代的费用为准。在说明这道题目时，村民们觉得完全是多此一举，大都表示自己能够理解这个意思，自己的孩子成年了的话，就是原先的开支；现在有了孙子女或外孙子女，那就是他们下一代的费用。看来，笔者低估了村民们的理解能力，我们的确小题大做了。

与其他两地相比，泸县的地理位置、地形地势、生产环境等客观条件是最好的，相对应的该地经济社会发展水平较高，村民人均受教育程度也较高。而且该村地形是一个冲积小平原，九曲河从村边流过，周围是小丘陵，土地基本上都是肥沃的水田，自然条件相当好。在问卷调查中，初中文化程度的被调查者占到了一半，大部分村民对于问卷调查这一形式还比较陌生。我们非常感谢村民花费时间完成问卷，让我们对部分村民的真实状况有了进一步的了解。看来，科研深入农村，走进村民们的内心深处，深入调查研究还有很长的路要走。

一　村情概述

由于笔者是在国庆节假日期间在泸县该丘陵乡村进行的调查问卷，有许多在外务工、经商的村民回到了家乡，故而这个结果还是能比较真实地反映泸县丘陵乡村的实际状况和大多数村民的真实意愿。问卷结果显示，89%的填表人员是普通村民；小学文化程度的占27%，初中文化程度的占50%，高中文化程度的占14%，大专及以上文化程度的占2%；38%的村民收入主要来源于在家务农，30%的村民收入主要来源于在家务农兼务工，32%的村民收入主要来源于外出经商、打工。

问卷的结果表明农村居民的受教育程度相较新中国成立初期和改革开放初期来说，都有了很大提升。新中国成立初期，农村的文盲率较高；改革开放初期农村村民大都只有初小或高小这样的小学文化程度；随着国家九年制义务教育的全面推行，初中文化程度的村民比例有了大幅度提升。再加之有的村民比较重视子女教育，希望子女通过读书改变自己的出路乃至家庭的命运，所以该村在子女教育等的花销年均超过2万元的占到了28%，这样"大手笔"（因为我国农村居民年人均纯收入2018年大约是1.5万元）的支出一方面说明了农民对教育的重视程度，另一方面也佐证了该村21%的村民最希望乡村振兴的发力点在文化教育。村民们希望乡村振兴战略在乡村基础教育、乡村公共文化建设等方面进行发力，藉此提高村民的文化素养。现在大多数村民转变了观念，不再认为供孩子读大学是浪费时间和金钱的事情，而且都希望自己的下一代能够多读书，将来在社会竞争中获得一技之长，能够比父辈生活得富裕、轻松、美好。

同时，由于该县农林牧渔第一产业发展较好，农民务农收入尚可；再加上泸县素有"建筑之乡"的美誉，是全国首批30个国家级建筑劳务基地县之一，四川省建筑劳务输出10强县，有大量村民外出从事建筑领域的经商、务工，这一外出务工、经商项的收入也是当地村民收入构成的主要来源。正是这种在外的经历使得大部分村民都能意识到在国家政策的扶持下，致富奔小康还是需要自己发力，"等靠要"是不会实现小康的。所以该村问卷显示,64%的受调查村民表示乡村振兴主要依靠村民和政府集体努力。大多数村民都意识到乡村建设需要依靠的不仅有国家政府层面的支持与引导,也需要村民自身的努力,外部因素与内部因素共同作用下,乡村振兴才会早日实现。对于乡村振兴的短板,57%的受调查村民表示乡村振兴目前的困难是人才缺乏,科技含量不高。88%的受调查村民表示农村风气比起10年前变好了。95%的受调查村民表示如果农村居住条件或医疗条件跟上了,愿意在农村居住。

所以,该丘陵地形的村庄乡村振兴处于一个比较好的起点上:农民人均收入高于全国水平、受教育程度高于全国农村水平,产业兴旺、生态宜居、乡风文明、治理有效、生活富裕是受调查村民的普遍愿望。关于在乡村振兴战略中,以上具体哪一项是村民们最感兴趣的,笔者在设计这一问题时明确是单选,但由于村民们或许觉得仅仅一个选项不足以表达自己的意愿,或许是大家对单选的理解不到位,最后这道题很多村民都作了多选。值得研究的是,这道题经过事实上的多选后(有的选了两项,有的选了三项,还有的全选或单选),最后统计的结果是每一个选项最后的得票数相差无几。笔者分析个中原因,大概是乡村振兴的二十字内涵涉及的五个方面都是该村村民们关切的内容,产业、生态、乡风、治理、富裕每一项都有老百姓给予关注,虽然每一个个体关注的侧重点可能不同,但经过抽样调查后的数据却发现这些子项基本是平均分布,再次印证了乡村振兴战略经过了前期实地调研与考察,符合乡村乡情,我国政府由上而下地发布乡村振兴战略,又由下而上地得到拥护和响应,是广大村民的迫切需要。

二 医疗保障

该村77%的受调查村民表示对乡村振兴充满期待,也有21%的受调查村民表示不知道乡村振兴战略。59%的受调查村民表示乡村近两年来变化非常大或比较大。38%的受调查村民表示乡村振兴最需要发力的点在医疗保障,高于前文提及的该村21%的村民选择的文化教育。乡村振兴五个方面需要紧密联系,随着乡村振兴战略的推进,大部分村民感觉到本地农村的变化非常大或比较大。为了乡村更好地发展,38%的村民希望乡村振兴从医疗保障方面进行提升，是调查问卷给出的"道路、绿化面积、医疗保障、文化教育、产业致富"这五项选择中比例最高的；其次就是文化教育，占到了21%。事后我们与个别村民单独访谈，有村民觉得现在农村医疗保险收费较之原来有所提高，每个人从最初的几十元提高到现在的250元，他们家总人口较多，算下来觉得负担较重。这户村民除了一个小孙子外，其余成员都是健康的青壮劳力，照理说收入还是完全可以承担这一费用的。该村民有如此明确的负担表示，这是个别现象还是需要普遍重视农村居民的医疗保障资金来源，我们有了进一步的深入研究。

在调查中我们发现，很多村民把自己购买的医疗保险称为"新农合"。其实国家几年前就已经开始统筹城乡居民医疗保险，不再区分城市和农村户口来购买医疗保险，新型农村合作医疗现在已经改成了"城乡居民基本医疗保险"，这是城乡居民享受同等医疗保障的重要一步。另外，当地许多村民都不知道"城乡居民基本医疗保险"中，除去自己缴纳的资金外，国家财政和地方财政还对每一位参保居民给予了补贴。近年来，各级政府持续提高居民医保人均财政补助标准，从2007年人均补助40元，到2018年增至490元，对减轻参保群众缴费负担起到了重要作用。

但是由于消费价格指数的自然增长，以及新医药新技术的广泛应用，医疗费用逐年快速增长，城乡居民医保筹资标准需合理调增，以支撑制度功能长期稳定发挥。2019年城乡居民医保人均财政补助标准新增30元，达到每人每年不低于520元，新增财政补助一半用于提高大病保险保障能力（在2018年人均筹资标准上增加15元）；个人缴费同步新增30元，达到每人每年250元。[①] 同时，巩固提高政策范围内住院费用报销比例，建立健全城乡居民医保门诊费用统筹及支付机制，重点保障群众负担较重的多发病、慢性病：把高血压、糖尿病等门诊用药纳入医保报销；提高大病保险保障功能，降低并统一大病保险起付线；加

[①] 吴佳佳：《居民医保人均财政补助标准新增30元》，《经济日报》2019年5月12日第2版。

大大病保险对贫困人口的支付倾斜力度，贫困人口起付线降低50%，支付比例提高5个百分点，全面取消建档立卡贫困人口大病保险封顶线，进一步减轻大病患者、困难群众医疗负担。[①]

当笔者把以上信息向这户村民讲解后，知悉国家还对每个缴纳人员进行了财政补贴，个人缴费部分相较原来只增加了30元，他们还是觉得缴纳的费用偏高，希望个人缴纳部分能够减少。看来这户村民希望乡村振兴在医疗保障方面进行加强的意愿体现在个人缴纳费用上能够尽量减少或维持现状。

笔者又就这一问题进行了深入的个别访谈，其他村民觉得个人缴纳250元/年的医疗保险费用还是物有所值，但觉得农村居民如果生了大病，普通家庭承担的费用还是比较大的。笔者进一步问其他农户，如果一个重大的疾病治疗的总费用经过城乡居民医疗保险相关报销后，还需要自己负担的治疗费用为2万元，觉得能够负担吗？这户村民表示虽然超过了家庭人均纯收入，但为了健康还是可以接受的。其他村民也表达了大致相同的意见，觉得如果是住院治疗，自己负担的费用在1万元以上的话，就超过了家庭预算，但还是在自己家庭可以承担的范围内；如果上了2万元，那就是家庭财富的重大流失，但如果在自家条件允许的情况下还是会咬咬牙继续医治。另外，还有一种就是重特大疾病情况，例如癌症，对于这种医治前途未知、经过了前期治疗、自家已经花了2万元以上的话，一些村民表示只有走一步看一步，承担不了的话就回家听天由命、顺其自然。故而在泸县这个村，大多数选择在医疗保障方面加强乡村振兴着力点的村民，希望能够提高医疗保险的报销比例，减轻患病医治时个人自担的经济支出。

三 乡风文明

该村接受问卷调查的村民中，47%表示一年用于人情开支的费用在2000—4000元；2000元以内的占到23%；18%的受调查村民表示一年

[①] 吴佳佳：《居民医保人均财政补助标准新增30元》，《经济日报》2019年5月12日第2版。

用于人情开支的费用在6000—10000元；12%选择了6000—10000元。个别村民表示有时如果家里的三代以内血亲有结婚、丧葬重大事项时送的礼金会多一些，如果这一年这样的大事多几个的话，一年的礼金会多于1万元。当然这种是太特殊的情况，一般不会遇上。所以笔者最后对"1万元"以上选项进行统计时，发现没有村民勾选。看来人情开支超过1万元的比例在该村太低或最近几年村民们没有人情开支超过1万元。

  一个家庭人情开支的数目，问卷调查中选项最少的是2000元以内。那么这个2000元以内一般是1000元左右还是接近2000元呢？笔者随后也就这一问题进行了访谈，大多数村民表示，一年到头的人情开支，如果是亲戚较少、走动较少的人家也基本在1500元，这笔支出占到了全国农村居民人均纯收入的10%，而且这一选项的比例并不是最多的。换一句话来说，人情开支在农村居民的支出构成中已经是一笔相当不小的净流出。但对于世代注重情感往来的中国人来说，邻居亲戚家有红白大事还是要参加以示庆祝或庄重。所以，该村村民所有选项的50%认为礼金比较合理的话，还是认同人情开支；有7%的人认为人情开支中礼金过高，主家借机敛财；还有19%的人认为在人情开支中存在着铺张浪费、相互攀比的不良倾向；也有10%的人勾选了宴席污染环境、扰民；14%的人认为虽不想参加，但碍于情面还是要去。

  所以人情开支这一项支出在长期内是会继续存在的，具体就是如何尽可能减少农村宴请的频率，倡导只有结婚、丧葬等重大事项才举行宴席，而且礼金最好控制在农村家庭可以负担的范围以内。笔者事后也问过该村礼金情况，该村约定俗成的是每户村民之间都送100元，然后一家人齐齐赴宴。该地的风俗是结婚宴请要摆三天的席，老人去世至少也是三天的酒席。这样的礼金，普通农户还是可以承受的。因为送给主家100元的礼金，一家人赴宴到主家帮忙的同时，由主家负责三天的饮食，很多老百姓心里清楚按照每户人家送100元的话，主家其实在经济上是亏损的。农村办席多半会选在春节这个村民们都回乡的传统节日举行①,所以,一年到头最集中的酒席时间就是在春节前后,往往从腊月二十几开始轮流赴宴到正月十五,这样一算下来,共计千元左右的礼金就送出去了。

农村家家户户基本上都是这样做的,就算是集中时段吃席,集中掏钱送礼,群众也还会照旧下去。因为我们中国人讲究礼尚往来,同为乡邻,自家送了100元全家人就被主家招待了三天,那么轮到自己家子女结婚如果不宴请乡邻,会被大家认为抠门或小气。所以,我们发现农村的宴请风俗不会中断,人情支出这笔费用不会中断。但我们的乡规民约可以在宴席的规模、菜肴的品种上提倡适量,不要相互攀比。农村最早流行的九大碗就能满足人们改善伙食的要求,改革开放以后生活水平提高了,宴席的标准由一桌十个人九个菜品变成了十八个,到现在普遍的二十八个左右,还有的会弄出三十多个菜。这样平均一个参加宴席的人需要消耗两盘到三盘菜,并且宴席时的菜与平时家常菜有非常大的区别,鸡鸭鱼肉除外,还有虾蟹等海鲜,高盐、高蛋白,分量还足,使得大量的菜吃不完,造成了食物浪费,宴席油污如果没有处理好也会对环境造成破坏,亦对主家造成了不必要的经济负担。

可以在农村中提倡办席时减少菜肴个数和每份菜的数量,自治的村规乡约中也应在之前的规定基础上,号召大家在办宴席时,每桌菜肴不超过二十个。总的来说,泸县该村的宴席还没有到泛滥的地步,村民们大都只会在有红白事或老人大寿的时机举行宴请,村民们约定俗成的100元礼金应该鼓励下去。下一步,中央或地方电视台、农业农村部或相关部门可以通过微信、QQ、抖音等短视频App传播一些鼓励减少宴席菜品,二十个盘子足矣的微视频,来引导村民理性办席,减少餐桌宴席上的浪费;同时村干部可以在日常聊天中或村广播里向村民宣传一些减少办席频次,小孩、年轻人的生日不请客,其他必要的宴请菜品数量控制在二十个左右,每盘菜分量不宜太多,够吃就行;还可以在每家每

---

① 2020年的春节由于疫情影响很多农村酒席不能举办,2020年的情况要做特殊处理,不包含在本书所述的一般情况中。

户门口张贴宣传画提倡合理办席，杜绝食物浪费。这样连续宣传下来，就像村民们彼此约定礼金100元一样，可以逐步在乡村中形成办席不铺张、菜肴不宜多的风气。

四 村干部在乡村治理中的作用

乡村治理中村干部起着非常重要的桥梁作用，不但起着上传下达的作用，还起着化解农村纠纷矛盾的第一线的作用。笔者在统计"当自己权益受到严重侵犯时"，该村53%的受访村民选择了"找村干部解决"，还有其他共计22%的受访村民选择了"上访"、"打官司"，剩下的要么"找家里人"，要么"找朋友"或"其他方式"解决。看来，该村干部在村里起到了调解纠纷、稳定民情的作用。

在该村，根据问卷结果和走访反馈来看，村干部在广大村民中的形象是比较正面的，能够较好地执行上级决策部署，正确完整地传达上级的各项指示，维护村里的秩序。所以当问及"农村目前存在的突出矛盾"是什么时，19%的受访村民认为是"占地、拆迁、资源开发矛盾"，19%的受访村民认为是"邻里、家族矛盾"，只有12%的受访村民认为是"村干部和群众的矛盾"，48%的受访村民选择了"其他"这一选项。

看来，在该村，邻里之间的地界纠纷、房屋采光等争执不再是该村村民们认为的突出矛盾了。但为什么还有那么多村民选"其他"这个兜底选项呢？这个"其他"矛盾到底包含了哪些具体的内容？这个还需要笔者做进一步了解。我们又就这一问题进行了单独走访，有的村民提出了想回到家乡就业，但兜兜转转大半年，在家乡不能找到与沿海一致或相仿的工种和报酬，不得不再次外出就业务工。我们又向村民提出了农村目前存在的突出矛盾中有没有治安、宗族势力、环境不好、不文明现象较多等，有的村民表示是有点，但还没有到突出的地步；有的村民不予正面回复。看来这一遗漏只能留在下一次的问卷调查中进行补充。

当提及村里有没有不公平不公正的现象时，45%的受访村民认为基本没有，认为村干部不廉洁的只占到7%，认为受村霸欺负的有2%，村里讲关系严重的占到36%。从村民的直接感受可以看出该村的社会治理整体水平较高，村民的邻里纠纷等问题能够在本村内得以解决，这样一来就不会激化矛盾，把一些群众的内部矛盾纠纷化解在村社内部，不至于因为人民群众内部矛盾没有得到正确处理而激化上升为治安问题或刑事案件。故而在涉及本村或附近村镇是否有黄赌毒、打架斗殴等现象时，68%的村民认为基本没有，28%的村民认为虽然有但不多，只有4%的村民感觉比较多。

笔者的感受就是一个村的经济整体水平提上去了，大多数村民都盖上了新式小洋楼，整个村容村貌自然就上去了。由于这个村外出务工、经商比例较高，村民在外的见识增多了，经济收入提升了，大家的文化素养也随之提升，接受新事物更容易，所以该村的垃圾处理、乡村振兴战略推进得比较顺利。同时村民也能够按照自己的想法选出村干部，不再囿于人情、血缘抹不开面子，所以该村乡村治理处于比较良性的循环过程。

五　精准扶贫

经过对该村的问卷调查和实地走访，该村的经济水平整体处于较好发展阶段，每一个生产小组平均只有1户左右的建档贫困户（这些贫困户均已脱贫），而且大多数贫困户还由地方出资修建了新的符合安全标准、环境卫生（厕所卫生）标准的住房，住房建造符合当地民居风格，外墙也按照当地村民的习惯粘贴瓷砖。这样的扶贫建筑，从外看不出与其他村民自建房的差异，也没有在外墙上粉刷有类似于精准扶贫成果的字样，照顾到了贫困户的心理感受，不会让贫困户内心产生与其他村民的落差感觉。

贫困户的扶贫住房是一层楼建筑，建筑面积按照农村人均居住面积来建造，大约是100平方米，虽是一层楼，但不是瓦房建筑，而是平层建筑，楼顶也为贫困户将来再次修建二层或三层楼房预留了。这样的建筑当时的造价8万元左右，自己出了一小部分资金2万元左右。笔者也问了周围村民是否羡慕由政府出资帮助贫困户，完成了对于农民来说，造房这一人生中最重要的任务之一。一些村民表示没有什么值得羡慕的，他是贫困户、没有一技之长，家里还有精神不太正常的妻子，又有孩子需要抚养，不能外出务工，只依赖务农和平时修补鞋子补贴家用，找钱太困难了；现在政府出资一部分，帮他建房说明国家政策太好啦；再说政府只是把最基本的平房帮助他家完成了，又没有给他家建两层或三层大楼房，要想居住条件进一步提高，室内装修都完成，住的跟城市人差不多，还是需要自己挣钱才能实现，国家只能帮助基本的；再说如果国家帮他把什么都做了的话，我们也要争取去当贫困户。

村民们这样的回答至少体现了我国精准扶贫以下三个方面要求：

第一，扶贫对象精准，这户人家的贫困是全村公认的，是持续了相当一段时间的；当地政府扶真贫，以家庭人均收入作为主要依据，不以人际关系亲疏论是否够评贫困户。在村民们的访谈中了解到，这户人家与村干部、其他村民平时关系还不怎么亲近。

第二，措施到户精准，这户人家之前的住房是新中国成立初期修建的老式房屋，已经快70年了，墙壁是用竹篾搅和着泥土打上去的，尽管修修补补，但无奈自身房屋根基不牢、材料不佳。这家户主自出生时起就居住在此，后来以务农和修鞋为主要收入来源，没有多余的钱用于改造房屋，所以这户贫困户当时最大的特点就是住房贫困。当地扶贫部门因户施策，找到了该贫困户的最迫切需求是住房贫困，因而急贫困户所急，应贫困户所需，进行了住房扶贫，扶到了这家贫困户最迫切的需求改善——住房情况改善。

第三，注重激发贫困户的内生动力，没有对贫困户进行大包大揽，帮助贫困户克服"依赖"心理，有利于避免其他村民争当贫困户的现象。当地的住房扶贫没有一揽子包完，只是为贫困户修建了基本住房所需的平房，不像其他村民自建房那样一般都是两层或以上楼房。况且贫困户自家还倾其所有、出资参与了新房修建。故而当地这样的精准扶贫举措不但没有让其他村民眼红，反而让其他村民觉得国家的精准扶贫是帮贫不帮懒、扶助不包揽。

泸县政府的精准扶贫举措考虑到了中央的六个"精准"，通过当地基层工作人员的宣传、讲解、说服，面对数目不菲的扶贫资金，没有让其成为村民们争相夺取的"唐僧肉"，没有出现打破头皮争当贫困户的现象，确保了当地村民对扶贫政策没有争议，对扶贫对象没有异议，对住房扶贫工作没有阻碍。

六 生态宜居

该村39%的受调查村民对"村里的生态环境卫生情况"表示非常满意或满意；59%的受调查村民对"村里的生态环境卫生情况"表示一般。48%的受调查村民认为"当前农村生态环境存在的主要问题"是"生活垃圾、污水乱排乱倒以及没有及时清运"；22%的受调查村民认为当前农村生态环境存在的主要问题是"化肥、农药不合理使用"，16%的受调查村民认为当前农村生态环境存在的主要问题是"畜禽养殖污染"，14%的受调查村民认为当前农村生态环境存在的主要问题是河道、路面等堆放垃圾。91%的受调查村民会把自家垃圾放在村里指定垃圾堆放点，只有5%的受调查村民会直接"丢在河边或房屋、山崖边"，4%的受调查村民"倒在自家田里掩埋或焚烧"。84%的受调查村民表示开展农村卫生环境整治、厕所革命等工作以后，村容村貌发生了很大改善，但还有16%的受调查村民认为没有改善。

总的来说，泸县的乡村环境卫生情况总体上得到了治理，而且得益于泸县较强的经济实力支撑，建立了全覆盖的农村垃圾堆放和清运点。泸县农村垃圾的指定倾倒点位建设早在五六年以前就完成了，在广大村民中宣传塑料口袋垃圾等不要向河道、山崖丢弃，每天村里的垃圾清扫员会对点位周边进行清扫，协助垃圾收集清运。并且泸县把原来的砖墙半围栏露天式垃圾房改成了车载便携式垃圾箱，便于垃圾车清运，减少了垃圾清运过程中的遗漏。2019年泸县又着手把垃圾分类前移到农户居民家中，向每家每户发放了一个垃圾分类投放桶，垃圾桶根据农村实际情况分为可腐烂和不可腐烂两格。

除了定点设置铁质垃圾箱以防垃圾燃烧事故和向村民家庭发放两格式生活垃圾桶外，泸县还在居民家门口粘贴垃圾分类温馨指示，引导农民按户为单位将生活垃圾分为可回收物、可腐烂垃圾、有害垃圾、不可腐烂垃圾四类，详细列举了日常生活中具体哪些物品归属在哪一项分类中。按照泸县粘贴在村民家门口的农村生活垃圾分类处理资源化利用模式中的生活垃圾分类指导看，纸类、塑料袋、玻璃、金属、织物、电子废物等这些都属于可回收物；剩菜剩饭、菜叶菜帮、瓜果皮核、废弃食物油脂、枝叶等是可腐烂垃圾；废电池、废日光灯管、废水银温度计、过期药品、农药罐、杀虫剂、强效清洁剂等是有害垃圾；废弃食品袋（盒）、废弃纸巾、废弃瓶罐、灰土、烟头等和建筑垃圾都是不可腐烂垃圾。该提示牌上还附带了村民门前五包责任制，公布了泸县政府各类微信公众号便于村民及时关注和了解相关政府动态。

但是笔者在调研的时候发现，虽然发放了两格式分类垃圾桶，但农村居民仍然没有按照可腐烂与不可腐烂进行分开放置，还是混合投放在垃圾桶内；还有村民觉得这样的垃圾桶不实用、不方便，不如原先自家的簸箕或垃圾桶方便；还有村民觉得就算在家里分好了可腐烂与不可腐烂类别，最后倒进村里的铁皮大垃圾桶还是混合在了一起，没有分开，就是一个形式；也有村民觉得这些可腐烂物根本就不会倒进垃圾桶里去，因为自家有化粪池或沼气池，直接丢进去沤肥还有用处一些。

以上村民们反映的问题的确在该村存在。该村由于沼气池推广的时间较早，村民自建房中后来都要求建造沼气池或化粪池，所以该村基本上每家每户都有沼气池或化粪池，因而该村的厨房余料、树叶烂果、瓜果皮核等易腐烂物品都倒进了沼气池或化粪池，这就减少了垃圾投放量。虽然个别村民觉得发放垃圾桶有点多余，但大多数村民还是把垃圾桶有效利用了起来。并且笔者觉得虽然目前看来，该村有的垃圾处理措施还没有达到大城市的标准和做法，但这些举措已经是提前布局和未雨绸缪了。例如，粘贴垃圾分类利用引导牌能够起到潜移默化的教育作用，让广大农村居民能够在自家门口就能阅读到科学的垃圾分类指南，特别有助于小孩子养成垃圾分类的好习惯，形成爱护环境的良好意识。还有两格式垃圾桶，虽然说目前农村还没有具备上海那样的分类清运能力，但这种分类设置也能够客观上起到导向作用。笔者在该村停留期间，有村民骑着摩托车，提着垃圾袋来到村定点垃圾桶扔垃圾，里面装的大部分是已食用完毕的包装袋等。

该村有几户是养鱼、养猪大户，流转了村里十多户的土地，养殖规模较大。这几家养殖大户，早在20世纪90年代就开始了经营。当时虽然没有强制要求对畜禽粪便进行处理，但这些养殖户还是自行修建了化粪池。这样做的目的一是为了循环利用粪便，经发酵过的粪便可以作为鱼饲料和肥水进行投放，节约成本；二是如果任由这些粪便不经处理流入附近农田或当地河流，不符合当地民间风俗，会被乡亲收回土地。

现在，在地方政府协助下，该村的这些养殖户都重新修建了符合国家安全和卫生标准的化粪池。那么该村问卷调查中显示的16%的人认为"畜禽养殖污染"是当前"农村生态环境存在的主要问题"又是来自哪里呢？笔者就此问题再次单独询问了部分村民，大家基本上都指向了散养鸡鸭鹅的粪便问题，没有外出打工的人家平时大都放养鸡鸭鹅，这些鸡鸭鹅在村里到处乱窜，处处留下粪便，非常影响观瞻；在国庆、春节外出人员集中返乡前，放养的人家会把各自的鸡鸭鹅圈在自家庭院里。对于这一现状，许多村民表示无可奈何，不会因为回家的这两个时段就要求邻居们把村间小道打扫干净，更不会因此影响邻里关系，只有反映在问卷中。

现在泸县农村垃圾的收集、转运已经比较规范化了，而且在垃圾分类的宣传、号召方面实现了到户、到人，也取得了明显的垃圾减量化和无害化处理成果。下一步，当地政府可以针对有害垃圾的收集与处理进行尝试，可以采取在村垃圾固定点位周边设置专门收集有害垃圾的垃圾桶，来方便居民投放废电池、废灯管、废旧水银温度计、杀虫剂等对环境有严重污染的垃圾。村干部或基层政府工作人员、农技人员可以向村民宣传自家散养的鸡鸭鹅粪便应由自己负责清扫，不能任其排放，让乡村环境整洁舒适，这些粪便可以倒进化粪池或沼气池。另外，村干部或基层政府工作人员、农技人员应该向村民宣传化肥、农药包装袋的回收交还问题，这种农药化肥包装袋不能像生活垃圾那样处理。

因为泸县是一个农业大县，农药、化肥使用量较大，而农药、化肥的包装袋往往含有大量的农药、化肥残留，如果不进行有效回收与处理的话，一旦污染水源、耕地等，则会直接危害人体健康；并且，这些包装袋大都为塑料制品，还会造成白色污染。2016年，我国农业部、发展改革委等六部委联合印发了《关于推进农业废弃物资源利用试点的方案》，提出按照"谁购买谁交回，谁销售谁收集，谁生产谁处理"的原则，实施废弃农药包装物押金制度。农药、化肥等有毒产品押金回收是生产者体现社会环保责任的具体形式之一，是一种可以在实践中实施的农药、化肥包装袋回收模式。押金制回收顾名思义，就是在产品销售时增加一定金额，使用者用完以后把包装袋送到指定的收集点，押金退回，达到特殊农业产品包装物分类回收的目的，是将化肥农药等有毒有害物品生产者责任延伸至产品使用后的循环再利用等环节。这一模式要有效开展，不仅需要生产者的参与，还需要政府部门的引导与主动作为。

2019年12月20日，泸县农业农村局召开了农药包装废弃物押金回收处置工作会议，包装物回收模式正式助力泸县农村生态文明建设。这是利用经济杠杆效应，实现农药包装废弃物回收的长效机制，克服了之前由于农户住的较为分散，包装物收集仅仅依靠农技站服务人员这一实际难题。这里还有一个问题需要考虑，在押金回收制度中，对于农药包装的押金定价，如果一个500克的农药包装押金定在了总价的20%以上，那无疑会加重农民的资金占用负担。太低的话，一个农药瓶押金只有1分钱，不能起到给低值废弃物人为增加附加价值的作用，再加上使用量不大（例如只有一瓶）的话，村民们可能会嫌麻烦，不会主动参与到回收分类活动中。所以，押金最好在其总价的5%—10%，以带动使用农药的村民、种植大户主动收集废旧农药包装，有效解决回收体系"源头一公里"的难题。这一基于中国国情探索建设的押金回收制度是农药包装废弃物实现有效回收的低成本的经济制度，可以完善生产者责任延伸制度，并摆脱了单纯依靠政府财政补贴作为回收成本支撑的传统模式，押金制回收模式提供了长效的利益驱动，促进回收工作可持续发展。

在垃圾处理宣传方式上，还可以借鉴现行的把相关知识做成展板粘贴在农村家户门口的方式，这样可以使得农民直接了解相关讯息，避免了微信、QQ上的虚假不实消息对农民的误导。因为从这次的问卷调查中，笔者发现村民获取消息、资讯的首要渠道是微信、QQ等手机消息；村民获得资讯的途径，问卷显示排在第二位的是通过邻居聊天；排在第三位的是村干部或村内广播。海量的网络信息让人难辨真伪，更多的人是根据自己的喜好来选择和传播信息。而在农村相对闭塞的环境下，农民群众主要通过微信、QQ 了解信息，在接受了良莠不齐的资讯后，又在与邻居聊天的过程中相互交流、传播、评价，所以虚假不实信息在这样一种环境中得到了传播。而村干部或村内广播的信息往往是比较可靠真实的，但在该村却只是大家获取信息排在第三位的渠道。因此，农业农村部可以通过微信、QQ、抖音等终端发布一些农民群众喜闻乐见、寓教于乐的爱护环境的短视频，向广大群众及时传播传递权威正确的讯息，使得农村基层政府工作可以在全面正确的讯息覆盖下顺利开展。

第二节　山区乡村实证研究

一　村情概述

笔者于 2019 年 11 月底来到达州通川区的一个位于山顶的乡村进行关于乡村振兴的调查问卷，由于笔者不是在国庆节或春节这样的时段来到该村，大量青壮劳动力还在外务工，问卷只有在乡村留守人员中进行。这是一个小山村，而且处于山顶，海拔 800 米左右。全村两百多户人家，总共 715 人；大部分青壮年外出打工，在家的就 100 多人，大多是老弱病残；其中，贫困户 76 户、176 人。[1] 该村已于 2017 年 12 月下旬通过达州市验收，正式脱贫。

该村之前是贫困村，在国家精准扶贫政策指引下，在几个对口帮扶单位的助力下，该村发生了翻天覆地的变化。这个山村在精准扶贫政策之前，没有一条出村的硬化路，真可以说是雨天双脚泥泞不堪，晴天道路灰土垢面。更为不便的是，村民们盼望了近 20 年的跨县界连接路没有硬化，严重阻碍了村民出行和粮农物资的进出，在山顶的这个贫困村急切盼望能够修好一条致富脱贫的柏油道路。在多个帮扶单位的关心支持下，在驻村扶贫干部的协调努力下，在当地村民齐心配合下，该村老

---

[1] 李晓兵等：《"第一书记"刘道双的扶贫行动做强产业奔富路》，《达州日报》2015 年 11 月 27 日第 3 版。

百姓盼望了几十年、全村都受益的村道终于修成了水泥路面，这样一来出行条件得到了质的改变，而且村民上下山的时间节约了一大半。

另外，扶贫单位还把水泥路面修到了每家每户门口，实现了水泥道路户户通。在此基础上，帮扶单位和驻村干部再接再厉又完成了另一条跨乡镇连接道路的修建，这条道路不仅使得该村受益，还使得临近的其他村也享受到了基础道路设施改善的福利，附近村的村民都拍手称赞。扶贫单位还帮助该村在村口修建了牌坊以示隆重，也让在外的游子回乡时有归家的亲切感；亦能让外地游客对该村有清晰的辨识度。并且还安装了太阳能路灯，大大方便了村民的晚间出行。

为了让该村老百姓摆脱贫困以后，能够走上生活富裕、持续增收的道路，帮扶单位与驻村干部注重发展多种经济作物种植和增加传统粮食产品的附加值，尝试种植"巴山脆李"、花椒、辣椒等经济作物，并把种植的生态大米、红苕、土豆、蔬菜等销往大城市。

考虑到该村地处山顶不易存储水源，在该村道路基础设施得到改善的基础上，为便利农业生产，对口帮扶单位还出资为村民修建了水库，解决了该村干旱少雨时节的农业灌溉问题，有效解决了该村农业生产所需的基础水利设施供给不足的难题；还筹措资金为村里购买了收割机、真空包装等机械设备，为村里购置了全乡第一台洒水兼消防车。与此同时，帮扶单位与驻村干部还积极参与该村的第三产业发展，使得该村于2017年成功创建了省级旅游示范村，多方筹资新建了停车场、旅游公厕、村牌坊、农家乐等基础设施，让村里的面貌焕然一新。

当问及是否知道国家的乡村振兴战略时，没有村民勾选"不知道"这一选项，看来村干部和驻村帮扶工作人员对于国家"三农"的大政方针宣传得十分到位。同时，96%的村民对乡村振兴"充满期待"，只有4%的村民选择"不抱希望"。老百姓对一个政策是否期待和希望，很大程度上取决于与这个政策相关联的其他政策的实施落地情况，取决于这些有联系的政策是否让老百姓体会到了社会主义的优越性。该村由于精准扶贫方略的贯彻，其基础设施得到了巨大的改善，村民们从中得到了实在的利益，村里与外界联通的大道，村内的户户通公路，村内的水库以及水管的铺设解决了农业发展的灌溉问题，农产品经由帮扶单位和驻村扶贫干部走出了山村、卖上了好价钱,这些改变村民们是深有体会的,感受到了党和国家对偏远贫困农村和农民的关怀,体会到了国家社会进步给自己带来的获得感。所以在问及觉得近年来乡村发展如何时,90%的村民选择了"非常大"或"较大",只有10%的村民选择认为变化"较小",没有村民选择"没有变化"。

二 对该村实证研究的其他说明

这份问卷是在2019年10月于泸县丘陵某山村进行的调查问卷基础上加以修改后进行的,修改的地方主要在第17题即农村目前存在的突出矛盾是什么的选项上,之前只有四个选项即"村干部和群众的矛盾";"邻里、家族内部矛盾";"占地、拆迁、资源开发矛盾";"其他"。在泸县的调查中,发现前三个列举出的选项还没有涵盖农村的主要纠纷矛盾,根据泸县具体访谈中村民提出的线索又增加了"回乡就业与农村产业滞后的矛盾";"治安(盗抢等)";"宗族势力太大";"环境不好";"不文明现象太多"。

由于农村留守居民大多是老年人和儿童,看电视是他们获取消息的渠道之一,同时看电视也作为农村大众娱乐消遣的方式之一。所以笔者针对原先问卷设计的漏洞,进行了弥补。对第18题获取消息、资讯的主要途径中选项D进行了增补,由原来的"报纸杂志"增加成了"电视、报纸杂志"。

乡村社会中,茶馆里喝茶是一种传统的休闲方式,也是乡里沟通信息、传递消息、联络感情的手段之一。在过去电话、电报、手机等通信不发达的情况下,老百姓养成了在赶场天(有的地方称为逢场天)聚集在茶馆里见面,大家相互问候、相互带口信成了喝茶重要的功能之一。喝茶的同时,摆摆龙门阵,是很多老百姓在忙碌之余的选择之一。所以,笔者对第19题平时有空,怎么打发时间这个B选项进行了增加,由过去的"打牌、下棋"增加到了"喝茶、打牌、下棋"。

这次问卷调查笔者首先找到了该村的驻村干部和村主任,借助村里举行集体会议的时机来进行。所以这次的调查问卷是在该村召开大会结束时进行的,在村里党群活动中心同时发放给村民,大家差不多在同一时段完成。但我们这次调查问卷遇到的难题是,大多数村民在60岁以上,很多村民不理解有的选项内涵;再加上一些村民识字率不高,所以,笔者进行了一对一的解答和说明。

这种方式的好处就是能够及时解决问卷进行过程中的一些意外情况,例如调查对象对于选项意思把握不准时的及时回复,有助于问卷发放方及时了解调查对象的意愿。当然,由于是面对面的讲解询问,当问及一些调查对象认为是敏感、隐私等话题的选项时,会造成信息收集偏差或空白的现状。对于这种顾虑,笔者在问卷发放时反复强调,纸上不会留有字迹,不会写电话号码,只有打钩符号。但问卷回收以后,笔者发现一些问题还是没有完全勾选,主要集中在第17题;还有就是一些问题的选项过多集中于某一个或两个选项上,例如第20题、第21题。

第17题是关于农村目前存在的突出矛盾是什么的调查,统计下来共计只有16个结果,其中勾选"占地、拆迁、资源开发矛盾"的有6个;勾选"村干部和群众的矛盾"的有3个;勾选"邻里、家族内部矛盾"与"回乡就业与农村产业滞后的矛盾"和"其他"的分别都有2个;勾选"环境不好"的有1个。

第20题是"村里有什么不公平不公正的现象",共有20个结果。其中认为"基本没有"的有19个,选"其他"的有1个;没有一份问卷勾选"受村霸欺负"、"村干部不廉政"或"讲关系严重"。

第21题是"当您的权益受到严重侵犯时,您会采取什么方法解决",共有25个结果,选择"找村干部"的有21个,勾选"找家人"的有4个;其他选项例如"上访"、"打官司"、"找朋友"没有问卷勾选。

这样的问卷呈现,笔者认为不能从统计学的角度认定这些问卷作废。首先因为这些问卷前后的题目都做了回答,唯独这几道题出现了空白或集中。其次,这样的问卷不是一份或两份的数目,大约超过了问卷总数的三分之一,那就不是个别的现象,至少不是一个相对少数的现象。笔者认为这样的结果也能反映问题。从该村这几道题目的问卷结果来看,还是反映了村干部在该村村民权益保护中起到的基础性作用。在基层乡村治理过程中，越是偏远的乡村，由于交通较为不便，人员出入相对单纯，村民们如何处理和化解纠纷，往往想到的就是村干部。所以农村基层治理的优劣、国家政策执行的力度、乡风文明的程度等都与村干部息息相关，选好村干部在乡村振兴中至关重要。

笔者从这次问卷调查单纯的数学分析结果得出的经验是，在进行田野调查时，得到基层干部的支持与理解非常重要。同时，在具体进行问卷调查时，除了需要向村民们说清楚问卷不记名外，还可以向村民们展示问卷收集时不做记号或标记的处理，请村民们放心进行填写；另外，也需要告知村民们这些问卷的结果不会告知当地村委和村干部。看来，笔者没有把以上村民们的长远打算和顾虑考虑进去，只是一厢情愿地认为这只是学术上的调查；调查研究不仅需要做好问卷设计，了解村民们的生活现状，还需要掌握村民们的内心心理活动等因素。

三 乡风文明

在该村接受问卷调查的村民中，表示一年用于人情开支的费用在2000—4000元占到了调查总数的25%；2000元以内的占到22%；41%的受调查村民表示一年用于人情开支的费用在4000—6000元；还有12%的村民表示费用在6000—10000元。该村人情支出在2000元以内与泸县某村的这一比例相当；人情支出在6000—10000元这一最高支出选项的比例与泸县某村的结果一致。份子钱2000元以内这一支出最少的选项，在两个不同的自然村得到了一致的结果，还是能反映出农村现在对于礼金趋于理性，逐渐克服了份子钱逐年上涨的传统。

人情支出在6000—10000元这一支出最多的选项，在两个村的结果也一致，还是令笔者意外，可能是先入为主地认为通川区这个村2017年才脱贫，收入与支出还处于追赶阶段使然。泸县某村和通川区某村在该选择的比例上结果相同，笔者认为有以下原因：农村地区农民的经济收入在稳步增长中，贫困地区的村民收入也有了质的飞跃；农村地区村民还是十分看重亲情、人情，这是大城市社区较为陌生的人际关系不能比拟的,在农村地区可能普通村民之间送的份子钱在 100 元左右,如果是沾亲带故的关系,送的礼金会远远超过这个金额。所以两个不同地貌、不同地区的乡村在一高一低这两项人情费用的比例大致相当。

从表 5-1 中的数据可以看出,位于通川区山顶某村人情支出在 4000—6000 元的占比最高,远远高出笔者在泸县丘陵某村统计的 18% 的比例。换言之,在农业生产、自然条件相对较好的泸县某村,村民们人情费用大多在 2000—4000 元;而在山顶上的通川区某村,村民们的这一支出大多却在 4000—6000 元。在熟人乡村社会的这个村落里,由于没有形成大家默契遵守的礼金约定,如果是家庭困难的村民送了主家 100 元礼金,大家不会说什么;但是如果经济条件允许的其他村民送的也是 100 元,而另外条件相仿的大多数村民送的是 200 元的话,可能这种家庭条件尚可的村民会被别人说些什么了。多半就是在这样一种氛围之下,该村礼金支出占比最高的选项是在 4000—6000 元这一栏。看来在贫困落后地区,礼金负担相较于其他地区来说还是比较大的,需要进一步转变村民的观念,克服份子钱相互攀比的心理,形成合理开支、量入为出的文明乡风。

表 5-1　泸县丘陵地区某村与通川区山顶某村用于人情开支的占比统计

家庭一年的人情开支	泸县某村（%）	通川区某村（%）
2000 元以内	23	22
2000—4000 元	47	25
4000—6000 元	18	41
6000—10000 元	12	12

四　人员外流

从问卷可知该村留守人员中 31—45 岁的青壮劳力太少,只占到了问卷总人数的 11%,余下的大多是 60 岁左右的老年人。初中文化程度的占到了 32%,没有高中以上文化程度的村民。在家务农成为收入主要来源的占到了65%，其他方面的收入（例如政府低保、扶贫金，政府津贴等）占到了43%，还有6%的村民选择了既在家务农兼外出务工，这样的结果在数学统计上超过了100%。原因是有的村民进行了多选，笔者在进行统计的时候翻看了问卷原件的确如此。勾选了在家务农的村民，有的同时勾选了其他（例如政府低保、扶贫金，政府津贴等）。这样的问卷结果从一个侧面印证了该村的现状，摆脱贫困后，国家的帮扶没有减少，对口援助单位的帮扶没有退出，仍然对该村比较困难的家庭和村民进行扶助。

该村发展面临的另外一个现实问题是越来越多的年轻一代村民不愿在山上居住，选择在山脚下的镇上买房生活，方便其子女上学，也便于到镇上医院看病，更有利于务工挣钱。这一现状也体现在问卷调查中，当问及乡村振兴的困难是什么的时候，选择"农村现在年轻人太少"的占到了问卷总数的53%；选择"人才缺乏、科技含量不高"的占到了22%；这两项都是关于人的要素，算在一起的话就能占到四分之三，看来村民们也明显意识到现在该村年轻人、人才太少是当地乡村振兴的痛点。调查过后，笔者还与一些村民进行了访谈，留守村民们很感激党的精准扶贫、精准脱贫政策，也很感激帮扶单位的援助，硬化路通了，水存得住了，生产便利了；但由于山上与镇上道路崎岖蜿蜒，步行出村到镇上需要2小时左右，如果能搭上哪家的火三轮要好些。所以很多从18岁就外出务工的村民非常不习惯山村的偏远，有了积蓄后大都不会选择在村里新建房屋，而是在该村山脚下的集镇上买房居住生活。

在走访中得知，部分村民认为，能在镇上买房定居是别人有本事的表现，更有本事的就会在市里安家，能在成都或其他大城市买房生活那就太厉害了；也有村民提到，自己有钱的话也会在镇上买房，不会在村里继续修房，村里将就原来的房子住就行了，最多修补一下。笔者在村里观察了一番，新修房屋的比例的确较少，并且这些新房大多只是一层平房或瓦房；其余大部分都是十余年前修筑的。在笔者观察中，该村当时只有一户人家正在进行偏房的搭建。看来这个村没有留住村民们的资金用于建房，资金流向了人口、物流、道路流、资金流、工作机会相对集中的乡镇。这一趋势还比较明显，使得该村在乡镇上成立了村驻镇的党小组,让在乡镇上居住生活的该村党员能够及时参加党组织生活。

年轻人和人才是乡村振兴中人的要素,而现在的年轻人文化程度水平普遍提升,在这些年轻人中培养一些第一产业的领军人物、人才是可行的。要实现这一构想,就需要人的回流。社会主义市场经济条件下,人的自由流动已经形成,农村要吸引年轻人、人才,必须要有物的优势才能留得住。目前看来,该村人员外流的现象还会持续下去,一些留守老人也表示如果让自己的下一代回到村里单纯务农的话,是不现实的;那些在城镇读书长大的孩子习惯了在山下居住,也不会回到村里居住生活。那么再等上十年、十五年或二十年,这些留守的老年人纷纷离世后,这个村的情形会是怎样一番光景?可能到农忙的时候,在城镇居住的村民白天会赶到山上的田地劳作,晚上再回到城镇。

对于这种由于人员外流,先前聚集地人群越来越少,二十年后可能自然消亡的乡村,我们应该有所准备,这种方式导致的自然村消失对农村的影响不是特别大,可以通过拆并村的方式来继续对这些自然消亡村落的原有人员进行服务。这样一种由于人口迁移导致的自然村消失属于一种正常的状况,反映了当地村民生活水平的提升、思想意识的改变、当地城镇公共基础设施的改善等多方面的社会和经济发展成果。该村很大概率会成为这一种情况,农民虽然不再在原来的村里居住,但土地多半还是会继续耕种下去。

五 精准扶贫

在涉及村民们对乡村振兴内涵哪个方面最感兴趣这一问题时,该村村民选择"生活富裕"的占到了所有选项中的55%;其次就是"乡风文明",占到了18%。这样的结果不禁让笔者想到了在该村问卷进行时,当读到这一选项时,当地村民听完选项后,一些老百姓脱口而出的"我们最想的是变得富裕"的回答。马克思主义哲学的基本观点在这次调查问卷中反复得到验证,物质第一性,物质决定意识,意识是对物质的反映。该村2017年退出贫困村序列,但由于该村之前的经济底子较为薄弱，农业发展的基础设施较为欠缺，虽然摆脱了绝对贫困，但还有一部分村民的生活没有达到富裕程度，处于相对贫困状态，所以大部分村民都选择把"生活富裕"作为自己最感兴趣的方面。相较于之前在泸县做的调查，泸县某村在这一选项的分布上，基本上是平均分配，即产业兴旺、生态宜居、乡风文明、治理有效和生活富裕五个选项的比例不相上下。原因大概还是应该从物质决定意识这一马克思主义哲学基本原理出发，泸县某村由于自然条件优于这个山顶村庄，泸县某村的大部分村民已经进入小康生活状态，所以生活富裕不再是当地部分村民的最迫切需求。

2020年是精准扶贫的收官之年，精准扶贫、精准脱贫就是要消除绝对贫困，也就是"两不愁、三保障"（吃穿不愁，义务教育、基本医疗、住房安全有保障）。精准扶贫要解决的是绝对贫困，精准脱贫以后，一些群众的相对贫困现象还是会长期存在的。相对贫困，是在解决了吃穿基本生活需求后，对高等教育、在职培训、有品质的住房、休闲娱乐等有进一步的需求，但因自身家庭人均经济收入不足所在地人均收入一半左右，难以全力负担基本吃穿以外的生活需求，这样的境况就是相对贫困。所以，党的十九届四中全会审议通过的《中共中央关于坚持和完善中国特色社会主义制度、推进国家治理体系和治理能力现代化若干重大问题的决定》，明确提出要"坚决打赢脱贫攻坚战，巩固脱贫攻坚成果，建立解决相对贫困的长效机制"。这一重要指示为我国到2020年现行标准下农村贫困人口实现脱贫、解决区域性整体贫困提供了根本遵循，为全面建成小康社会以后的社会治理提供了正确导向目标，为进一步实现共同富裕奠定了坚实的社会基础。

所以，下一步农村社会救助要从主要面向绝对贫困人口，转向主要面向相对贫困人口，这是国家发展进步的成果，是社会各界群众共享发展成果的又一表现形式，当然也是基层治理必须应对的挑战。在贫困村退出以后，贫困群众精准脱贫以后，乡村工作治理的重点和难点将从显性的绝对贫困转向隐性的相对贫困。由此，采取有效措施建立健全解决相对贫困的长效机制，对巩固脱贫攻坚成果，对于解决人民日益增长的美好生活需要和不平衡不充分的发展之间的矛盾，具有非常重要的意义。

在该村的调查中，笔者发现了精准扶贫过程中需要正视的现象之一，即如何在精准扶贫与法定赡养义务间划分界限或寻求平衡点。农村普遍存在的父母与子女分户的现象，当儿子娶妻成家后，一般都会自立门户，体现在户籍上就不再是一个户口簿，儿子家是单独的一户；女儿出嫁后户口一般会迁到夫家，这样一来，原来户口簿上的大家庭最后就只剩下了父母两个人。在现行的扶贫标准下，能不能把儿子家庭的收入并入年迈父母的收入总和？如果允许计算儿子的收入，那么女儿家庭的收入也应该并入。并且在实际工作中，如何对儿子与女儿家庭的收入进行统计亦存在操作难题。所以就出现了子女外出务工生活尚可，儿子与父母同在一个村内，父母成为贫困户；子女住新楼房，父母住老旧房的现象。还有一些青壮年，不学无术游手好闲，非但不接济赡养父母，反而凡事依赖父母，造成父母晚年受穷。甚至还出现子女不赡养老人，把父母基本生活兜底的责任推给政府，要求村干部为父母解决贫困指标、享受贫困补助的现象。更有部分贫困老人吃住条件简陋，生活孤苦伶仃，其子女分家后有车有房，却心安理得让父母居住在破旧危房、理直气壮让村干部帮助父母养老。

具体到该村，笔者发现，划定为贫困户的大都是老年人，退出贫困村后，帮扶单位定点扶助的对象仍然以老年人为主，大多数老年人因为失去全部或部分劳动能力，收入只能依赖转移性收入，主要就是养老金或子女赡养费。而农村居民的社会化养老体系的构建需要村民自己出资一部分，中央、地方财政补贴一部分，有条件的村集体经济再补助一部分，一些没有经济能力的老年村民没有购买农村养老保险。所以农村老年群体的养老还是需要子女发挥经济支撑作用，子女需要尽到赡养义务，一旦子女家庭保障功能缺位，那么农村老年群体的养老将成为难题。该村部分老年人符合以上情况。

另外，该村由于地处山顶，出行交通多有不便，所以当村民们有了一定的积蓄后形成了在镇上买房子的习惯，家里二三十年前修的房子不做过多装修，农忙时节集中居住在村上，平时在镇上居住。有的子女虽然已与父母分户，还是会把父母接到镇上居住，一来尽孝，二来也让自己在外务工时父母可以帮忙看守房屋。这种情况的子女，家中经济条件较好，也尽到了赡养父母的部分责任，在农村来说还算比较理想的状况。但就是这样条件的，父母也要申请成为贫困户、困难户。

原因大概如下：很多村民觉得自家所在的村被认定为贫困村，政策资金扶持会有倾斜性，贫困户指标会相较多一些。再加上同类情形下的本村其他村民都成为了贫困户、困难户，享受着每年固定的物质资助，羡慕之余还有眼馋。那么村民们会认为，既然都符合条件，父母单门单户、父母户口簿里没有青壮劳力，没有外出务工的条件，父母名下的房子不是近年新建的话，也应该申请成为困难户。况且看着别人表面条件与自己差不多，当了贫困户还可以多领取物资、现金，再想着贫困户指标多，说不定可以搭上精准扶贫的顺风车。

虽然以上情况在该村只是个别现象，但农村本身就是一个相对封闭的熟人社会，这个山顶上的山村更是如此。村民对彼此各自的经济现状、家庭状况、务工情况、居住地点都比较了解，对真贫真穷还是装困扮贫大多数都心知肚明。之所以没有把一些个别情况从财政资助中剔除出去的原因，可能是当地村民将精准扶贫、精准脱贫的政策红利变成了贫困村村民利益均沾的"唐僧肉"。对于这种现象，驻村干部虽然掌握情况，但无法将村民们偶尔透露出来的消息全部查证，再囿于现行标准下的贫困认定款项规定，实践中无法脱离硬性条件，加之大多数村民们没有异议，所以对这种个别现象无可奈何。

这一现状不仅在该村存在，在其他贫困村也是一个普遍的现象。国家提出2020年全面建成小康社会，贫困地区一个不落下；同时2020年是脱贫攻坚收官之年。我们现在是脱贫不脱政策，所以贫困村摘帽退出以后，驻村干部和帮扶单位仍然继续在原来的岗位上，继续帮助当地村民走上小康之路。那么下一步工作中，针对某些村民争当贫困户的现象，要继续深化注重物质帮扶与精神帮扶同在，扶贫与扶德共进，切实加强乡风文明教育，引导村民形成较好的道德氛围，避免滋生"越穷越能得实惠"的错误认识，以自立自强脱贫为荣、以好逸恶劳坐等要为耻的氛围，突出子女赡养父母这条法律义务和道德底线，让真正困难群众的扶贫政策和红利不受挤占，形成公正的社会风气，让老人共享全面建成小康社会的胜利果实。

六　生态宜居

根据问卷调查中关于生态环境相关选项的统计，总的来说，该村大部分村民对自己乡村的居住生活环境总体上是认可的；并且认为农村的村容村貌自开展厕所革命后得到了很大改善。

该村村民对当前村里的生态环境卫生情况"非常满意"的占到了总数的29%，"满意"的占到了64%，认为"一般"的只有7%，没有人不满意该村的生态卫生现状。当涉及"开展农村卫生环境整治、厕所革命等工作后，村容村貌是否发生改善"这一问题时，所有问卷选择的都是"很大改善"，没有一份认为"没有改善"或"比以前更差了"。

分析以上前两个满意度高的原因大概有以下几个。第一，该村本身地处山顶，空气清新；再加上由于水往低处流的自然因素，所以环境基础好。第二，由于该村地处山顶，交通不便，致使该村没有生产加工类企业；没有稀有金属或石化等资源，所以也没有工矿企业。故而该村一直以来是农业、林业作为支柱，没有工业污染源，也没有大规模的畜禽养殖户，所以该村畜禽粪便污染影响几乎没有。

由于四川全省范围推广的农村垃圾定点收集，该村也设置了垃圾收集点，所以绝大部分村民还是会把垃圾放在指定堆放点。但是在山区的一个村，不像平原或丘陵地区那么集中，往往分布得比较散，村民们大都会在山坡比较平缓的地方集中建房，而由于山区地势所限，这样的地方一般呈阶梯分布，所以一个村的居住范围可能会覆盖山腰到山顶。该村处于山顶，这个山顶占地开阔，村民们的房屋高低起伏地在山里的各处散落。所以，垃圾定点位置一般会选择距离大多数村民较方便的地点，该村亦是如此。在调查村民如何处理垃圾时，该村72%的村民是"放在村里指定垃圾堆放点"；而有的村民家距离垃圾点较远，对于这些家庭来说，专门走半个小时左右的时间来丢垃圾，还是太麻烦了，所以他们中的部分村民延续了传统做法，或是掩埋在自家田里、焚烧，或是丢在山崖边：19%的该村村民"倒在自家田里掩埋或焚烧"，9%的村民选择"直接丢在河边或房屋、山崖边"。

少数村民这样的做法就会使村里的环境质量变差，所以在该村的问卷结果中，有47%的村民认为"生活垃圾、污水乱排乱倒以及没有及时清运"是当前生活环境存在的主要问题。除此以外，还有43%的村民选择了"化肥、农药不合理使用"，选择"河道、路面等杂物堆放"和"其他"的村民分别是5%。

农村环境治理除了生活垃圾的收集清运外，还有村容村貌的整洁有序，更有清洁水源、土壤肥力、当地生态平衡的维护等环节。现在村民们的环保意识也在稳步提高中，对于单纯依赖化肥、农药提高产量的做法一般都持保留态度，都知晓了生态农作物、绿色农产品的市场销量好、价格高。再加上驻村干部、农技人员和帮扶单位在该村的反复宣传，推广种植生态大米、红薯等农产品，帮助村民们解决销路问题，让村民们在增收的同时也感受到了化肥、农药不当使用带来的投入增多、作物减产、当地生态受到的不利影响。因此，在乡村振兴的进程中，要引导有机、低碳、环保农业的发展，就需要警惕农药给当地动植物、微生物资源造成的负面甚至是灭绝性影响；治理化肥、农药的不合理使用造成的水土污染；尽可能地使用生物防治病虫害和有机肥。

第三节 高原乡村实证研究

一 村情概述

笔者所在课题组来到海拔1400多米康定市的一个村进行实地调研，该村是康定市乡村振兴试点村，处于汉藏结合地带，是高原乡村，民族关系融洽。由于课题组个别成员与该村部分村民比较熟悉，所以在该村的调查问卷直接在村干部和村民家中开展。由于该村部分村民亦在乡镇上工作，故课题组还在该村的镇上进行了部分问卷调查（为了表述一致、方便，以下统一称为康定市某村）。再加上在课题组进行问卷调查时，该村一户村民正好在举办酒席，该村许多村民都返回了，因此这个村的受访人员覆盖面比起先前的村庄有所提高。

调查问卷显示，康定市某村接受问卷的普通村民占到了问卷总数的88%，村干部的比例是12%。处在18—30岁之间的村民占到问卷总数的13%，31—45岁年龄段的有34%，46—60岁的有24%，60岁以上村民的比例为29%。小学文化程度的村民占到问卷总数的45%，初中文化程度的村民占比是28%，高中文化程度的村民有16%，大专及以上文化程度的村民占比是11%。在收入来源方面，选择"在家务农"作为主要收入来源的占到问卷总数的21%，选择"在家务农兼外出务工"的占比是35%，把"外出经商、打工"作为选项的占比是23%，进行"民俗旅游"的占比是10%，"其他（政府津贴、退休金、补贴等）"作为收入主要来源的占比是11%。

问卷调查中显示的村干部占比显然高于农村户籍统计的比例，主要原因还是18岁以上外出求学的学生、务工人员有的没有回村，再加上问卷中没有针对18岁以下的村民，所以显示出村干部的比例稍高。农村青壮劳动力外出的现象在这个村也比较普遍，在受访村民中，46岁以上占到了53%；问卷结果显示"在家务农"的只占二成，"外出经商、打工"和"在家务农兼外出务工"共计五成多。所以该村很多村民在选择"您认为乡村振兴目前的困难是"什么选项时，33%选择的是"农村现在年轻人太少"，还有14%勾选的是"人才缺乏，科技含量不高"；这两项有关人的因素就占到了接近一半的样本，看来民族地区乡村振兴人的缺位目前还是比较明显的。

二 三地乡村振兴认知度的现状及差异化原因分析

作为乡村振兴示范村，康定市某村受访村民中的82%，即大部分村民都对乡村振兴"充满期待"；还有16%的村民表示"不知道"乡村振兴战略，只有2%的受访村民对此"不抱希望"。所以，康定市某村有接近两成的村民对家乡作为乡村振兴示范村还不是非常关心或有信心；而泸县某村受访村民中表示"不知道"乡村振兴战略的比例也是两成多，具体数据见表5-2。

表5-2 三地村民对乡村振兴战略知晓度调查表

是否知道乡村振兴战略及态度	泸县某村（%）	通川区某村（%）	康定市某村（%）
不知道	22	0	16
充满期待	78	97	82
不抱希望	0	3	2

在三地调研中，受访村民中不知道乡村振兴战略、比重为零的只有通川区某村。作为曾经的贫困村，2017年底脱贫以后，国家对类似这些贫困村脱贫不脱政策，对口单位和驻村干部继续帮扶，所以各项与乡村密切相关的大政方针都会传达到位。针对三地的具体数据，笔者建议农村基层工作人员在下一步工作中可以进一步加大乡村振兴二十字内涵的宣传力度，尽可能多地调动村民参与到农村产业发展、生态环境治理、乡风文明建设等各方面的乡村振兴中，让广大村民切实感受到作为乡村主人翁的角色。

康定市某村42%的受访村民对乡村振兴中的"生活富裕"感兴趣。随着乡村振兴战略的实施，55%的受访村民觉得近两年来乡村发展变化"较大"，17%的受访村民觉得变化"非常大"，也有25%的村民认为乡村变化"较小"，还有3%的村民选择了乡村"没有变化"。

根据以上调查可知，我们的乡村振兴是颇有成效的，三地受访村民中的大部分或绝大部分都觉得随着乡村振兴战略的实施，近两年来乡村发展变化"非常大"或"较大"。老百姓对国家在农村基础设施改善投入的力度是有切身感受的，能够从水泥路、自来水、天然气入户，路变宽、网络信号稳定、少停电等关系农民群众生活质量的点滴体会到国家对乡村的重视。同时，国家对乡村医疗、教育、文化事业等公共服务方面的保障力度在逐年增加，村民们住院报销范围增大了、报销比例增加了；教师教学质量更有保障、孩子们读书更方便；村里的广场、阅览室、卫生室越来越齐备；等等，这些都是村民们获得感、幸福感提升的具体渠道。

表 5-3　　　　近两年来三地乡村发展变化情况村民感知度

乡村振兴战略实施后， 乡村发展变化	泸县某村（％）	通川区某村（％）	康定市某村（％）
非常大	29	48	17
较大	30	42	55
较小	36	10	25
没有变化	5	0	3

当然，三地乡村的具体数据还是存在区别的，尤其是通川区某村的受访村民中90％觉得乡村振兴战略给家乡带来的发展与变化"非常大"或"较大"，远远高于另外两个村。最主要的原因大概在于，通川区某村在精准扶贫方略下曾被作为贫困村，有了国家倾斜性的扶持政策和对口帮扶单位资金投入，该村的道路、水利灌溉等基础条件有了重大变化，这些变化村民们是深有感受，并实实在在从中受益的；并且这些变化还让其他相邻村的村民羡慕不已，有的周边相邻村甚至也想成为贫困村，享受政策红利。

另外两个村由于之前的地理位置、河流灌溉等自然条件和经济基础相对较好，所以分别有三成左右的村民认为乡村发展变化"较小"、4％左右的村民认为"没有变化"。乡村振兴是一个整体谋划、分类进行、具体落实的宏大战略，从中央到国务院各部门，从国家、省、市到县（区）、乡镇各个行政级别，从经济、文化、生态到社会，涉及农业、农村、农民，影响到第一、第二、第三产业，不是短时间内就能马上实现的。这一点，基层工作人员可以向广大农民群众作出解释；同时列举出国家和地方各级人民政府着手实施的具体工作：如道路新建或扩建、河道整治、村垃圾收集等。

三　三地乡村振兴总体满意度的现状及差异化原因分析

康定市某村受访村民中对自己当前生活状态表示"满意"的占比为35％，觉得"一般"的比例是65％，该村没有村民"不满意"当前的生活状态。在问及农村整体风气比起10年前如何时，61％的受访村民认为"变好了",选择"没有变化"的比重是39%,没有村民认为农村风气"变差了"。三地的具体数据统计分别见表5-4至表5-6。

表5-4　　　　　　　三地村民生活状态满意度调查表

对自己当前生活状态是否满意	泸县某村（%）	通川区某村（%）	康定市某村（%）
满意	25	76	35
一般	72	21	65
不满意	3	3	0

表5-5　　　　　三地村民对农村整体风气变化认知度调查表

农村整体风气较之10年前	泸县某村（%）	通川区某村（%）	康定市某村（%）
变好了	89	96	61
没有变化	11	4	39
变差了	0	0	0

表5-6　　　　　　　三地村民农村居住意愿度调查表

是否愿意在农村居住	泸县某村（%）	通川区某村（%）	康定市某村（%）
不愿意	10	0	1
如果居住条件跟上了,愿意	44	67	83
如果医疗条件跟上了,愿意	46	33	16

以上数据中,"农村整体风气较之10年前"如何这一选项中,没有一个村的村民认为"变差了"。换言之,三地村民均认为农村风气较之10年前有了明显改善或部分改善;没有村民对居住地乡村的社会风气"打差评"。三地大多数村民都认为农村风气"变好了",这是我们农村乡风文明不断进步的具体表现。康定市某村的具体数据中,认为"变好了"的比例低于前面两个村、认为"没有变化"高于前两者,个中原因笔者分析大概是:康定市农村农民务工经商的比例低于四川省内丘陵地区或山区的比例。还有村民向课题组反映:有的农村人较懒,有

事没事就到村口跟人吹牛、摆闲话,光守着一亩三分地、不出去干活挣钱,现在这样的人被当地村民称为"闲话一族"。村民们的这一感觉也间接印证了笔者分析的上述原因。那么问卷的结果是否印证了村民反映出来的现象呢?在选择平时如何打发时间这一题目时,康定市某村受访村民中选择"串门聊天"的比例是21%,高于泸县某村4%和通川区某村8%的比例,数据显示康定市某村村民平时聊天的比例还是比较高的。

农村村民外出务工一年或几年后回到乡村,对于家乡风气的所见所感格外深刻和明显。由于四川省内丘陵或山区的外出务工经商者比例高于康定地区,所以在这些丘陵或山区,更多村民对于农村风气的整体改善和向好发展持乐观态度。康定市某村紧邻大渡河,地势相对平缓,自然条件在康定市来说较好,故而该村受访村民中没有人对自己的生活状态"不满意",并且只有1%的受访比例显示"不愿意"居住在农村。而对于通川区某村来说,因为精准扶贫的缘故,该村不仅在基础设施、公共服务供给方面得到了极大改善,还在党建引领、集体经济基础等各方面都加强了。所以在三地的调研中,通川区某村的村民生活状态满意度是最高的,认为乡村风气变好的比例也是最高的,因此,没有受访村民选择"不愿意"在农村居住。

看来,通川区某村的居民幸福感非常强,而该村在这三地乡村中,人均收入没有进入前二,但从满意度、居住意愿来看,幸福感指数却是三者中的第一位。因而村民们的整体幸福感与收入、居住地势来说关联性可能并不是那么强。在下一步乡村振兴的具体工作中,可以先征求村民们的整体意愿,顺应乡亲们的期盼,做到因人、因地施策。根据目前在三地的调研来看,大多数村民希望居住条件得到持续改善的意愿高于医疗条件的改善。那么落实到四川省内不同的乡村,居住条件的改善在经济发展不同的地区应该是各有侧重的,不能照搬某个模式一刀切或作出硬性统一要求。因为有的农村地区对于居住条件的改善认为是推进厕所革命;有的农村地区则是盼望户户通水泥路;还有的农村地区则可能是希望村里能够进行常态化的洒水除尘作业。所以在每一个乡村落实基础设施、生态宜居、有效治理等关系到农村居住环境的具体举措时,基层政府应该考虑到每一个乡村的不同乡情风貌、村民们的不同要求和期许,要把满足人民群众日益增长的对良好居住环境的需求落实落细,不能追求面子工程、表面文章。

四 三地乡村教育现状及差异化原因分析

根据问卷反馈来看,康定市某村受访村民的文化程度不高,小学文化程度的比例接近五成,初中文化占到近三成,高中文化与大专文化程度的比例大致相同。在民族农村地区,小学文化程度水平的村民占到很大比例应该是历史原因;但在该村,还有一成左右的受访村民是大专学历,这一结果还是令笔者意外。笔者在问卷本身查找答案,发现选择大专以上学历的大多数年龄段是18—30周岁之间,而小学文化的年龄段大都是46岁以上。看来比较年轻的村民受教育文化程度较高。

(一)学历分布差异化原因分析

康定市某村大专学历比例远高于在其他两个村的调查结果,除去另外两个村的18—30岁年龄段的受访村民人数较少这一原因外(泸县某村这一年龄段的受访村民占比11%,通川区某村没有这一年龄段的受访村民),还有一个值得重视的原因就是四川省自2009年以来实施的民族地区"9+3"免费教育计划,这一免费教育实施范围最初就覆盖藏区32个县和大小凉山彝区13个县,同时鼓励"9+3"毕业生继续就读高职高专院校。历年来,共有1万多名"9+3"毕业生考入高职院校继续学习。[①] 四川省的这一民族地区教育发展行动计划确保了就读"9+3"的学生既能充分就业,又能升学深造。这样的免费教育好政策营造了就读职业院校更有前途、更容易就业、更容易升学的良好氛围,让民族地区的许多家庭脱贫致富,让老百姓看到了多读书、多一项技能带来的现实改变,使得老百姓逐渐改变了读书无用的落后错误观念,更愿意送自家的孩子去读书,而不是中小学阶段就辍学去放牧,让民族地区人民群众在适合的教育路径中有更多的教育获得感、更好的教育选

---

① 《民族地区"9+3"免费教育计划实施10年成效显著 助力贫困家庭子女成长成才》,《四川日报》2019年9月29日第14版。

择权。

所以四川省的"9+3"免费教育计划实施以后，不仅改变了广大民族地区学子的命运，也使得民族地区群众的思想观念得以改变和扭转，在某种程度上说，后者的意义更为深远。这种对技能与知识尊重的观念建立起来以后，在力所能及之下，民族地区老百姓更愿意让孩子读书了，而不是让孩子小学读完就去放牧或打工，愿意付出时间和经济。

还有一个非常重要的原因就是，康定市某村是康定市乡村振兴的示范村，之所以能够成为示范村，其村内相对较好的自然条件、基础设施是硬件，而村民们自身的经济条件尚可也是因素之一。该村的生态环境能够做到"一方水土养活一方人"，再加上经营农家乐、外出务工、经商，该村村民们的收入还是能够支撑供养孩子读大专以上学历的。

因此，从以上各方面因素分析，大致能够得出在民族地区的康定市某村大专以上学历占比最高的原因。

表5-7　　　　　　　三地不同文化程度构成比例数据表

文化程度	泸县某村（%）	通川区某村（%）	康定市某村（%）
小学	29	62	45
初中	54	38	28
高中	15	0	16
大专及以上	2	0	11

需要对通川区某村的数据进行再次说明的是，由于课题组在该村调研是在11月底进行，当时不是农忙时节或节假日，该村当时也没有大型活动，所以外出务工人员没有大量回村，出现了受访村民中18—30岁年龄段空白的情况；同时，受访村民中处于31—45岁壮劳力的比例只占到所有受访村民的13%，其余的受访村民均为46岁以上。这样的年龄段村民，在我国大多数地区受教育程度都不高，鲜有高中文化程度，更不用说大专及以上文化程度了。

（二）教育支出差异化原因分析

在教育方面，还有一个值得研究的数据，那就是三个乡村在孩子一年的花销比例上,某些数据出现了明显的差异化分层。如表5-8所示,泸县某村和康定市某村花销在5000元以内的比例大致接近,在三成左右;而5000—10000元这一花销区间却是通川区某村和康定市某村比较接近,在四成左右;10000—20000元这一区间又是泸县某村与康定市某村接近,在两成左右;20000元以上是通川区某村和康定市某村的比例相近,在8%左右。

表5-8　　　　　　　　三地教育支出占比统计数据表

一个孩子每年的花销 (教育、吃穿住行)	泸县某村(%)	通川区某村(%)	康定市某村(%)
5000元以内	32	15	28
5000—10000元	17	39	46
10000—20000元	23	38	19
20000元以上	28	8	7

三个不同乡村地区的孩子花销出现了不同的侧重面和倾向,泸县某村在每一个孩子花销区间的分布相差不是太大,即每一个区间段的比例相差不是很悬殊,最大的差距是15%,最小的只有6%;通川区某村的花销更多集中在5000—20000元中间两个区段,不同比例差距最大的达到了31%;康定市某村的数据则集中在了10000元以下这两栏,比例差距最大的达到了39%。究其原因,大概有以下几点。

第一,泸县某村的孩子经费投入在每一个消费段的分布,虽有差距,但差距不是很明显。这反映出泸县某村在子女抚养投入上比较均衡,不同年龄段的孩子的抚养经费是不同的,尤其是孩子步入高等教育后的花销应该是最多的。之前笔者已经提及泸县某村处于河谷小平原,农业生产相对便利;再加上该县是建筑大县、劳务输出大县,许多村民在不同的大城市之间打拼,接触的现代事物更多,见识也就更广;这些村民一般从事建筑行业技术工种,在乡村以外的务工收入较之普通劳力要高,也使得他们有能力负担子女更高的消费需求。

第二,通川区某村投入最多的是在5000—20000元这两个区间段上，占到了接受问卷总数的近八成。这说明，通川区某村的孩子抚养经费绝大多数处于中间水平，囿于经济收入，村民们更注重孩子在义务教育阶段的投入。

第三，近年来，国家持续加大对民族地区义务教育阶段的投入，大力改善了民族地区教育均衡发展的现状，使得许多孩子能够在家门口上学，避免了过去徒步一两个小时才能上学的境况，使得孩子因为上课路程太远而辍学的现象大幅减少。康定市某村的数据分布更是说明了这一成果，更多的村民愿意把经费投入到孩子的义务教育阶段这一过程中，主要集中在10000元以下这两栏，近七成的受访村民选择了这两项。由于康定市农牧民人均纯收入2019年在15000元[①]左右，民族地区一个家庭三口或四口人，把家庭收入的三分之一左右用于孩子抚养，这样的支出比例还是比较接近康定市农牧民平均生活水平的。

此外，四川省早在2019年就在民族地区实施了"9+3"免费教育，学生初中阶段以后还能继续免费接受中职教育。这一政策的示范效应非常明显，不仅使得学子们就业渠道得到了提升，改变了一个个家庭的经济状况；还使得民族地区的乡亲们看到了多读书带来的巨大改变。所以在该村显示的数据结果是对孩子花销10000元以上的高投入比例是26%。在与村民的访谈中，很多村民也表达了类似的看法，都认为现在子女读书的花费上都愿意投入，而且愿意多投入的家庭也越来越多。

五 三地乡村乡风文明现状及差异化原因分析
（一）人情开支

表5-9　　　　　　　　三地人情开支的占比统计

家庭一年的人情开支	泸县某村（%）	通川区某村（%）	康定市某村（%）
2000元以内	23	22	11
2000—4000元	47	25	45

---

① 徐登林：《把康定建成全国藏区的县域经济强市》，《四川日报》2019年8月6日第3版。

续表

家庭一年的人情开支	泸县某村（%）	通川区某村（%）	康定市某村（%）
4000—6000元	18	41	28
6000—10000元	12	12	15
10000元以上	0	0	1

从这三地的人情开支统计数据来看，康定市某村2000元以内的比例低于前两个村差不多10个百分点；而数额较大区间即6000—10000元的礼金比例又稍高于前两个村，差距是3个百分点；还有个别村民表示自家前一年送的礼金高达十余万，远远高于10000元。对于礼金支出，康定市某村72%的受访村民认为"礼金比较合理"，认同礼金支出。这样的横向对比，反映出部分农村在人情支出上还有待移风易俗，要逐步形成"礼轻情意重"的人情支出习惯和整体氛围，减少农村宴请的频次，养成理性办席、菜不宜多的习惯。

（二）矛盾及处理方式

当问及"农村目前存在的突出矛盾是什么"时，康定市某村受访村民们的选择中，"村干部和群众的矛盾"和"回乡就业与农村产业滞后的矛盾"这两个选项占比都是22%，合在一起就占到了该村突出矛盾的近一半比例。其次就是"邻里、家族内部矛盾"占到了问卷总数的17%，另外还有各12%的比重是"占地、拆迁、资源开发矛盾"和"不文明现象太多"这两个选项。剩下的几个选项"治安（盗抢等）"、"宗族势力太大"、"环境不好"和"其他"中分别有少数比例。

在问及"村里有什么不公平不公正的现象时"，康定市某村39%的受访村民认为"基本没有"，24%的选项是"讲关系严重"，23%的受访村民认为是"村干部不廉洁"，还有12%的村民选择了"受村霸欺负"。

作为一个乡村振兴示范村，康定市某村受访村民把"村干部和群众的矛盾"作为"目前存在的突出矛盾"的比重是22%，泸县某村的这一比例是13%；而康定市某村选择"村干部不廉洁"作为"村里不公平不公正的现象"的比例明显高于泸县某村7%的比例，考虑到通川区某村的该选项数据不完整，只能作为参考，故在此不做对比使用。但通川区某村作为曾经的贫困村，在加强了党建引领和对口帮扶单位的监督问责下，基层干部的廉洁自律工作作风应该大有改进。这样的一个结果，我们应该考虑到不同乡村，村民们主观感受的倾向度不一致，即同一现象会被某些村民认为是村干部不廉洁，而其他村民可能还能接受。那么把以上这一主观因素考虑进去，两个涉及村干部的选项如果比例都高于另一个村的话，有些问题还是值得重视的。是康定市某村的基层治理真的出现问题了，还是村民们与村干部有什么误解误会呢？作为康定市乡村振兴示范村，各项指标要求是非常严格的，村务公开、财务监督监管、决策透明等一系列关于村两委的规范化动作都是需要评估优良后才能入选，所以从这一角度来说，笔者希望是后者。

另外一个选项的结果也间接支撑了笔者的揣摩。在问及"当您的权益受到严重侵犯时，您会采取什么方法解决"时，康定市某村"找村干部"的比例最高，为39%；其次是"找家人"，占到了26%；剩下的选项依次为"打官司"、"上访"、"找朋友"和"其他"，占比分别为14%、12%、8%和1%。在乡村遇到权益纠纷时，康定市某村受访村民第一个想到的途径与调查问卷在省内另两个村的结果是一样的，稍微不同的就是具体的比例各有高下，但都是村民们遇到权益受损时，首先想到的解决路径。村干部在一个乡村如果没有权威，不能公平公正地处理村民们之间的矛盾纠纷，那么该村的整体乡风乡情就会急转直下，村里的不良现象就会增多，甚至还会滋生村霸。从这一数据来看，康定市某村的村干部能够在基层治理中起到化解纠纷、消除矛盾的作用，该村村民们还是比较信任村干部。

六 三地乡村生态宜居现状及差异化原因分析

康定市某村的生态环境总体满意度接近七成，认为当前村里的生态环境卫生状况"一般"的占比为28%，还有5%的受访村民表示"不满意"，另外两个村没有村民勾选对环境卫生状况"不满意"。通川区某村与康定市某村在卫生状况"满意"比例上比较接近，只有泸县某村的比例与他们差距较大；泸县某村认为环境卫生状况"一般"的达到60%，远远高于其他两地。主要原因还是泸县某村的经济社会发展状况要好于另外两者，老百姓在衣食住行解决以后，对于美好环境的要求就会上升，对于保持身边绿水青山的动机和愿望会更加强烈，所以泸县某村的"自家垃圾放在村里指定垃圾堆放点"比例是91%，在三个村中是最高的，对于生态环境治理的要求也会增高。

康定市某村具体认为"当前农村生态环境存在的主要问题"中，排在第一位的是"生活垃圾、污水乱排乱倒以及没有及时清运"，这一问题占比是38%；其次是"化肥、农药不合理使用"，选择这一选项的比重达到了26%；再次是认为"河道、路面堆放垃圾"，这一比例是20%；然后是"畜禽养殖污染"占比是16%。这样的问题分布情况，与另外两个村的意见情况差不多。另外两个村的村民们都是把垃圾乱扔、污水乱排作为首要问题，也是认识到了化肥、农药的滥用对环境的负面效应。

表5-10　　　　　　　　　三地环境状况综合对比

	泸县某村（%）	通川区某村（%）	康定市某村（%）
卫生状况非常满意	5	29	7
卫生状况满意	35	64	60
卫生状况一般	60	7	28
卫生状况不满意	0	0	5
自家垃圾放在村里指定垃圾堆放点	91	72	60
垃圾倒在自家田里掩埋或焚烧	4	19	21
自家垃圾直接丢在河边或房屋、山崖边	5	9	19
生活垃圾、污水乱排乱倒以及没有及时清运	48	47	38
化肥、农药不合理使用	22	43	26
畜禽养殖污染	16	5	16
河道、路面堆放垃圾	14	5	20
很大改善	84	100	57

续表

	泸县某村（%）	通川区某村（%）	康定市某村（%）
没有改善	16	0	42
比以前更差了	0	0	1

从三地问卷的数据来看，在"自家垃圾放在村里指定垃圾堆放点"的比例上，康定市某村的比例是最低的，只有60%；"自家垃圾直接丢在河边或房屋、山崖边"，康定市某村的比例最高，比通川区某村高了10个百分点，更是与泸县某村相差了14个百分点。另外康定市某村还位于大渡河上游岸边，自古以来大渡河就滋润着沿岸的村民，当地村民对大渡河的感情是深厚的，应该更加爱护岷江流域的生态环境；如果再把康定市某村作为乡村振兴示范村的因素考虑进去的话，这样的数据表现还是令人意外的。

如果这只是个别题目的选择带有主观性的话，那么与满意度类似的选项，即最后一个对于村容村貌是否发生改善的选项，康定市某村也与其他两个村出入较大，就能够反映出问题了。泸县某村与通川区某村认为村容村貌有了"很大改善"的比例都占绝大多数，超过八成以上；而康定市某村认为"没有改善"的还有42%。并且，该村受访村民中，有25%的比例表示乡村振兴需要在"绿化面积"方面进行改造，远远高于其余两个村。泸县某村和通川区某村选择该选项的比例都只有8%。村容村貌不仅包含了绿化，还有乡村道路这一硬指标。康定市某村受访村民中，有17%选择了"道路"是乡村振兴需要改造的方面，选择绿化和道路的都高于"产业致富"14%的比例。看来，康定市某村的生态环境治理效果，在村民们的获得感上不及前两个村。

康定市某村作为乡村振兴示范村，享有资金、项目、农技人才等各方面的支持。在生态环境整治方面，当地应该抓住乡村振兴的契机，发挥好大渡河岸边的生态优势。当地村干部应在村民当中加大环境保护力度的宣传，必要时通过村规民约的自治方式，对乱扔自家生活垃圾、乱排生活污水、直排畜禽粪便等会对当地和下游土壤、水源造成污染的，可以进行全村批评。另外,康定市某村可以对乡村振兴的资金进行合理利用来改善当地的绿化和村道等村容村貌,而不是将这些资金投入到村主干道两边的形象提升上。

七 其他问题及建议

针对以上问卷反映出的个别问题,在问卷结束以后,课题组还随机拜访了康定市某村的几位村民,就村里乡村振兴的具体细节进行深入了解。村民们都很支持国家的乡村振兴战略,但部分村民希望地方基层工作人员在落实过程中,更多倾听普通农牧民的心声。在访谈过程中,有村民提到了村里进行的农家乐专业合作社,这个合作社整合了该村的私人农家乐和部分村民房屋,共计十余家,把这些房屋内外全部进行重新装修,花费不菲。

有的私人农家乐在合作社成立之前才购置了全新的对外住宿家具、电视等营业设施,卫生间也才装修完成不久,但由于合作社的统一装修、统一采买新的家具家电,这些八九成新的家具家电就被束之高阁,该村民觉得很浪费。当然,村民们也承认新的统一装修比起之前的自家装修,美观、档次、舒适度都提高了很多,同时又觉得这样的高档装修会使后期的经营成本提高。的确也是如此,这些专业合作社的农家乐收费要把装修成本计算进去,比起原来贵了,村民们担心客源减少导致合作社收入减少,从而影响自家的分红。这样的担心,不幸部分实现。之前经营农家乐的村民很多都觉得,合作社经营以后的生意还没有私人经营时好了。村民们分析主要原因还是现在的收费高了,消费者数量就减少了;客流量降低的同时,人均消费又没有上升,因而使得农家乐合作社经营管理以后效益不如从前。

农村的专业合作社是农村经济走向规模经营、现代化管理的有效路径。就康定市某村而言,整合现有农家乐资源进行统一打造、统一经营也不失为提升该村农家乐整体竞争力的方式。但在构造专业合作社的过程中,还需要考虑到不同农村的实际情况,控制成本支出,因地制宜、分类进行,不能在所谓政绩工程、形象工程的误导下,一味追求高大上。建议在以后的类似专业合作社打造过程中，可以升级部分装修老旧的农家乐或民房，而对于装修尚好、设施齐备的农家乐或民居则可以能用则用、能改则改，秉持节约装修费用的原则，尽量减少重复性装修和内部家具家电布置。可以等到专业合作社盈利或经营走上正轨以后，再考虑对没有统一装修的其他农家乐和民居进行改造。打造专业合作社时，还应考虑到村民们的意愿，要充分尊重村民们的自主性，而不是搞摊派，一窝蜂运动式地要求所有农户都加入，应该允许村民们观望、迟疑。这样允许村民自由加入的话，即便专业合作社没有盈利，村民们也知道是自己选择的结果，作为市场主体的一员应该承担相应的风险，不会引起村民们的不满和埋怨。

与地处高原的康定市某村农家乐推进专业合作化、流转村民的农家乐遇到的问题类似，调研中位于山顶的通川区某村也遇到了类似的问题。该村之前尝试建立专业化合作社，不过他们是通过引进外面的公司，由这家公司进行土地流转后，再进行规模化粮食作物、经济作物的统一生态化绿色种植。后来由于种种原因这家公司无力支付当地村民的土地流转款项，通川区某村村民相当不满自家的土地流转费没有得到兑现。客观来说，通川区某村地处山区，村民们是在斜坡上开出田地，这样的地形对于机械化操作来说是比较困难的，这种山区耕地更适合进行发展精细化农业，小规模农户更适合山区地形的土地经营，山区不适合大范围机器种植，专业合作社那种规模化的运营模式不一定适合。现在，通川区某村没有再进行土地流转经营。

另外，课题组也发现了康定市某村进行改造的农家乐都位于进村的主干道两旁，处于显眼的位置，外面的游客一进村就能看到这些外墙统一装饰的民居、村道的全面硬化与相关宣传。

这些统一进行外墙装饰的民房只限于村主干道两旁，能够成为农家乐专业合作社经营的民房和私人的农家乐也仅仅局限在这个村主干道上。而位于高原该村位置比较偏僻的地点就不会进行统一整理，让许多村民产生了这是形象工程的印象，是只顾面子、不顾里子的行为。

康定市某村还有村民反映,参加合作社的部分村民只有这一处用于合作社农家乐经营的住房,而且这部分村民的自建房建筑面积较小,只有6个左右的房间,致使这一两户村民住不成自家的房屋,又没有闲置的房屋可供居住,所以住房成了问题,只能搬到自家亲戚家中暂住。虽然这只是少数一两户村民的现状,但也在该村村民中种下了芥蒂。因为农村一个村内有直系血缘关系的家庭不少,表面上是一两户村民的问题,但却在与这些村民有关联的其他村民心中留下了自家的住房如果租给专业合作社,合作社不负责村民住房的印象。虽然合作社要支付村民们房屋租金,但收到房屋租金的村民对自己完全无房可住的现象还是从情感上接受不了。

如果合作社在租赁房屋前,给村民们的住房承诺与现实情形有出入的话,那么在康定市某村,村民们对合作社就更加不满意了。再加之合作社经营的农家乐效益比起之前的各家单干要差,村民们就把对合作社的不满转移到村干部这一群体,也就有原因了。再考虑该村把装饰装修的资金主要用于村主干道两旁的形象提升,就能够理解在高原地区的该村,为什么村干部和群众的矛盾较其他两个村凸显的原因了。部分村民会把以上这些厚此薄彼、部署不周、经营不善、决策不明等做法理解为"村干部不廉洁"或"讲关系严重"。这会严重影响基层干部在广大农民群众心中的廉洁度、信誉度,使得今后的基层工作不好开展。

党的十九届四中全会审议通过的《中共中央关于坚持和完善中国特色社会主义制度、推进国家治理体系和治理能力现代化若干重大问题的决定》中,对推进国家治理体系和治理能力现代化提出了更高要求和目标。基层社会治理现代化是国家治理现代化的重要组成部分,在乡村振兴进程中,完全可以依靠基层治理社会化、法治化、智能化、专业化来建设"人人有责、人人尽责、人人享有"的农村社会治理共同体。这就需要加强和完善村党委领导,提高基层干部的综合素养,创新农村基层治理。现在乡村振兴不但需要广大普通农民的意见建议和人员回流,还需要的是想干事、能干事、干好事、不出事、好共事的基层干部。

广大农民群众对优秀的农村基层干部的要求不再仅仅是不贪不腐，还包含了能够找到致富道路，同时调动大家积极性，带领大家走上产业兴旺、生态宜居、乡风文明、治理有效和生活富裕的期盼。从这个方面来看，农村基层工作人员不再像过去那样上传下达了事，也不再是不作为就能蒙混过关。现在的担子加重了，一方面需要把国家的大政方针贯彻落实到日常的具体细节工作中；另一方面还要解决乡亲们之间的纠纷矛盾，在农村基层社会治理中村干部起到了定纷止争、及时化解人民群众内部矛盾的作用。在三地的问卷调查中，当村民们权益受损时，很多人还是会去"找村干部"，在这样的大环境氛围下，农村基层干部扮演着中间人调停纠纷的角色，故而法治素养也是基层农村干部应该具备的。同时，农村基层干部还需要把乡亲们的各种需求与国家、地方政府的目标相结合，实现乡村的进步与良好变化，享受我国社会主义国家整体发展的红利。

结　　语

2021年2月,"国家乡村振兴局"正式挂牌成立,成为农业农村部代管的国家局级单位,行政级别为副部级。这是党中央顶层统筹乡村事业发展,在我国机构设置层面上对乡村振兴工作重视度的重要互动和回应,加强了党对"三农"工作的全面领导。

巩固脱贫攻坚成果与乡村振兴的有效衔接是现阶段"三农"工作的主要内容。经过8年持续奋斗,脱贫攻坚目标任务如期完成,困扰中华民族几千年的绝对贫困问题得到历史性解决,取得了令全世界刮目相看的重大胜利……彰显了中国共产党领导和社会主义制度的显著优势。[①] 我国摆脱了千年以来的贫困,这是中华民族历史上具有里程碑意义的壮举,也是我国"三农"事业发展的划时代重大事件,为开创新发展阶段的乡村振兴事业奠定了厚实的社会民生、经济托底基础。

摆脱贫困是建设产业兴旺、生态宜居、乡风文明、治理有效、生活富裕乡村的重要一步。乡村振兴需要巩固脱贫攻坚成果,但又不是局限在扶贫减贫领域,而是涉及所有"三农"区域范围、产业领域、人才人口、资金资本、技术研发、房屋土地等要素资源的集约化和现代化。故而乡村振兴需要破除"等靠要""城市反哺农村""工业反哺农业"的惯性思维,在党中央和各级人民政府的有力支撑下,教育、医疗基础公共设施和服务等关系国计民生的重要资源向农村倾斜转移,农业农村农民要主动、全面推进乡村各要素资源的配置,弥补乡村发展局部的、历史的不充分,缩小城乡经济社会生态发展的不平衡。

[①] 中共国家乡村振兴局党组:《人类减贫史上的伟大奇迹》,《求是》2021年第4期。

乡村振兴与生态宜居

"到2035年,乡村振兴取得决定性进展,农业农村现代化基本实现","到2050年,乡村全面振兴,农业强、农村美、农民富全面实现",这两个时间表与我国新时代"两步走"战略安排实现同向、同行、同频。同时,乡村振兴的五个总要求都是与"到本世纪中叶把我国建成富强民主文明和谐美丽的社会主义现代化强国"这一战略安排紧密相扣、逻辑对应。产业是增强乡村经济实力的"造血干细胞",产业兴旺是农业农村现代化的重要标志和基础,也是与我国建设现代化经济强国的"富强"这一目标高度契合。广大农村地区的生态宜居是建设美丽中国的关键举措,乡村的环境容量、生态托底等功能与优势是城市不可比拟的,环境优美适宜居住的乡村是美丽中国的重要载体。乡风文明是文明、和谐中国的必要条件,我们的乡风承载着中华优秀传统文化、体现着社会主义核心价值观,乡风文明是中国特色社会主义文化自信的构成部分。乡村治理有效是国家推进治理体系和治理能力现代化的自然延伸,治理有效对健全党的农村工作领导体制和工作机制、加强党的农村基层组织建设和乡村治理等方面提出明确要求,实施乡村振兴战略是健全农村社会治理格局的固本之策,是建成"民主"这一目标的社会主义现代化强国的应有之义。生活富裕是实施乡村振兴战略的必然结果,是全体人民共同富裕的逻辑内涵,亦体现了"富强"这一目标的民享理念,进一步显示了中国共产党的领导和社会主义制度的优越性。

乡村振兴战略是关系到在21世纪中叶把我国建设成为一个社会主义现代化国家的全局性、历史性任务,让我们紧密团结在以习近平同志为核心的党中央周围,举全党全社会之力全面推进乡村振兴:依托乡村特色优势资源,打造农业全产业链,发展农业农村产业,构建现代乡村产业体系;加强农村生态文明建设,实现农业生产绿色化、低碳化,实施农村人居环境整治提升五年行动、分类有序推进农村厕所革命、因地制宜建设污水处理设施、健全农村生活垃圾收运处置体系;加强农村社会主义精神文明建设,在实施乡村建设行动中注重保护好传统村落和乡村特色风貌;加强和改进乡村治理,提升农村基本公共服务水平,持续推进县乡村公共服务一体化,打造善治乡村;提高农村居民生活富裕程

结　语

度，多渠道构建农民增收减支致富路径，提高农村公共教育质量，全面推进健康乡村建设行动，全面促进农村消费。

我们的乡村是一个可以而且能够大有所为、大有作为的广阔天地，新时代加快农业农村现代化，强化农业农村优先发展投入保障，努力实施乡村振兴战略，为全面建成社会主义现代化强国作出农业农村农民事业的新贡献！

主要参考文献

《习近平谈治国理政》(第1卷),外文出版社2018年版。
《习近平谈治国理政》(第2卷),外文出版社2017年版。
《习近平谈治国理政》(第3卷),外文出版社2020年版。
《中共四川省委关于推进绿色发展建设美丽四川的决定》,《四川日报》2016年8月4日第1版。
本书编写组:《以党的创新理论为指引:习近平总书记"7.26"重要讲话评述集》,新华出版社2017年版。
本书编写组:《中国共产党第十九届中央委员会第四次全体会议公报》,人民出版社2019年版。
陈晓红等:《生态文明制度建设研究》,经济科学出版社2018年版。
陈永红等:《生态文明视角下新型城镇化与乡村振兴战略研究:东南沿海村镇可持续发展机制的实践探讨》,中国财政经济出版社2019年版。
党国英:《城市化与乡村振兴从来不是对立的》,《理论与当代》2018年6月。
范连生:《新中国成立初期的农田水利建设》,《凯里学院学报》2012年4月第30卷第2期。
顾仲阳:《我国20年退耕还林还草超5亿亩》,《人民日报》2020年7月2日第14版。
胡祖才:《城乡融合发展的新图景》,《求是》2019年第14期。
黄季焜:《借鉴国际农村发展经验促进我国乡村振兴》,《光明日报》2018年10月15日第5版。

揭方晓、徐贵根：《南城一座小村庄的土地流转实践》，《江西日报》2019年07月24日第7版。

李峰传：《日本建设新农村经验及对我国的启示》，《沈阳工业与研究》2006年第11期。

李淼：《到2020年全省农药使用量实现负增长》，《四川日报》2015年6月16日第3版。

李培林：《城市化与我国新成长阶段——我国城市化发展战略研究》，《江苏社会科学》2012年第5期。

李智勇：《学习习近平新时代中国特色社会主义思想 坚定不移推动全面从严治党向纵深发展》，党建读物出版社2018年版。

刘坤等：《改善农村环境建设美丽乡村》，《光明日报》2018年2月6日第3版。

刘乐艺：《塞罕坝的"绿色接力"》，《人民日报》（海外版）2020年6月20日第1版。

龙花楼等：《美国土地管理政策演变及启示》，《河南国土资源》2006年第11期。

龙花楼等：《英国乡村发展政策演变及启示》，《地理研究》2010年第29卷第8期。

乔金亮：《@新型农业经营主体，最新支持措施来了》，《经济日报》2020年3月26日第5版。

渠涛等编著：《生态振兴：建设新时代的美丽乡村》，中原农民出版社2019年版。

全国干部培训教材编审指导委员会组织编写：《推进生态文明 建设美丽中国》，人民出版社、党建读物出版社2019年版。

人民日报评论部编：《习近平用典》（第二辑），人民日报出版社2018年版。

沈权平：《韩国推行"归农归村"的政策支持体系对中国人力资本发展路径的启示》，《世界农业》2019年第10期（总第486期）。

四川省农科院、四川省统计局：《四川省乡村振兴路径研究》，《四川省情》2018年第6期。

苏星、杨秋宝：《新中国经济史资料选编》，中共中央党校出版社1993年版。

王琳：《泸州董允坝入围2019年中国美丽休闲乡村》，泸州市人民政府网站（http：//www.luzhou.gov.cn/xw/jrxx/content_651286）。

王小玲：《洪雅吃生态饭走绿色路》，《中国环境报》2019年5月30日第3版。

王宜伦编：《乡村振兴战略 生态宜居篇》，中国农业出版社2019年版。

王志章、陈亮、王静：《韩国乡村反贫困的实践及其启示研究》，《世界农业》2020年第1期（总第489期）。

习近平：《把乡村振兴战略作为新时代"三农"工作总抓手》，《求是》2019年第11期。

习近平：《摆脱贫困》，福建人民出版社1992年版。

习近平：《决胜全面建成小康社会 夺取新时代中国特色社会主义伟大胜利——在中国共产党第十九次全国代表大会上的报告》，人民出版社2017年版。

习近平：《在决战决胜脱贫攻坚座谈会上的讲话（2020年3月6日）》，《人民日报》2020年3月7日第2版。

谢力军等主编：《农村环境污染与治理》，中央广播电视大学出版社2013年版。

新华社国内新闻组：《中华人民共和国大事记（1949—1980）》，新华出版社1982年版。

曾鸣等著：《中国农村环境问题研究——制度透析与路径选择》，经济管理出版社2007年版。

张晓山：《推进农业现代化面临新形势新任务》，《人民日报》2019年5月13日第10版。

中共四川省委组织部编写：《"绣花"功夫：四川脱贫攻坚案例选》，四川人民出版社2017年版。

中共中央党史和文献研究院、中央"不忘初心、牢记使命"主题教育领导小组办公室编：《习近平关于"不忘初心、牢记使命"论述摘编》，党建读物出版社、中央文献出版社2019年版。

中共中央党史研究室编：《历史是最好的教科书——学习习近平同志关

于党的历史的重要论述》，中共党史出版社 2014 年版。

中共中央党校组织编写：《以习近平同志为核心的党中央治国理政新理念新思想新战略》，人民出版社 2017 年版。

中共中央国务院编：《乡村振兴战略规划（2018—2022）》，人民出版社 2018 年版。

中共中央宣传部：《习近平新时代中国特色社会主义思想三十讲》，学习出版社 2018 年版。

中共中央宣传部：《习近平新时代中国特色社会主义思想学习纲要》，学习出版社、人民出版社 2019 年版。

中共中央宣传部：《习近平总书记系列重要讲话读本（2016 年版）》，学习出版社、人民出版社 2016 年版。

《2018 年可持续发展目标报告》，联合国网站（https：//unstats. un. org/sdgs/files/report/2018/TheSustainableDevelopmentGoalsReport2018-ZN. pdf）。

《70 年巨变，四川农业农村铸造辉煌——新中国成立 70 周年四川经济社会发展成就系列之三》，四川省统计局网站（http：//tjj. sc. gov. cn/tjxx/zxfb/201908/t20190806_ 285612. html）。

《共和国的足迹——2005 年：废除农业税》，中央人民政府门户网站（http：//www. gov. cn/guoqing/2009-10/20/content_ 2752452. htm）。

《国家生态文明建设示范市县指标》，中华人民共和国生态环境部（http：//www. mee. gov. cn/xxgk2018/xxgk/xxgk03/201909/W020190919344653241273. pdf）。

《农村经济持续发展 乡村振兴迈出大步——新中国成立 70 周年经济社会发展成就系列报告之十三》，国家统计局（http：//www. stats. gov. cn/tjsj/zxfb/201908/t20190807_ 1689636. html）。

《全国农业现代化规划（2016—2020 年）》，中华人民共和国中央人民政府网站（http：//www. gov. cn/xinwen/2016-10/20/content_ 5122297. htm）。

《四川统计年鉴 2018》，四川省统计局网站（http：//tjj. sc. gov. cn/tjcbw/tjnj/2018/zk/indexch. htm）。

后　记

本书得到了成都信息工程大学思想政治理论课专项经费资助，还有幸得到了以下课题资助，在此向资助本书课题研究的单位和科研机构表示深深的感谢：成都信息工程大学科研人才基金资助课题"高原藏区精准扶贫与生态文明建设互动研究"（项目编号 J201719）；国家民委人文社会科学重点研究基地—少数民族哲学思想与文化传承研究基地"乡村振兴战略背景下的西南少数民族优秀传统文化建设研究"（2019SZJD04）；四川省农村发展研究中心"四川乡村振兴战略背景下的乡风文明建设研究"（CR1904）；四川新农村乡风文明建设研究中心"四川乡村振兴战略背景下的乡风文明建设研究"（课题编号 SCXN2019－015）。

在研究过程中，参考了大量相关领域的权威著作、指导文件和文献研究成果，衷心感谢所有参考文献的作者！

在本书出版定稿过程中，得到了中共成都信息工程大学党委书记周激流的鼎力支持，马克思主义学院院长戴丽红、党总支书记康莲萍和副院长李忠伟的大力支持；感谢西南民族大学马克思主义学院刘松涛教授对书稿提出的意见和建议；亦要感谢中国社会科学出版社田文主任的关心和帮助；感谢所有在书稿刊印过程中帮助过我的同事、老师、朋友，你们的付出与支持使得书稿得以付印。在这里，笔者表示由衷的谢意与敬意！

本书在前期进行社会实证研究过程中，得到了成都信息工程大学体育学院廖述兵副教授，四川民族学院马克思主义学院米川教师的许多帮助；另外，还得到了当地许多父老乡亲们的反馈意见、帮助支持。在

后 记

此，笔者一并表示深深的感谢。

感谢父母、家人对我无私的付出与包容，使我能够专心于社会调查和心无旁骛地进行书稿写作。

乡村振兴与生态宜居是一个动态、系统的整体，需要长期的观察、体会与思考，由于本人水平有限，本书难免存在疏漏、不足，恳请各位领导、专家、同事、朋友以及所有关心、关注乡村振兴与生态宜居的各界人士予以批评指正，谢谢大家！

曾 利

2020 年 8 月